教师手册

中国注册会计师继续教育审计案例

第三辑

中国注册会计师协会　编

中国财政经济出版社

图书在版编目（CIP）数据

中国注册会计师继续教育审计案例.第3辑.教师手册/中国注册会计师协会编.—北京：中国财政经济出版社，2012.12
ISBN 978 – 7 – 5095 – 4112 – 8

Ⅰ.①中… Ⅱ.①中… Ⅲ.①会计师 – 审计 – 案例 – 继续教育 – 教学参考资料 Ⅳ.①F239.22

中国版本图书馆 CIP 数据核字（2012）第 273090 号

责任编辑：徐 洁　　　责任校对：杨瑞琦

中国财政经济出版社 出版

URL：http://www.cfeph.cn
E – mail：cfeph @ cfeph.cn
（版权所有　翻印必究）

社址：北京市海淀区阜成路甲28号　邮政编码：100142
发行处电话：88190406　财经书店电话：64033436
涿州市新华印刷有限公司印刷　各地新华书店经销
787×1092 毫米　16 开　20.25 印张　250 000 字
2012 年 12 月第 1 版　2012 年 12 月涿州第 1 次印刷
印数：1—3 060　定价：42.00 元
ISBN 978 – 7 – 5095 – 4112 – 8/F・3333
（图书出现印装问题，本社负责调换）
本社质量投诉电话：010 – 88190744

前 言

为了切实满足注册会计师继续教育和行业从业人员审计实务学习的迫切需要，提高注册会计师分析、解决实际问题的能力，自2009年3月出版第一辑审计案例以来，中国注册会计师协会（以下简称中注协）始终立足行业发展实际，不断拓展案例开发思路，优化案例整体布局，增加案例信息含量，着力提高审计案例的针对性和实效性，受到有关各方的充分肯定和一致好评。

财政部领导一直十分重视和关心审计案例开发工作，多次作出重要指示。根据财政部领导指示精神，针对会计师事务所及注册会计师执业过程中存在的缺陷与不足，中注协对2009年至2011年证券资格事务所（以下简称证券所）执业质量检查中积累的相关材料进行了系统梳理和全面提炼，在此基础上，开发出一批新的注册会计师继续教育审计案例，推动案例开发工作迈上新台阶。

本辑审计案例力求突出以下三个方面的特点：

一是着力解决注册会计师执业过程中遇到的实际问题。本辑案例切实围绕注册会计师实务操作中的疑难领域和薄弱环节，深入剖析注册会计师执业过程中的"常见病"和"多发病"，为事务所和注册会计师严格执行准则和有效防范风险提供帮助与借鉴。

二是强化审计案例的可读性和实效性。在切实做到审计理论与审计实践紧密结合，定性分析与定量分析紧密结合，横向比较与纵向比较紧密结合的同时，本辑案例重点阐述审计工作的重要领域和关键环节，注重培养学员的发散式思维，注意发挥案例教学的讨论启发功能，案例的理念引领和实务指导作用进一步增强。

三是及时反映执业质量检查制度的重大变化。2011年，中注协借鉴以往检查工作实践和国际有益经验，全面贯彻系统风险检查的理念与方法，对会计师事务所执业质量检查制度进行了重大改革，取得了显著成效。在总结2011年证券所系统风险检查成果的基础上，我们开发出一些系统风险检查的典型案例，并将其作为本辑案例的重要内容，旨在引导事务所将工作重心转移到完善内部治理机制和健全质量控制体系上来，切实提升系统风险防范的能力。

本辑案例由学员手册和教师手册构成。其中，学员手册主要用于引导学员了解案例背景，明确讨论要点，准备相关材料。教师手册主要用于帮助教师组织课堂教学，把握学员讨论的方向和重点，确保案例讨论的实际效果。

本辑案例的编写得到了会计师事务所以及有关专家学者的积极参与和大力支持，在此深表谢意！

中国注册会计师协会
二〇一二年十月

目录

案例教学说明 …………………………………………… （ 1 ）
一、业务项目检查案例 …………………………………… （ 3 ）
1. 斗星山公司商誉审计案例 …………………………… （ 5 ）
2. 桂峰山公司费用认定审计案例 ……………………… （ 21 ）
3. 南湖科技公司收入确认审计案例 …………………… （ 29 ）
4. 汤山公司综合审计案例 ……………………………… （ 43 ）
5. 天山公司关联方股权转让审计案例 ………………… （ 70 ）
6. 天幕公司无形资产审计案例 ………………………… （ 87 ）
7. 白云公司债务重组审计案例 ………………………… （100）
8. 松花江公司前期差错及列报审计案例 ……………… （121）
9. 东江山水公司风险评估和内控测试审计案例 ……… （131）
10. 华山公司递延所得税资产审计案例 ………………… （159）
11. 蜀山公司存货监盘审计案例 ………………………… （174）
12. *ST水银山持续经营审计案例 ……………………… （189）
13. SST秋叶公司审计意见案例 ………………………… （203）
14. 盛德立威公司关联交易审计案例 …………………… （226）
15. 黄建公司持续经营审计案例 ………………………… （242）
16. 南岭公司持续经营审计案例 ………………………… （255）

1

二、质量控制体系检查案例 …………………………… （271）
1. 质量控制体系检查案例一 …………………………… （273）
2. 质量控制体系检查案例二 …………………………… （283）
3. 质量控制体系检查案例三 …………………………… （293）
后记 ……………………………………………………………… （316）

案例教学说明

在教学过程中,案例的讨论形式以分组讨论为宜,案例的讨论顺序可以由实施案例教学的教师根据具体情况自行设计。

尽管案例发生的时间伴随着特定时期所适用的会计和审计标准,但是实施案例教学的教师可以根据具体情况引导学员讨论不同会计标准和审计标准下的会计、审计处理及潜在差异。

出于教学需要,本案例集为每一个教学案例设计了案例教学参考,仅供实施案例教学的教师使用。在案例讨论过程中,案例教学参考中的主要信息均能通过讨论与反馈传递给学员。但如果学员在案例教学前通过某种途径阅读了本案例配套的案例教学参考,将不利于案例的教学和讨论效果。

对于案例设计的某些思考题,实施案例教学的教师应当要求学员在课外充分准备,主要是要求学员事先搜集和学习与案例相关的会计准则、审计准则以及其他相关法律、法规、部门规章或规范性文件的规定及其演进,以及了解一定数量的上市公司的特定交易、事项及相关会计处理实务。对于案例设计的其他问题,亦鼓励学员在课外提前阅读和思考,以保证课堂讨论的效果。

案例教学参考中的内容仅具有教学参考功能,不应被视为审计准则的应用指南或讲解。

本案例教学参考保持内容上的开放性。在每次案例讨论中，负责案例讨论的教师应当注意记录新的观点和意见，案例教学结束后及时向中国注册会计师协会反馈，以便对本案例集的教学参考进行及时、统一的更新。

一、业务项目检查案例

1 斗星山公司商誉审计案例

一、学习目标

1. 掌握注册会计师在商誉审计时需要关注的重点风险领域
2. 掌握注册会计师在商誉审计中应执行的主要审计程序

二、案例背景

(一) 公司情况

斗星山公司属于房地产开发与经营企业,其主要经营范围包括:项目投资、房地产开发、酒店经营等。斗星山公司于1992年在深圳证券交易所上市。2001年起聘请西水会计师事务所执行其财务报表审计业务。公司2006–2008年度财务状况及经营成果资料如表1–1所示。

(二) 相关交易资料

1. 收购东湖公司股权。

斗星山公司收购东湖公司股权的主要目的在于获取东湖公司所拥有的专利权和专有技术(账面金额为零)。2007年5月,斗星山公司收

表 1-1　斗星山公司 2006-2008 年度主要财务数据（合并财务报表）　单位：万元

项　目	2008-12-31	2007-12-31	2006-12-31
资　产	36 000	61 000	74 000
其中：长期股权投资	330	330	330
无形资产	11	16	1 000
负　债	42 000	68 000	75 000
所有者权益	-6 000	-7 000	-1 000
项　目	2008 年度	2007 年度	2006 年度
营业收入	13 000	16 000	19 000
营业利润	-6 400	-6 200	-95
利润总额	2 200	-6 400	1 100
净利润	2 000	-6 500	900

购东湖公司 70% 的股权，根据收购协议，斗星山公司支付收购价款 36 450 万元，斗星山公司按非同一控制下的企业合并，在购买日编制了合并财务报表，其中根据蓝月评估有限公司对东湖公司出具的评估报告确认了 4 863 万元的商誉；2007 年 10 月，斗星山公司又收购了东湖公司剩余 30% 的股权，支付的收购价款为 15 500 万元，随后斗星山公司又编制了合并财务报表，其中根据蓝月评估有限公司对东湖公司出具的评估报告增加确认了商誉 2 030 万元。斗星山公司获得东湖公司 100% 的股权后，东湖公司并未注销，仍作为法人单位正常经营。

蓝月评估有限公司出具的评估报告要点如下：

(1) 评估报告披露的评估基准日为 2006 年 12 月 31 日；

(2) 评估报告披露的评估目的为银行抵押；

(3) 评估报告披露的评估范围为东湖公司在 2006 年 12 月 31 日拥有的房屋建筑物、机器设备和土地使用权，不包括东湖公司所拥有的专利权和专有技术（账面金额为零）；

(4) 评估报告中披露的特别事项。在评估基准日，部分范围建筑物未办理产权证。

2. 收购海山公司股权。

2008年5月,斗星山公司收购海山公司60%的股权,根据收购协议,斗星山公司支付收购价款2 613万元。斗星山公司按非同一控制下的企业合并,在购买日编制了合并财务报表,确认了613万元的商誉。

海山公司为一家从事酒店经营的管理公司。2006年1月,海山公司与海风大酒店的股东签订了合作协议,根据该合作协议,海山公司承包经营海风大酒店,海山公司负责海风大酒店一期工程的全部投资,海风大酒店股东负责海风大酒店二期工程的全部投资。合作各方约定合作期限为15年,合作期满,除非因自然灾害导致协议无法继续履行,否则合作期限无条件顺延5年。合作期满,海山公司无条件将海风大酒店所有资产及经营权交还给海风大酒店股东。承包期间海山公司保证海风大酒店每年向其股东支付500万元的税后利润作为承包费用,海风大酒店的剩余收益全部归海山公司,作为海山公司的投资回报。若海风大酒店当年税后利润不足以支付承包费用,海山公司对不足部分负有连带责任。

截至2008年6月,海山公司投入海风大酒店改造资金9 068万元,该款项在海山公司作为长期应收款列报。海风大酒店于2008年6月底正式开业。

除承包经营海风大酒店之外,海山公司没有从事其他酒店的经营,也没有从事其他经营活动。

(三) 注册会计师实施的主要审计程序

1. 在执行2007年度财务报表审计业务时,针对斗星山公司收购东湖公司股权事项,注册会计师主要实施了以下审计程序:

(1) 获取并检查了2007年5月、10月的股权收购协议,并获取了复印件；

（2）获取并检查了蓝月评估有限公司出具的评估报告，并获取了复印件；

（3）复核了斗星山公司在购买日编制合并财务报表的工作表，确认了斗星山公司在购买日编制的财务报表；

（4）审查了斗星山公司2007年度财务报表，发现其未对合并财务报表的商誉计提减值，注册会计师在分析了东湖公司的经营状况后，认为该公司经营正常，得出了"合并财务报表的商誉不存在减值"的审计结论。

2. 在执行斗星山公司2008年度财务报表审计业务时，针对斗星山公司收购海山公司股权事项，注册会计师主要实施了以下审计程序：

（1）编制了商誉减值测试计算表（注册会计师未能获取斗星山公司对海山公司投资形成的商誉进行减值测试的资料），其中将溢价本身确定为资产组；

（2）测试了海风大酒店未来20年的经营现金流入现值，将现值与溢价比较后得出结论："不存在减值"。

注册会计师对该公司的2007年度及2008年度财务报告均出具了带强调事项段的无保留意见审计报告。

2007年度审计报告强调事项段内容：斗星山公司2007年12月31日净资产为-7 000万元，借款36 000万元已逾期，涉及诉讼的金额为40 000万元。斗星山公司已在财务报表附注中披露拟采取的改善措施。但可能导致对持续经营能力产生疑虑的事项或情况仍然存在不确定性。

2008年度审计报告强调事项段内容：斗星山公司2008年12月31日净资产为-6 000万元，借款17 000万元已逾期，涉及诉讼的金额为20 000万元。斗星山公司已在财务报表附注中披露拟采取的改善措施。

但可能导致对持续经营能力产生疑虑的事项或情况仍然存在不确定性。

三、思考题

1. 你认为在对斗星山公司 2007 年购买东湖公司股权这一交易事项进行审计时，注册会计师实施的审计程序是否到位？若不到位，还应当执行哪些审计程序？

2. 在对斗星山公司 2007 年度合并财务报表中的商誉进行审计时，注册会计师发现公司未进行商誉减值测试，注册会计师认可了公司的做法，你认为注册会计师的认可是否恰当？若不恰当，注册会计师应当如何做？

3. 在 2007 年度财务报表审计中，注册会计师利用了蓝月评估有限公司出具的评估报告，你认为注册会计师在利用专家工作时应当执行哪些审计程序？应注意哪些事项？

4. 根据会计准则的有关规定，非同一控制下企业合并形成的商誉于每年年末进行减值测试时，首先要合理确定其相关的资产组（或资产组组合，下同）。请指出资产组的定义，并判断本案例中关于资产组的确定是否合理？如果不合理，应该如何确定？

5. 你认为注册会计师在确定斗星山公司 2008 年 12 月 31 日资产组未来现金流量现值时的测试方法是否恰当？为什么？

四、思考题解答

1. 你认为在对斗星山公司 2007 年购买东湖公司股权这一交易事项进行审计时，注册会计师实施的审计程序是否到位？若不到位，还应执行哪些审计程序？

解析：

在对斗星山公司购买东湖公司股权这一交易事项进行审计时，注册会计师实施的审计程序不到位，还应当执行以下程序：

(1) 首先需要对该股权收购事项进行判断。

注册会计师应查阅收购完成后的东湖公司章程，以确定斗星山公司是否对东湖公司构成控制；收集东湖公司的工商营业执照、验资报告等相关资料，以确定该项合并为同一控制还是非同一控制；判断实际获得东湖公司的控制权的日期，以确定购买日。在本案例中，注册会计师未对上述问题作出必要分析。

(2) 其次需要对交易相关的计价问题加以关注。

如果判断为非同一控制下的控股合并，那么根据《企业会计准则第20号——企业合并》规定，非同一控制下的控股合并中，购买方一般应于购买日编制合并资产负债表，反映其于购买日开始能够控制的经济资源情况。在合并资产负债表中，合并中取得的被购买方各项可辨认资产、负债应以其在购买日的公允价值计量，长期股权投资的成本大于合并中取得的被购买方可辨认净资产公允价值份额的差额，体现为合并财务报表中的商誉；长期股权投资的成本小于合并中取得的被购买方可辨认净资产公允价值份额的差额，企业合并准则中规定应计入合并当期损益，因购买日不需要编制合并利润表，该差额体现在合并资产负债表上，应调整合并资产负债表的盈余公积和未分配利润。

在本案例中，斗星山公司按非同一控制下的企业合并在购买日编制了合并财务报表，其中根据蓝月评估有限公司对东湖公司出具的评估报告确认了东湖公司在购买日的可辨认资产及负债的公允价值，并以支付价款超过可辨认净资产公允价值的金额确认了 4 863 万元的商誉。

因此，在对此次收购事项实施审计时，重点在于复核斗星山公司对东湖公司在购买日的可辨认资产及负债的公允价值的确认是否存在问题，而这其中的关键点又在于，按照《中国注册会计师审计准则1421号——利用专家的工作》，对该评估报告实施应有的审计程序，以获取充分、适当的审计证据。具体的审计程序在第3个问题中详细阐述。

本案例中，注册会计师针对评估报告所实施的审计程序仅仅是检查了原始的评估报告，并获取了复印件，实施的审计程序明显不到位。

（3）最后需要关注企业合并形成的商誉的账务处理是否恰当。

《企业会计准则第20号——企业合并》对企业合并形成的商誉有如下规定：

①非同一控制下的控股合并中，购买方一般应于购买日编制合并资产负债表，反映其于购买日开始能够控制的经济资源情况。在合并资产负债表中，合并中取得的被购买方各项可辨认资产、负债应以其在购买日的公允价值计量，长期股权投资的成本大于合并中取得的被购买方可辨认净资产公允价值份额的差额，体现为合并财务报表中的商誉。

②企业在取得对子公司的控制权，形成企业合并后，购买少数股东全部或部分权益的，实质上是股东之间的权益性交易，在合并财务报表中，子公司的资产、负债应以购买日（或合并日）开始持续计算的金额反映。母公司新取得的长期股权投资成本与按照新增持股比例计算应享有子公司自购买日（或合并日）开始持续计算的可辨认净资产份额之间的差额，应当调整合并财务报表中的资本公积（资本溢价或股本溢价），资本公积（资本溢价或股本溢价）的余额不足冲减的，调整留存收益。

③非同一控制下的企业合并中，作为购买方的母公司在进行有关会计处理后，应单独设置备查簿，记录其在购买日取得的被购买方各

项可辨认资产、负债的公允价值以及因企业合并成本大于合并中取得的被购买方可辨认净资产公允价值的份额应确认的商誉金额，或因企业合并成本小于合并中取得的被购买方可辨认净资产公允价值的份额计入当期损益的金额，作为企业合并当期以及以后期间编制合并财务报表的基础。企业合并当期期末以及合并以后期间，应当纳入到合并财务报表中的被购买方资产、负债等，是以购买日确定的公允价值为基础持续计算的结果。

本案例中，斗星山公司的财务处理存在两个重大问题：

①2007年5月斗星山公司收购东湖公司70%的股权后，未按照企业会计准则的规定单独设置备查簿，未记录在购买日取得的东湖公司各项可辨认资产、负债的公允价值以及确认的商誉金额，作为企业合并当期以及以后期间编制合并财务报表的基础。这对于在斗星山公司收购东湖公司剩余股权及期末商誉测试时，会造成极大的影响。对于该事项，注册会计师未予以关注。

②2007年10月斗星山公司收购了东湖公司剩余30%的股权，支付的收购价款为15 500万元，斗星山公司编制了合并财务报表，其中根据蓝月评估有限公司对东湖公司出具的评估报告增加确认了商誉2 030万元。该账务处理是错误的。正确的账务处理为：首先，将支付的收购价款15 500万元确认为新增长期股权投资的成本；其次，按照新增持股比例30%计算应享有东湖公司自购买日开始持续计算的可辨认净资产份额；最后，将新增长期股权投资的成本15 500万元与按照新增持股比例30%计算应享有东湖公司自购买日开始持续计算的可辨认净资产份额的差额，调整合并财务报表中的资本公积（资本溢价或股本溢价），如果资本公积（资本溢价或股本溢价）的余额不足冲减的部分，调整留存收益。注册会计师未根据相关准则规定，要求斗星山公司调整合并资产负债表。

2. 在对斗星山公司 2007 年度合并财务报表中的商誉进行审计时，注册会计师发现公司未进行商誉减值测试，注册会计师认可了公司的做法，你认为注册会计师的认可是否恰当？若不恰当，注册会计师应当如何做？

解析：

根据《企业会计准则第 8 号——资产减值》的规定，非同一控制下的企业合并形成的商誉在确认之后，持有期间不要求摊销，企业应当对其进行减值测试，对于可收回金额低于账面价值的部分，计提减值准备。

显然，注册会计师认可公司不进行商誉减值测试的做法是不恰当的。注册会计师在审计时仅说明"东湖公司经营正常，不存在减值迹象。"即认可了斗星山公司未进行减值测试这种做法，缺乏应有的职业谨慎，审计程序不到位。首先，在 2007 年度报表审计中，注册会计师出具了带强调事项段的无保留意见审计报告，认为诉讼事项对公司的持续经营能力产生了影响，该诉讼事项可能造成公司的商誉减值。其次，即使该诉讼事项对公司的商誉不产生影响，由于东湖公司目前正处于经营中，因此注册会计师还是应当对包含商誉的相关资产组进行测试，如对整个东湖公司的未来收益状况进行分析预测，选取恰当的折现率，折算东湖公司未来经营产生的现金流量在 2008 年 12 月 31 日的现金流量现值，与东湖公司资产组（含商誉）的账面价值进行比较后，确认是否存在减值。该账面价值应该是以购买日确定的可辨认资产、负债的公允价值为基础持续计算的结果。实务操作中可由被审计单位委托专业机构（如评估公司）对该资产组进行估值。

3. 在 2007 年度审计中，注册会计师利用了蓝月评估有限公司出具的评估报告，你认为注册会计师在利用专家工作时应当执行哪些审计程序？有哪些注意事项？

解析：

根据《中国注册会计师审计准则1421号——利用专家的工作》第四条规定，在利用专家的工作时，注册会计师应当获取充分、适当的审计证据，以确信专家的工作可以满足审计的需要。注册会计师应当执行以下程序，以获取专家工作能够满足审计需要的充分、适当的审计证据：（1）在确定是否利用专家工作时，考虑专家工作涉及项目的性质、复杂程度和重大错报风险，是否可获取其他审计证据以支持审计结论，以及项目组成员是否具有相关的知识和经验；（2）在计划利用专家工作时，对专家的专业胜任能力和客观性进行评价，并考虑专家的工作范围是否可以满足审计的需要；（3）在将专家的工作结果作为审计证据时，评价专家工作的适当性。

在本案例中，需要对斗星山公司在购买日确定的东湖公司可辨认资产及负债的公允价值是否合理执行审计程序，由于该部分特定资产及负债的估价是该事项的关键所在，因此注册会计师应当执行必要的审计程序，获取充分、适当的审计证据，以确定专家工作是否能够满足审计要求。

（1）了解和评价专家的工作范围。如检查评估报告中披露的评估基准日与收购日的时间间隔，评估目的是否与本次收购有关，评估范围和评估对象与斗星山公司确定的可辨认资产及负债是否一致。

（2）评价专家的专业胜任能力和客观性。如查阅评估报告后附的评估机构、注册评估师的资格证书及执业许可证；检查评估机构是否属于斗星山公司控制的单位，或者存在其他关联关系等。

（3）评价专家工作的适当性。主要考虑下列因素：①专家使用的原始数据；②专家使用的假设和方法，及其与以前期间的一致性；③专家工作的结果与注册会计师对被审计单位的了解和执行其他审计程序的结果是否相符。需要注意的是，如果专家工作结果与其他审计证据不一致，注册会计师需要与被审计单位和专家共同商讨，查找原因，并积极寻求解决办法，必要时甚至可以考虑聘请其他专家对专家的工作予以证实。

在本案例中，注册会计师利用蓝月评估有限公司出具的评估报告存在如下重大问题，应特别关注：

（1）该评估报告披露的评估基准日为2006年12月31日，而收购日为2007年5月和7月，二者存在几个月的间隔，注册会计师应当分析该时间间隔对可辨认资产及负债公允价值造成的影响，不能简单地将评估报告结果认定为可辨认资产及负债的公允价值。

（2）该评估报告披露的评估目的为银行抵押，而非为本次收购使用，注册会计师应当考虑评估目的不同是否会导致公允价值存在一定的差异，因为按照评估目的的不同可能导致不同的评估价值类型，进而影响评估方法和参数的选取，可能会形成不同的评估结果。

（3）该评估报告披露的评估范围为东湖公司在2006年12月31日拥有的房屋建筑物、机器设备和土地使用权，并未涵盖所有的可辨认的资产及负债。另外，该评估报告的评估范围未包括资产负债表中列示的所有资产和负债，特别是斗星山公司此次收购主要目的在于获取东湖公司所拥有的专利权和专有技术（账面金额为零），但在该评估报告中未包括该项无形资产。

（4）评估报告中披露的特别事项。在评估基准日，部分范围建筑物未办理产权证。注册会计师应该对这些资产的权属问题予以关注，分析是否对可辨认净资产公允价值造成影响等。

4. 非同一控制下企业合并形成商誉于每年年末进行减值测试时，首先要确定其相关的资产组（或资产组组合，下同）。请指出资产组的定义，并判断本案例中关于资产组的确定是否合理？如果不合理，应该如何确定？

解析：

根据《企业会计准则第 8 号——资产减值》的规定，资产组是指企业可以认定的最小资产组合，其产生的现金流入应当基本上独立于其他资产或者资产组。资产组的认定，应当以资产组产生的主要现金流入是否独立于其他资产或资产组的现金流入为依据。

本案例中，注册会计师将溢价本身作为资产组，但商誉难以独立产生现金流量，应当结合与其相关的资产组或者资产组组合进行减值测试，因此确定与商誉相关的资产组或者资产组组合是商誉减值测试的首要步骤。由于海山公司目前仅是对海风大酒店承包经营，因此与商誉相关的资产组应是与该承包经营相关的项目，即海山公司投入海风大酒店的一期改造工程款，该款在海山公司作为长期应收款列报，注册会计师可以将该长期应收款作为与商誉相关的资产组。

因此，本案例中注册会计师将溢价本身作为资产组是不恰当的。

5. 你认为注册会计师在确定斗星山公司 2008 年 12 月 31 日资产组未来现金流量现值时的测试方法是否恰当？为什么？

解析：

注册会计师在测试未来现金流量现值时，未考虑相关合同、协议及特殊事项等对未来现金流量的影响，测试方法不恰当。

（1）本案例中，海山公司与海风大酒店的股东签订了合作协议，协议确定了合作的期限，双方的权利和义务，尤其是利益的分配方式：承包期间海山公司保证海风大酒店每年向海风大酒店的股东支付 500 万元的税后利润作为承包费用，海风大酒店的剩余收益全部归海山公司，作为海山公司的投资回报。若海风大酒店当年税后利润不足以支付承包费用，海山公司对不足部分负有连带责任。可见海山公司必须保证海风大酒店的股东每年 500 万元的收益，如果海风大酒店的税后利润分配达不到 500 万元这个目标，由海山公司支付不足部分给海风大酒店的股东。该项分配条件产生的现金流出应该单独考虑。

（2）如果海风大酒店盈利，那么它的净利润和斗星山公司实际能获得的投资回报也不相等，这里存在少数股东权益的影响问题，而注册会计师在做未来现金流量的现值测试时是以海风大酒店的净利润为基础进行的。

（3）存在一定的特殊事项，即海风大酒店是亏损或是微利，但注册会计师未考虑海山公司承担的连带责任。

注册会计师在实施测试时未考虑以上因素，因而测试方法不恰当。

五、对注册会计师实施的审计程序的评价

1. 注册会计师针对斗星山公司股权收购东湖公司事项执行的主要审计程序。

结合上述的分析，可以总结注册会计师的审计存在以下问题：

（1）公司没有进行减值测试，注册会计师没有考虑此事项对财务报表及审计意见的影响；

（2）对购买少数股东权益的核算错误；

（3）在利用第三方机构的工作时没有实施必要的审计程序。

2. 注册会计师针对斗星山公司收购海山公司股权事项执行的主要审计程序。

结合上述分析，可以总结注册会计师的审计工作存在以下问题：

注册会计师对于收购海山公司股权形成的商誉实施减值测试时，确定的资产组为海风大酒店收购溢价形成的商誉，注册会计师未说明资产组确定的依据；

测试时的未来现金流量为海风大酒店的经营现金流入，未考虑扣除全部可能产生的费用。根据海山公司与海风大酒店股东签订的合作

协议，海山公司承包经营海风大酒店，海山公司负责海风大酒店一期工程的全部投资，海风大酒店股东负责海风大酒店二期工程的全部投资。合作各方约定合作期限为 15 年，合作期满，除非因自然灾害导致协议无法继续履行，否则合作期限无条件顺延 5 年，合作期满海山公司无条件将海风大酒店所有资产及经营权交还给海风大酒店的股东，承包期间海山公司保证海风大酒店每年向其股东支付 500 万元的税后利润作为承包费用，海风大酒店的剩余收益全部作为海山公司的投资回报。若海风大酒店当年税后利润不足以支付承包费用，海山公司对不足部分负有连带责任。因此测试时应考虑的现金流量应当是从海风大酒店获得的税后收入。首先，计算扣除各项成本费用及相关税费后的净利润，其次，应考虑扣除支付给海风大酒店股东 500 万元的承包费用，然后在考虑公司必要的更新支出的基础上，确定获得的承包经营收益净额。由于注册会计师测试时所考虑的未来现金流量项目，没有根据公司的相关协议确定、计算，获得的数据不能支撑注册会计师的审计结论。

六、案例教学的组织

对合并商誉进行审计时，注册会计师要依据企业会计准则及注册会计师执业准则的相关规定识别被审计单位的合并商誉是否存在减值的迹象。若存在减值迹象，需考虑如何正确进行商誉减值测试；并且要按照风险导向的审计要求，时刻关注企业并购方式的最新变化，关注按照现有的相关会计准则能否反映相关经济业务的实质，不断完善合并商誉的审计程序，完善审计工作底稿，真正把风险导向审计理念落到实处。

对于本案例设计的思考题，学员需要在课外提前阅读和思考，包括搜集相关的审计准则、会计准则和制度的规定，收集最新发生的各种并购案例，以深化课堂案例讨论的效果。

开放式讨论：

在斗星山公司 2008 年年报审计中，注册会计师在确定资产组账面价值时是否应当考虑少数股东权益的影响？为什么？

参考答案：

注册会计师在确定资产组账面价值时应当考虑归属于少数股东权益的商誉，否则会造成测试比较的基准价值偏低。

在资产组确定后，应当按照以下步骤进行处理：首先对不包含商誉的资产组或者资产组组合进行减值测试，计算可收回金额，并与相关账面价值相比较，确认相应的减值损失；然后再对包含商誉的资产组或者资产组组合进行减值测试，比较这些相关资产组或者资产组组合的账面价值（包括所分摊的商誉的账面价值部分）与其可收回金额，如相关资产组或者资产组组合的可收回金额低于其账面价值的，应当就其差额确认减值、损失，减值损失金额应当首先抵减分摊至资产组或者资产组组合中商誉的账面价值；再根据资产组或者资产组组合中除商誉之外的其他各项资产的账面价值所占比重，按比例抵减其他各项资产的账面价值。

以上资产账面价值的抵减，都应当作为各单项资产（包括商誉）的减值损失处理，计入当期损益。抵减后的各资产的账面价值不得低于以下三者之中最高者：该资产的公允价值减去处置费用后的净额（如可确定的）、该资产预计未来现金流量的现值（如可确定的）和零。因此而导致的未能分摊的减值损失金额，应当按照相关资产组或者资产组组合中其他各项资产的账面价值所占比重进行分摊。

其中，按照《企业会计准则第 20 号——企业合并》的规定，因企业合并所形成的商誉是母公司根据其在子公司所拥有的权益而确认的商誉，子公司中归属于少数股东的商誉并没有在合并财务报表中予以确认。因此，在对与商誉相关的资产组或者资产组组合进行减值测试时，由于其可收回金额的预计包括归属于少数股东的商誉价值部分，因此为了使减值测试建立在一致的基础上，企业应当调整资产组的账面价值，将归属于少数股东权益的商誉包括在内，然后根据调整后的资产组账面价值与其可收回金额进行比较，以确定资产组（包括商誉）是否发生了减值。上述资产组如发生减值，应当首先抵减商誉的账面价值。但根据上述方法计算的商誉减值损失包括了应由少数股东权益承担的部分，而少数股东权益拥有的商誉价值及其减值损失都不在合并财务报表中反映（合并财务报表只反映归属于母公司的商誉减值损失），因此，应当将全部商誉减值损失在可归属于母公司权益的部分和归属于少数股东权益的部分之间按比例进行分摊，以确认归属于母公司的商誉减值损失。

在确定资产组账面价值时，注册会计师应当考虑归属于少数股东权益的商誉，否则会造成测试比较的基准价值偏低。

课堂上还可以结合最新发生的并购案例，讨论按照现有会计准则进行会计处理与披露可能产生的问题及解决的方法。

2 桂峰山公司费用认定审计案例

一、学习目标

1. 了解费用认定的审计所依据的审计准则及相关要求
2. 掌握费用认定的审计应实施的审计程序
3. 掌握费用认定的审计应获取的审计证据

二、案例背景

(一) 公司情况

桂峰山控股股份有限公司（以下简称"桂峰山公司"）是经桂峰市体改委批准，由桂峰山电脑有限公司整体变更设立的股份有限公司，公司于2005年3月在深圳证券交易所上市，注册资本30 000万元。公司所属行业为计算机及电子产品制造业，公司主要产品为计算机和周边产品及手机等。

2007年以来，在市场竞争日趋激烈的情况下，桂峰山公司被迫进行产品转型，由主要生产台式电脑逐渐转为生产笔记本电脑。但这次转型并没有达到预期目的，在台式电脑逐渐退出市场的同时，笔记本电脑的销售迟迟打不开局面。公司2007年、2008年和2009年度计算机整机产品（包括台式电脑和笔记本电脑）的销售收入分别为168 570万元、80 290万元和59 060万元，市场份额急剧下滑，并且没有好转的迹象。桂峰山公司在2009年再次谋求业务转型，将未来发展的目标定位于房地产和生物制药行业。

2008年12月16日，桂峰山公司获得省科学技术厅、省财政厅、省国家税务局、省地方税务局联合颁发的《高新技术企业证书》，有效期3年。在有效期内，桂峰山公司可享受企业所得税按15%征收的税收优惠。2009年是桂峰山公司享受优惠税率的第一年。

公司自上市以来一直聘用秦山会计师事务所对其年度财务报表进行审计。2009年12月31日，桂峰山公司资产总额108 870万元，负债总额43 920万元，所有者权益合计64 950万元，2009年度营业收入197 169万元，利润总额-7 620万元，净利润-6 800万元（2008年度净利润为440万元）。2010年4月14日，秦山会计师事务所为该公司2009年度财务报表出具了标准无保留意见的审计报告。

根据桂峰山公司2009年度财务报表附注，公司合并报表中的2009年度管理费用为6 853万元，比2008年度4 682万元增长46.4%，主要系公司加大了研发投入，技术开发费增加所致。其中母公司管理费用发生额为6 030万元（上年同期发生额为4 020万元）。母公司管理费用发生额中技术开发费为3 580万元，比上年增加1 787万元；维修费580万元，比上年增加552万元。

注册会计师在审计中发现，桂峰山公司母公司管理费用发生额中有如下两笔业务：第一笔是2009年10月31日技术研发部领用原材料2 240万元，计入"管理费用——技术开发费"，而其他月份技术开发费的平均支出仅为110万元，支出的主要项目包括开发人员工资支出、购置模具支出、研发设备折旧、向外部研究设计单位支付设计费、软件摊销费用等，研发部门领用原材料的金额较小；第二笔是 2009 年 12 月 31 日发生维修费用 510 万元，而其他月份维修费的平均支出仅为 6 万元。

2009 年度，桂峰山公司在管理费用、其他业务支出和营业外支出中均没有财产损失和出售原材料方面的相关业务记录。

（二）注册会计师实施的主要审计程序

1. 针对上述母公司管理费用发生额中的第一笔业务，注册会计师实施了如下审计程序：

（1）获取并检查由桂峰山公司技术研发部门提供的《科研项目物料消耗情况表》，表中所反映的研发项目为手机产品（而不是生物制药），且原材料领用数量特别巨大。例如领用耳机的数量达到 75 500 个、摄像头达到 101 900 个、手机 PCB 达到 170 200 个，其他部件的领用数量很多也是数以十万计。

（2）获取并检查由桂峰山公司技术研发部门提供的《项目计划进度表》，表中仅仅列示了各实验工序的开始时间和完成时间，没有与原材料需求数量相关联的信息和数据。

（3）进行凭证测试，在凭证测试表中标明记账凭证后附其他出库单、其他入库单、科研领料单。

（4）获取桂峰山公司《企业所得税年度纳税申报表》，表中显示加计扣除金额（包括开发新技术、新产品、新工艺发生的研究开发费用加计扣除金额）为 0。

（5）获取桂峰山公司在企业所得税年度纳税申报时向税务部门报送的《企业年度研究开发费用结构明细表》，该表列示的研究开发直接投入为 2 320 万元。

2. 针对上述母公司管理费用发生额中的第二笔业务，注册会计师实施了如下审计程序：

（1）进行凭证测试，在凭证测试表中标明记账凭证后附的其他出库单。

（2）针对维修费用的增加实施分析性程序。结果发现：与上年相比维修费大幅度上升，主要是手机更新换代速度较快，以前年度大批量生产销售的主打手机逐渐退出市场，相应的维修配件领用也需要进行更新，因此发生的维修费较多。

现场审计工作完成后，注册会计师确定需将计入"管理费用——维修费用"的510万元调整至"营业费用"。

注册会计师结合存货审计的结果，对上述费用的异常增加作出专业判断。在执行存货跌价准备的相关审计程序时，注册会计师根据性质，对期末各类存货进行了全面的分析性复核，经分析认定，计提的跌价准备已较为充分。期初已计提跌价准备的存货中本期已处置（出售或领用）部分已通过营业成本反映在利润表中，因此仅影响到营业成本和资产减值准备的披露金额。上述费用大部分涉及领用存货，存货的真实性和计价的公允性经审计得到确认，因此，管理费用的异常不会影响总体利润。

三、思考题

1. 就上述两笔原材料领用业务的真实性，注册会计师是否应提出质疑？

2. 上述两笔业务对被审计单位财务报表的公允表达可能会产生哪些影响？是否存在由于舞弊导致的财务报表重大错报风险？

3. 注册会计师结合存货审计的结果，判断管理费用的异常不会影响总体利润，对财务报表数据无实质性影响，你同意这种专业判断吗？

为什么?

四、思考题解答

1. 就上述两笔原材料领用业务的真实性,注册会计师是否应提出质疑?

解析:

注册会计师应当提出质疑。从技术开发费和维修费变动情况来看,上述两笔原材料领用业务显得十分异常,尤其是在第一笔业务中,桂峰山公司研发部门领用的原材料数量特别巨大(例如领用耳机的数量达到 75 500 个、摄像头达到 101 900 个、手机 PCB 达到 170 200 个),超出手机研发对原材料的正常需求。而且,根据公司拟定的发展战略,公司应当大幅度增加生物制药项目的研发投入而非手机生产项目。注册会计师应当询问管理层加大手机研发投入的原因。关注什么样的手机产品研发需要消耗数量和金额如此巨大的原料与部件。注册会计师对此应保持高度的职业怀疑,将上述经济业务识别为重大错报风险并实施进一步审计程序。

2. 上述两笔业务对被审计单位财务报表的公允表达可能会产生哪些影响?是否存在由于舞弊导致的财务报表重大错报风险?

解析:

(1) 对财务报表公允表达的影响。

通过上述背景介绍可以了解到,2009 年度,桂峰山公司处于业务转型期,原用于生产计算机产品的原材料极有可能发生损失,同时,另一主要产品手机的更新换代比较频繁,发生损失的可能性也比较大。而桂峰山公司 2009 年度在管理费用、其他业务支出和营业外支出中均没有财产损失和出售原材料方面的相关业务记录,加之对高新技术企业认定方面的考虑,注册会计师有理由怀疑桂峰山公司上述两笔原材料领用业务系将可能产生损失的库存原材料金额计入研究开发费和维修费。如果这一怀疑成立,上述两笔经济业务对桂峰山公司2009年度财务报表的公允表达可能产生以下几方面的影响:

①对当期损益可能产生的影响。桂峰山公司在完成上述两笔原材料领用的虚假账务处理后,原本还在仓库中存放的原材料就会形成账外资产,如果这部分账外资产对外实现销售,则营业收入一般也不会在账内体现,从而减少当期利润,并形成资金的体外循环。

②对应交增值税可能产生的影响。如前所述,在该部分账外资产对外销售的同时,一个必然的结果是偷逃应缴纳的增值税。

③对高新企业认定及应交所得税可能产生的影响。事实上,桂峰山公司管理当局作出上述虚假账务处理的直接动因可能并非是减少当期利润和偷逃税款,极有可能是出于新企业所得税法实施后国家对高新技术企业认定标准的考虑。

前文述及,桂峰山公司于2008年12月获得《高新技术企业证书》,按照财政部、国家税务总局和科学技术部《关于印发〈高新技术企业认定管理办法〉的通知》的相关规定,桂峰山公司每年的技术研发投入需保持在销售收入总额的3%以上(即大约5 000万元以上)。因此,桂峰山公司在日常研究开发费用与上述标准相去甚远的情况下,想要持续获得高新技术企业的所得税优惠政策,进行上述两笔虚假账务处理也就不难理解了。

由于上述两笔虚假账务处理影响2009年度的利润总额,自然也会影响以后年度可弥补亏损金额,进而对应交所得税产生影响。

(2)对管理层舞弊的考虑。

《中国注册会计师审计准则第1141号——财务报表审计中对舞弊的考虑》第六十四条规定:"对于超出正常经营过程或基于对被审计单

位及其环境的了解显得异常的重大交易,注册会计师应当了解这些交易的商业理由的合理性"。据此,注册会计师在发现桂峰山公司上述两笔重大异常的经济业务之后,应当识别是否存在管理凌驾于控制之上导致的重大错报风险。本案例中,桂峰山公司管理层具备舞弊的动机,并采取了相应的行动,就其实施的效果来看,既充实了账外"小金库",又偷逃了税款,还有利于高新技术企业的认定,可谓"一石三鸟"。

3. 注册会计师结合存货审计的结果,判断管理费用的异常不会影响总体利润,对财务报表数据无实质性影响,你同意这种专业判断吗?为什么?

解析:

注册会计师的判断存在重大问题。首先,在桂峰山公司的存货审计中,注册会计师仅实施了分析性复核程序且没有发现异常。一方面,分析性复核在存货存在认定方面的证明力较弱,注册会计师应当实施存货监盘程序,取得公司主要类别的原材料和产成品存在及完整性认定方面的证据。另一方面,考虑到公司作为高新技术企业所面临的特殊风险,注册会计师应当关注费用类别划分是否存在重大错报。根据前面的分析,费用类别划分错误,可能影响公司需要缴纳的所得税,从而影响公司实现的净利润,进而对财务报表整体产生实质性影响,误导广大投资者和其他财务报表使用者的决策。《企业会计准则第30号——财务报表列报》第六条也规定:"性质或功能不同的项目,应当在财务报表中单独列报",不同的报表项目不能相互混淆,注册会计师提出的判断理由不充分。

五、对注册会计师实施的审计程序的评价

针对上述两笔业务,注册会计师实施的审计程序存在下列不足

之处：

针对上述第一笔业务，注册会计师仅获取了由桂峰山控股技术研发部门提供的《科研项目物料消耗情况表》和《项目计划进度表》，表中所反映的原材料领用数量特别巨大；针对上述第二笔业务，注册会计师没有取得审计证据。注册会计师没有实施进一步审计程序，以获取有关上述研究开发支出和维修费支出真实性的充分、适当的审计证据。注册会计师应当查阅研究开发项目计划书、研究开发费预算、研究成果报告等；判断研发支出应当费用化还是资本化；对费用进行更多的细节测试和实质性分析程序，如将原材料领用数量与项目预算等进行比较。

六、案例教学的组织

费用历来是公司进行盈余管理的高风险领域。对于桂峰山公司这类高新技术企业来讲，费用操纵又有了新的动机。对于费用（特别是研发费用）发生和分类的认定问题，注册会计师应当予以高度重视。注册会计师对于费用的发生认定审计，不仅要遵守企业会计准则及注册会计师执业准则的相关规定，认真规范与之相关的审计程序，完善审计工作底稿，还需要时刻牢记运用风险导向审计理念，防范企业利用该问题避税以及管理层借此舞弊等行为的发生。

为确保本案例的教学效果，应鼓励学员在课堂讨论前，提前阅读相关会计审计准则及其他相关资料，了解国家高新技术企业认定标准，以及有关监管机构（包括证监会、审计署等）在这个领域的检查结果。建议在讨论开始前，对相关准则内容及研究成果进行简要介绍。对于第二个思考题，由于上述两笔业务对财务报表影响层面较多，建议教师引导学员开展讨论，以加深对该案例的理解。

3 南湖科技公司收入确认审计案例

一、学习目标

1. 掌握房地产行业收入确认应当实施的审计程序
2. 掌握房地产行业收入确认应当获取的审计证据

二、案例背景

(一) 公司情况

南江科技股份有限公司（以下简称"南江科技"）是一家2002年发行上市的公司，主营业务是为电信企业提供各种应用软件产品和系统集成服务。由于经营不善，运营资金面临较大压力，且连年出现大额亏损，2007年股票名称改为SST南江。2008年上海南湖科技（集团）有限公司（以下简称"南湖科技集团"）对其进行重组，并更名为南湖科技股份有限公司（以下简称"南湖科技"）。重组后南湖科技集团持股比例为73%。

具体重组方案为，南江科技向南湖科技集团的全体股东增发新股的方式吸收合并南湖科技（增发的股份为4亿股，发行价格为8元/

股)。重组方南湖科技集团是一家以精品住宅开发为核心业务的房地产开发企业,拥有国家建设部颁发的一级开发资质。当时持有的项目储备主要包括苏州和上海的土地、上海的商业物业长水运通大厦(以下简称运通大厦)、以及居民住宅和别墅。重组后的南湖科技成为一家以开发别墅、高档住宅和商业地产为主的房地产企业。

作为新股东,南湖科技集团还对南湖科技的经营业绩作出承诺:如吸收合并能在2008年1月1日前实施完毕,进入南湖科技SST的资产2008年度实现的归属于母公司所有者的净利润不低于经审核的南湖科技盈利预测报告数10 092万元;如果吸收合并能在2009年1月1日前实施完毕,进入南湖科技的资产2009年度和2010年度实现的归属于母公司所有者的净利润合计不低于6亿元。若实际实现的利润数低于上述承诺,南湖科技集团将以现金方式向上市公司补足差额部分。

(二)运通大厦房产出售事项介绍

2008年度,南湖科技实现归属于母公司所有者的净利润20 487万元,利润主要来源于两项业务,分别为出售子公司上海长水房地产有限公司(以下简称长水公司)持有的位于上海的商业物业——运通大厦以及出售潭水宫三幢别墅。其中出售运通大厦公司确认的营业收入金额为59 793万元。

长水公司为南湖科技持股85%的子公司,其持有位于上海的商业物业运通大厦房产。本次运通大厦房产的购买方万德为一家2008年注册成立的有限责任公司(以下简称"万德公司"),其实际控制人为国际知名的房地产投资与管理机构荷水房地产投资管理有限公司(以下简称"荷水公司")。根据万德公司与南湖科技签订的有关长水项目的框架协议,运通大厦的交易采用资产出售和股权转让两种方式分两个步骤完成。在资产出售和股权转让两个步骤实施前,为完成出售运通大厦的业务，南湖科技根据交易对方的要求，专门成立了两个壳公司，分别是2008年6月11日出资2 000万元成立的全资子公司天福商场经营管理有限公司（以下简称"天福公司"）和2008年7月2日出资2 000万元成立的乐福投资管理有限公司（以下简称"乐福公司"）。南湖科技于2008年7月2日将其持有的天福公司股权以2 000万元转让给乐福公司。其后，子公司长水公司将运通大厦出售给天福公司，再由乐福公司转让天福公司100%股权给外方万德公司，从而完成出售物业资产的全部交易。2008年7月11日，长水公司与天福公司签订商品房出售合同，将运通大厦以59 793万元（包含7 000万元装修款）的价格出售给天福公司，2008年9月、11月、12月长水公司分别收到天福公司50 143万元、650万元、750万元的款项，截至2008年12月31日，长水公司尚有8 250万元物业转让款没有收回。

2008年7月11日，乐福公司与万德公司签订股权转让协议，以等值于人民币33 907万元的美元出售其持有的天福公司100%的股权。天福公司的唯一资产为运通大厦。

根据股权转让协议，万德公司应在交割日向乐福公司支付首笔股权价款等值于人民币6 000万元的美元现汇。万德公司在收到收款凭据的14个工作日内，向乐福公司支付协议全部剩余股权价款等值于人民币27 907万元的美元现汇。

2008年7月21日，天福公司获当地经济技术开发区管理委员会同意万德公司并购天福公司的批准文件，随后获得政府外商投资管理部门的批准证书。2008年8月6日天福公司在当地开发区工商局办理了外商投资企业变更备案登记。

2008年8月25日，乐福公司收到万德公司的股权转让款计人民币5 972万元，2008年9月3日收到股权转让款人民币27 935万元。

交易完成后，长水公司按资产出售金额59 793万元确认了营业收入，结转了相应的房产成本，并计提了营业税2 990万元、各项附加329万元。另外，将59 793万元并入运通大厦的出售总额并依此对整个运通大厦项目的土地增值税进行测算，测算整个运通大厦项目应计提土地增值税5 195万元，扣除2007年度长水公司已计提的1 271万元，2008年度补提土地增值税3 924万元。乐福公司按股权转让收入33 907万元扣除天福公司净资产2 000万元后的金额31 907万元确认投资收益。

运通大厦交易过程如图1-1所示。

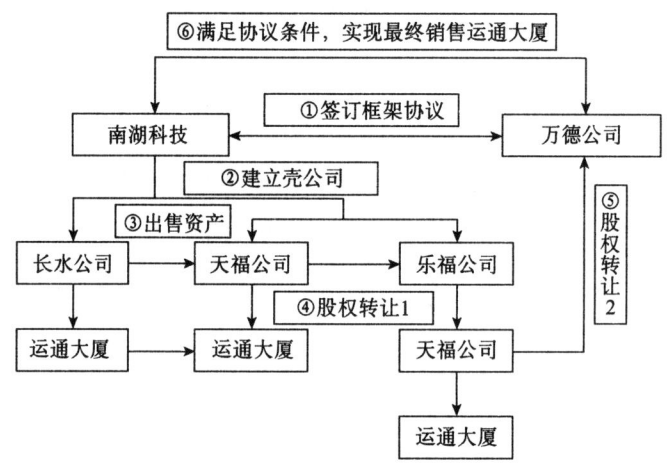

图1-1 运通大厦交易过程示意图

（三）交易涉及的重要条款

卖方和开发商应确保交付的先决条件在2009年3月31日之前得到满足，在开发商按买方要求对目标物业实施装修前，买房顾问已对目标物主体结构、设备及其他毛坯工程进行检验并向开发商提交工程整改清单；整改结果需令买方满意；在开发商按买方要求对目标物业实施装修后，开发商已经获得中国相关机构根据中国法律签发的目标物业装修验收证明，包括但不限于装修工程验收、装修消防验收、装修环保验收、装修规划验收等；如果交付的先决条件已经满足，开发商和买方应在收到开发商通知后 20 个工作日内签署一份交付契据，证明目标物业的检查和交付已完成并确认交付的先决条件得以满足。

如果开发商未能确保交付的先决条件在 2009 年 3 月 31 日或之前得到满足，则自该日期至交付先决条件得到满足的期间，开发商应向买方支付赔偿金。开发商未满足交付先决条件交付目标物业的，且目标物业的装修是由卖方和开发商指定的具有资质的装修公司实施的，则自应交付日起至实际交付日止，开发商应向买方和买方控股的目标公司支付每日按物业转让价格的万分之二计算逾期赔偿金。逾期累计超过 30 日的，买方和买方控股的目标公司有权选择解除本协议以及与本协议相关的协议和文书（包括不限于物业买卖协议、股权转让协议、监管协议和承诺函），各卖方实体除按上述约定支付逾期赔偿金外，还应当向买方和买方控股的目标公司支付人民币 100 000 万元的协议解除赔偿金，补偿买方因本次交易而产生的全部税费支出，并由各卖方实体按照框架协议的规定向买方进行回购。

卖方承担保险费用，向利保财产保险股份有限公司购买目标物业的财产保险综合险，保额为人民币 91 700 万元，受益人为目标公司（本案例中指天福公司），保险期限一年。

（四）注册会计师实施的主要审计程序

1. 注册会计师针对资产出售实施的审计程序。

（1）索取物业资产的销售合同、房屋交接书（毛坯物业）、买方 51 543 万元人民币汇入款的进账单；

（2）核对商品房出售合同中购买人与房屋交接书接收方、汇款人是否一致，金额是否一致；

（3）查验相关销售凭证，并确认销售发票均已开具；

（4）函证年末尚未收到的应收账款交易款 8 250 万元，并收到回函确认；

（5）跟踪查验期后收款情况，复印期后汇入款 2 165 万元人民币的进账单；

（6）获取上海市静安区房地产登记处的房产登记信息，显示标的物业资产已于 2008 年 9 月过户完成。

2. 注册会计师针对股权转让执行的审计程序。

获取了股权转让协议、股权转让政府批文、进账单、涉外收入申报单、国家外汇管理局资本项目外汇业务核准件、股权变更后的外商投资企业批准证书、股权变更后的营业执照。

3. 注册会计师针对上述交易是否为关联交易执行的审计程序。

针对本次交易，注册会计师还关注了物业资产的实际购买方万德公司与出售方长水公司及南湖科技是否为关联方，为此专门向外方委托此次交易的中伦律师事务所发函询问，并获得律师事务所的答复函。

4. 注册会计师关于本次交易是否符合收入确认条件的说明。

房产作为一种特殊商品，其所有权以有关部门权属登记为准，而非以实际占有为准。鉴于运通大厦房产已于 2008 年 9 月过户给买方，且买方公司的股权已全部转让给了万德公司，注册会计师认为所有权及其风险的转移已经成立，且收入的金额已确认，与该项资产交易相关的资金已基本流入，小部分尚未收到的金额已获债务人回函确认，相关的已发生或将发生成本能够可靠计量。据此，依据《企业会计准则》对公司确认的该项交易的收入及相关成本予以认可。另外，截至 2009 年 6 月，公司又收到房款 4 891 万元。

在长水公司转让给天福公司的总价款中，有 7 000 万元为目标物业的装修价款。根据出售运通大厦的框架协议补充协议，该项出售风险转移应在大厦交付时，而交付的先决条件应包括相关机关签发的物业装修验收(包括装修工程验收、消防验收、环保验收和规划验收)证明。注册会计师在审计过程中注意到,2008年末该项装修工程尚在建设中,并未收到上述相关验收资料。鉴于运通大厦物业资产已于2008年9月完成产权过户登记手续,因此注册会计师认为应将装修收入与标的物业的整体转让分割为两部分。该7 000万元装修收入不应计入2008年度收入。注册会计师就此部分收入的确认问题向公司管理层提出了异议。公司管理层提出:公司已全额估算7 000万元成本,并计提相关税金,年末装修已全面展开,装修工程和装修质量由实施工程的装修公司全权负责,公司将不会发生额外的负担;且截至报告日已完成装修工程的竣工验收,因此希望不再对该7 000万元作调减收入处理。在此种情况下,注册会计师考虑到该7 000万元收入占整个交易收入的比重较小,且已按收入金额全额预估成本,对公司报表净利润及净资产均不产生影响,且注册会计师又进一步跟踪取证,于2009年4月(审计报告日前)获取了上海市静安区建设和交通委员会《建设工程竣工验收备案证书》,确认已达到可交付状态,风险转移应无争议。故从重要性角度出发,注册会计师对7 000万元收入及相关成本费用预估作为非重大未调整事项,不再要求被审计单位进行调整。注册会计师就此事同南湖科技管理层、董事会审计委员会及独立董事进行了专门沟通并达成一致,并在审计工作底稿中作出有关未调整事项的相关记录说明。

5. 注册会计师针对本次交易涉及税金的审计程序。

注册会计师已就公司资产转让按资产的转让金额59 793万元进行复核及测算应缴纳的土地增值税、营业税、企业所得税及股权转让应计提的企业所得税进行复核,复核结果无大额差异,故对该项资产出售涉及的各项税金计提数予以认可。

注册会计师判断认为目前实务中很多公司采用股权转让方式来实现土地或房地产的转让,依据现行税法,无需对转让股权公司所拥有的资产计缴营业税和土地增值税,因此,注册会计师未要求公司对股权转让方式下实现的收益补计营业税和土地增值税。

三、思考题

1. 该公司收入是否存在重大错报风险,如存在,可能存在哪方面的错报风险?
2. 为确定南湖科技收入确认是否适当,注册会计师实施了哪些审计程序?是否充分?
3. 运通大厦交易收入确认的依据是什么?
4. 注册会计师对本次交易性质的认定是否存在不当之处?
5. 注册会计师有关本次交易中相关税金的考虑是否恰当?

四、思考题解答

1. 该公司收入是否存在重大错报风险,如存在,可能存在哪方面的错报风险?

解析:

南湖科技集团作为准备进入的新股东,对南湖科技的经营业绩作出承诺:如吸收合并能在2008年1月1日前实施完,进入SST南江的南湖科技2008年度实现的归属于母公司所有者的净利润不低于经审核的南湖科技盈利预测报告数10 092万元;如果吸收合并能在2009年1月1日前实施完毕,进入SST南江的南湖科技2009年度和2010年度实现的归属于母公司所有者的净利润合计不低于6亿元。若实际实现的利润数低于上述承诺,南湖科技集团将以现金方式向上市公司补足差额部分。

3 南湖科技公司收入确认审计案例

教师手册

对南湖科技财务报表进行分析后不难发现，2008年度南湖科技实现归属于母公司所有者的净利润 20 487 万元，其利润主要来源于两项业务，分别为出售子公司长水公司持有的位于上海的运通大厦以及出售潭水宫三幢别墅。其中，出售运通大厦公司的营业收入金额为 59 793 万元。若不能确认运通大厦转让收入，南湖科技可能无法实现股改及重组时的承诺，需要大股东现金补偿。注册会计师应结合南湖科技集团对公司经营业绩作出的承诺，警惕公司可能采用操纵收入的方法来兑现当初作出的承诺。而且，该项交易的设计相当复杂，可能掩盖了交易的真实目的。注册会计师应当将该项交易及实现的收入作为可能产生重大错报风险的领域，给予高度关注，运用自身的职业判断能力，规避可能产生的审计风险。

2. 为确定南湖科技收入确认是否适当，注册会计师采用了哪些审计程序？是否充分？

解析：

注册会计师针对资产出售索取了物业资产的销售合同、房屋交接书（毛坯物业）、买方 51 543 万元人民币汇入款的进账单；核对了商品房出售合同中购买人与房屋交接书接收方、汇款人是否一致，金额是否一致；查验了相关销售凭证，并确认销售发票均已开具。对年末尚未收到的交易款 8 250 万元应收账款进行了函证，并收到回函确认；跟踪查验了期后收款情况，复印了期后汇入款 2 165 万元人民币的进账单。向上海市房地产登记处获取了房产登记信息，信息显示标的物业资产已于 2008 年 9 月完成过户。实施了"抽查有关销售发票与合同、货运单等相核对，追查至记账凭证、明细账，检查销售收入的记录是否正确"等审计程序，未发现问题。

对于运通大厦销售中，7 000 万元装修收入是否应计入 2008 年度收入问题，注册会计师就此向公司管理层提出过异议，并实施了"检查被审计企业主营业务收入的确认是否恰当"的审计程序。但针对管理层作出的解释，注册会计师应实施进一步审计程序，获取相关审计证据，检查该笔收入的最终确认是否恰当。

根据注册会计师取得的证据，该笔收入不应当在 2008 年度予以确认，注册会计师根据重要性原则认可了公司的做法。依据中国注册会计师审计准则，注册会计师在财务报表审计中，重要性的确定包括性质和金额两方面的考虑。在计划阶段，注册会计师就应该确定该项目的重要性水平，而不是根据个别事项独立判断。根据《中国注册会计师审计准则第 1221 号——计划和执行审计工作时的重要性》，在制定总体审计策略时，注册会计师应当确定财务报表整体的重要性。根据被审计单位的特定情况，如果存在一个或多个某类交易、账户余额或披露，其发生的错报金额虽然低于财务报表整体的重要性，但合理预期可能影响财务报表使用者依据财务报表作出的经济决策，注册会计师还应当确定适用于这些交易、账户余额或披露的一个或多个重要性水平。

综上所述，注册会计师为确定南湖科技收入确认是否适当采用的审计程序是不充分的。《商品房销售许可证》或《商品房预售许可证》是项目准入市场销售的法定文件，为确定南湖科技的收入确认是否适当，注册会计师还应当查看《商品房销售许可证》或《商品房预售许可证》是否真实存在、合法有效。

3. 运通大厦交易收入确认的依据是什么？

解析：

本次交易运通大厦，交易双方没有直接进行买卖，而是通过了一个交易载体（天福公司）进行交易，所以在运通大厦的资产出售交易中，长水公司与天福公司仅是名义上的交易方，而实际交易方为南湖科技和万德公司。

判断本次交易是否符合收入确认条件，应该是根据交易的实质而不是形式来判定，在本次交易中，收入确认不应当根据长水公司与天福公司签订的商品房出售合同来判定，而是应当根据南湖科技和万德公司签订的框架协议来判定。

4. 注册会计师对本次交易的考虑及认定是否存在不当之处？

解析：

注册会计师将运通大厦物业出售业务根据交易的形式人为地划分为三部分，分别是是毛坯物业交易、股权交易、运通大厦装修。分别根据有关情况对这三部分收入是否符合收入确认条件实施了审计程序，并获取了相应的审计证据。但注册会计师没有根据实质重于形式的原则，从实质上判断南湖科技的本次运通大厦交易是否符合收入的确认条件。

另外，注册会计师将运通大厦物业出售人为划分为毛坯物业交易和装修收入，并分别按销售商品和提供劳务的收入确认标准加以判断，即使按照上述标准，装修在 2008 年刚刚开始并没有完工即确认全部 7 000 万元收入，也不符合收入准则中的劳务收入确认原则。

5. 注册会计师有关本次交易中相关税金的考虑是否恰当？

解析：

注册会计师在对交易税款进行考虑时，没有充分考虑物业转让的合同金额是否公允，是否符合计税价格的认定，没有充分考虑税收风险。例如注册会计师将运通大厦出售业务根据交易的形式人为划分为毛坯物业交易、股权交易、运通大厦装修等三部分。从股权交易来看，天福公司作为交易载体，是一个没有业务的壳公司，注册资本 2 000 万元，除交易运通大厦外没有其他业务。交易方万德公司也不允许其开展房地产业务，其股权转让金额为 33 907 万元。从股权交易金额大幅超过其实际价值，可以推测物业的实际成交金额应低于其实际公允价值。另外从框架协议中卖方承担费用，向利保财产保险股份有限公司购买目标物业的财产保险综合险（保额为人民币 91 700 万元，受益人为目标公司，保险期限一年）的条款来看，该物业的实际价值应当等于物业交易金额与股权交易金额之和扣减 2 000 万元。

若不能确认该笔物业转让收入，或者考虑按物业实际价值确认应缴纳税费，南湖科技可能不能完成股改及重组承诺，需要大股东现金补偿。注册会计师在对南湖科技审计进行风险评估时，未充分考虑承诺事项，在对运通大厦物业交易实施审计时，没有将其与承诺事项结合起来考虑，存在明显的审计工作失误。

五、对注册会计师实施的审计程序的评价

1. 注册会计师将运通大厦物业出售业务根据交易的形式人为地划分为三部分，分别是是毛坯物业交易、股权交易、运通大厦装修。分别根据有关情况对这三部分收入是否符合收入确认条件实施了审计程序，并获取了相应的审计证据。但注册会计师没有根据实质重于形式的原则，从实质上判断南湖科技的本次运通大厦交易是否符合收入的确认条件。

2. 注册会计师将运通大厦物业出售人为划分为毛坯物业交易和装修收入，并分别按销售商品和提供劳务确认收入标准予以判断，即便按上述标准，装修在 2008 年度刚刚开始并没有完工，确认全部 7 000 万元收入也不符合收入准则中劳务收入的确认原则。

3. 虽然在财务报告批准报出日前物业达到了交付条件，注册会计师获取了《建设工程竣工验收备案证书》，但是该证据仅能证明该物业交易在 2009 年 4 月末达到了收入确认条件，并进一步证明了该物业在 2008 年度没有达到收入确认条件。

4. 注册会计师在对交易税款进行考虑时，没有充分考虑物业转让

的合同金额是否公允、是否符合计税价格的认定,没有充分考虑税收风险。税务机关若不能确认该笔物业转让收入,或者考虑按物业实际价值确认应缴纳的税费,南湖科技可能需要补缴税款,影响南湖科技2008年或者2009年完成的业绩,可能不能完成股改及重组承诺,需要大股东现金补偿。

六、案例教学的组织

对于本案例设计的思考题,鼓励学员需要在课外事先充分准备,包括了解相关会计准则和制度的规定及其演进,参考一些境外会计准则的相关规定,并事先了解收入确认的相关知识,亦鼓励学员在课外提前阅读和思考,以便保证课堂讨论的效果。本案例的难点是收入确认中实质与形式的判断、分析,可以进一步进行开放式讨论。

开放式讨论:

收入确认是企业日常经营中一个必不可少的环节,在本案例中,南湖科技在2008年度确认运通大厦转让收入是否恰当?请结合《企业会计准则第14号——收入》进行讨论。

参考答案:

若根据长水公司与天福公司签订的商品房出售合同来判定,运通大厦已经在2008年度过户到天福公司,长水公司在2008年度已经收到了绝大部分的物业出售款项,运通大厦在2008年度确认收入应该是没有问题的。

但是若根据南湖科技和万德公司签订的框架协议来判定,2008年12月31日运通大厦尚未完成框架协议约定的物业装修,运通大厦没有到达双方约定的交付条件,买卖双方没有完成实质上的物业交割;双方对毛坯物业交接件及运通大厦产权转移并不能判定所有权的主要风险及报酬已转移,证明风险报酬已经转移的重要证据《建设工程竣工验收备案证书》是在2009年4月才由上海市静安区建设和交通委员会下发。综合案例中本次交易的信息,2008年度运通大厦没有达到实际交易方关于本次交易的交付条件,不符合收入确认条件中企业已将商品所有权上的主要风险和报酬转移给购货方的规定。

本案例中,将产权过户至天福公司只是本次物业交易的一个必要环节,本次交易的实际物业购买方万德公司对本次交易所涉及的物业交易、股权转让等各个环节均作出了明确规定,框架协议也规定,开发商未满足交付先决条件交付目标物业,且逾期累计超过30日的,买方与买方控股的目标公司有权解除本协议以及与本协议相关的文件(包括不限于物业买卖协议、股权转让协议、监管协议和承诺函的条款),说明物业满足交付条件是本次交易风险和报酬转移的一个重要条件。

此外,虽然在报告批准报出日前物业达到了交付条件,获取了《建设工程竣工验收备案证书》,但是该证据仅能证明该物业交易在2009年4月末达到了收入确认条件,并进一步证明了该物业在2008年度没有达到收入确认条件。

经过以上开放式讨论和之前的学习,我们可以认识到:被审计单位可能有各种各样的收入来源,处于不同的控制环境,存在复杂的交易事项,这些情况对于收入交易的会计核算存在诸多影响。特别是,当被审计单位存在盈余操纵的动机时,可能针对一些特定的产品和服务作出特殊的安排,通过复杂的交易安排达到一些不能公开的交易目的。但注册会计师可能对这些安排下所涉及的交易风险的判断缺乏经验,收入确认上容易发生误判。因此,要求注册会计师透过现象看本质,在收入确认的时候,从重大错报风险评估入手,从交易的实质出发,保持职业怀疑精神,保证出具审计意见的恰当性,规避审计风险。

4 汤山公司综合审计案例

一、学习目标

1. 掌握注册会计师在其他货币资金审计中应实施的主要审计程序
2. 掌握注册会计师在其他应收款审计中应实施的主要审计程序
3. 掌握注册会计师针对所得税返还款应实施的减值测试程序
4. 掌握注册会计师在审计公司涉及经济诉讼案件时应实施的主要审计程序
5. 掌握注册会计师在审计关联方及关联方交易时应实施的主要审计程序
6. 掌握注册会计师在审计公司会计政策变更时应实施的主要审计程序
7. 掌握注册会计师在长期投资减值测试时应实施的主要审计程序

二、案例背景

（一）公司情况

中国汤山能源化工集团有限责任公司（以下简称汤山集团）是全

国 512 家、绿水省 13 家重点企业之一,系中国汤山能化集团于 2009 年 10 月吸收合并汤山集团和煤化集团后组建形成。其中汤山集团主导产品为尼龙 66 帘子布及工业丝、尼龙 66 盐等。新组建的汤山集团形成了以尼龙 66 盐、帘子布(工业丝)、氯碱化工、工程塑料为四大支柱,涉足各个相关产业的多元化产业集群。汤山公司是由汤山集团独家发起,以其第一期工程兴建的生产线为主体组建的,于 1994 年在上海证券交易所挂牌上市。

1. 汤山公司股权关系如图 1-2 所示。

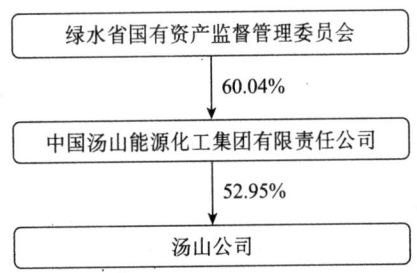

图 1-2　汤山公司股权关系图(2009 年)

2. 汤山公司 2007-2009 年度财务状况及经营成果资料如表 1-2 所示。

表 1-2　汤山公司 2007-2009 年度主要财务数据(母公司财务报表)　单位:万元

项　目	2009-12-31	2008-12-31	2007-12-31
资产	670 000	640 000	610 000
其中:货币资金	50 000	100 000	42 000
其他应收款	7 800	17 000	9 000
长期股权投资	108 000	100 000	84 000
负债	400 000	370 000	300 000
所有者权益(或股东权益)	270 000	270 000	310 000
项目	2009 年度	2008 年度	2007 年度
营业收入	620 000	450 000	460 000
营业利润	4 400	-14 000	14 000
利润总额	4 200	-15 000	15 000
净利润	1 100	-16 000	8 800

自 2004 年起,西水会计师事务所一直为汤山公司提供年报审计服务。

(二) 注册会计师针对若干科目实施的主要审计程序

1. 其他货币资金。

(1) 有关资料。汤山公司财务报表中对其他货币资金的详细注释如下:

①截至 2007 年 12 月 31 日,其他货币资金 21 000 万元,其构成如表 1-3 所示。

表 1-3   单位:万元

定期存款	2 900
银行承兑汇票保证金	6 000
信用卡存款	100
其他存款	12 000
合计	21 000

注:其他存款系汤山公司在蓝天商业银行管城支行(以下简称"蓝天银行")失去控制的存款,公司已向绿水省高级人民法院提起诉讼,2007 年 11 月,应公司提出的财产保全要求,省高院依法冻结蓝天银行价值 12 000 万元的办公楼。该存款纠纷案件目前正在审理当中。

②截至 2008 年 12 月 31 日,其他货币资金 55 000 万元,其构成如表 1-4 所示。

表 1-4   单位:万元

银行承兑汇票保证金	42 000
失去控制的银行存款	12 000
信用卡存款、信用证保证金等	1 000
合计	55 000

注:失去控制的银行存款系汤山公司在蓝天银行管城支行的存款,公司已向绿水省高级人民法院提起诉讼,2007 年 11 月,应公司提出的财产保全要求,省高院依法冻结蓝天银行价值 12 000 万元的办公楼。该存款纠纷案件目前正在审理当中。

③截至 2009 年 12 月 31 日，其他货币资金 28 000 万元，其构成如表 1-5 所示。

表 1-5 单位：万元

使用受到限制的银行存款	12 000
承兑汇票保证金	1 800
信用证保证金	3 900
信用卡	300
合计	28 000

注：使用受到限制的银行存款系汤山公司在蓝天银行管城支行的存款。

汤山公司 2009 年度财务报表附注对其他重要事项作出以下披露：2007 年 5 月 21 日，公司发现在蓝天银行 12 000 万元存款被非法转走，经查阅蓝天银行的原始凭证，发现该存款转出的凭证上加盖的公司印鉴和法定代表人印鉴与公司印鉴不一致，公司立即向绿水省公安厅报案。期间公司就此事多次与蓝天银行协商，但一直未能得到解决。2007 年 9 月，公司向绿水省高级人民法院提起诉讼，要求蓝天银行归还 12 000 万元存款和相应的利息损失。2007 年 11 月，省高院应公司的请求，对蓝天银行的财产采取了保全措施，依法查封了蓝天银行的部分办公楼房，价值 12 000 万元。综合以上情况，注册会计师认为该事件不会对公司造成损失，最终以法院的判决为准。2007 年 12 月，省高院对该存款纠纷案件开庭审理，由于该案件涉及刑事案件，省高院中止了该民事案件审理，待刑事案审判结束后，民事案件再继续审理。2008 年 10 月 14 日，市人民法院对刑事案件进行了开庭审理，于 2009 年 4 月 19 日进行了一审判决，认定该起案件为特大票据、信用卡诈骗案，公司财务人员已获刑。当事人上诉，目前案件进入终审阶段。待判决生效、刑事案件终结后，公司诉蓝天银行的民事案件才能继续审理。

（2）注册会计师对其他货币资金实施的主要审计程序。

①注册会计师对其他货币资金实施了函证程序。《函证情况说明》

显示，2010年2月5日，审计人员与公司财务人员一同到蓝天银行进行函证，银行经办人员在请示银行主任后拒绝办理询证函回函。

②注册会计师获取了2010年3月3日汤山公司出具的《12 000万元资金案件诉讼进展情况的说明》，说明明确了处理该事项"以解决问题、降低风险、减少损失为原则"。注册会计师还获取了2007年9月26日汤山公司起诉蓝天银行的《起诉书》、2007年作出的《绿水省高级人民法院受理案件通知书》、2007年11月21日作出的《绿水省高级人民法院民事裁定书》以及2008年7月11日作出的《绿水省高级人民法院民事裁定书》。2007年的民事裁定书裁定：冻结被告蓝天银行的银行存款12 000万元或查封其相应价值的财产；2008年的裁定为：中止诉讼。

③注册会计师就12 000万元其他货币资金咨询了企业法律事务处，但其询问和分析判断的具体记录并没有体现在审计工作底稿中。

④注册会计师虽然取得了2007年民事裁定书，裁定"冻结被告蓝天银行存款12 000万元或查封其相应价值的财产"。民事裁决书于送达之日起生效。但冻结执行手续在法院存放，尽管多次索要，企业答复按法院规定不能提供，因而注册会计师也未在审计工作底稿中进行详细记录和说明。

⑤针对上述事项，注册会计师向负责此案件的汤山公司专业律师发出函询证但未获取回函，同时注册会计师查阅了律师起草的公司起诉书，该起诉书中的诉讼请求为"请求判令被告给付原告人民币12 000万元及相应利息"。

⑥注册会计师查阅了汤山公司2006年度财务报表审计工作底稿，确认当时审计中取得了相关款项的银行对账单及询证函，与公司账面金额一致，未发现异常。

注册会计师在综合获取的各种证据后认为，汤山公司在商业银行的存款应受法律保护，商业银行应按照银行存款偿还本金及利息，该款项可收回性受法律保障。

注册会计师在分析中,还特别关注到存在类似情况的"东北高速"案例。东北高速存放在中行哈尔滨河松街支行29 400万元存款,2004年在银行及公司内部人员联合作弊下被非法划走,经北京市高院和最高人民法院判决,东北高速已于2009年3月3日全额收回29 400万元存款本金及其延期支付的利息。同时,东北高速在收到法院判决书前,将其作为导致保留意见事项披露。注册会计师认为,就汤山公司12 000万元案件来说,无论从案件发生过程、所涉及人员还是从案件性质分析,均与东北高速案件极其相似。在对汤山公司12 000万元存款的可收回性的判断上,注册会计师参照了上述案例的判决结果,认为汤山公司完整收回12 000万元存款及其延期支付利息不存在法律障碍,该存款不存在减值的可能性,同时在汤山公司财务报表及附注中已对该款项进行了充分披露。

经分析判断,注册会计师确定汤山公司在其他货币资金的会计处理及信息披露方面不存在重大错报。

2. 其他应收款——所得税返还款。

(1) 有关资料。汤山公司财务报表中,有关其他应收款的具体注释如下:

①2007年12月31日,单项金额重大已单独计提坏账准备的其他应收款如表1-6所示(单位:万元)。

表1-6

债务人	期末余额	坏账准备	内容
蓝天山市财政局	3 300	1 100	所得税返还
蓝天市汤山纸业有限责任公司	3 200	810	借款及利息
合计	6 500	1 910	—

2007年12月31日,其他应收款中欠款金额前五名的债务人如表1-7所示(单位:万元)。

表1-7

债务人	金额	账龄	占其他应收款总额的比例
蓝天山市财政局	3 300	5年以上	36.67%
蓝天市汤山纸业有限责任公司	3 200	5年以上	35.56%
蓝天市昆汇运输公司	1 400	1-2年	15.56%
绿水省升达煤电股份公司	600	1-2年	6.67%
蓝天市华天实业集团有限公司	300	1-2年	3.32%
合计	8 800	—	97.78%

②2008年12月31日,单项金额重大已单独计提坏账准备的其他应收款如表1-8所示(单位:万元)。

表1-8

债务人	期末余额	坏账准备	内容
蓝天山市财政局	3 300	1 100	所得税返还
蓝天市汤山纸业有限责任公司	3 200	810	借款及利息
合计	6 500	1 910	—

2008年12月31日,其他应收款中欠款金额前五名的债务人如表1-9所示(单位:万元)。

表1-9

债务人	金额	账龄	占其他应收款总额的比例
中国汤山集团有限责任公司	7 000	1年以内	41.48%
市财政局所得税返还	3 300	5年以上	19.41%
蓝天市汤山纸业有限责任公司	3 200	5年以上	18.82%
华山金融租赁股份有限公司	1 800	1年以内	10.59%
蓝天市汤山汇源氯碱有限公司	800	1年以内	4.71%
小计	16 100	—	94.71%

③2009年12月31日,单项金额重大已单独计提坏账准备的其他应收款如表1-10所示(单位:万元)。

表1-10

债务人	期末余额	坏账准备	计提比例	内容
蓝天市财政局	3 300	1 100	33.33%	所得税返还款
华山金融租赁股份有限公司	1 800	108	6%	单独测试后未发生减值按账龄分析法计提
合计	5 100	1 208	—	—

2009年12月31日,其他应收款中欠款金额前五名的债务人如表1-11所示(单位:万元)。

表1-11

债权人	金额	账龄	占其他应收款总额的比例
蓝天市财政局	3 300	5年以上	42.31%
华山金融租赁股份有限公司	1 800	1-2年	23.08%
蓝天市汤山汇源氯碱有限公司	880	1-2年	11.28%
绿水省升达煤电股份有限公司	600	3-4年	7.69%
蓝天市华天实业集团有限公司	300	3-4年	3.85%
合计	6 880	—	88.21%

2009年12月31日,公司其他应收款中包括应收蓝天市财政局所得税返还款3 300万元,已计提坏账准备1 100万元。公司2009年度财务报表附注披露:应收蓝天市财政局所得税返还款,考虑到款项性质属于政府部门欠款,并根据蓝天市财政局出具的对本公司所得税返还政策的有效证明"……在财力允许的条件下,经市政府批准,酌情分批返还"和公司董事会决议,决定对应收蓝天市财政局1997年度至1999年度的所得税返还款3 300万元,自2002年1月1日起,由原按账龄分析法计提坏账准备改为按个别认定法计提坏账准备,2001年12月31日,

公司计提坏账准备数为1 100万元，以后不再增加计提坏账准备。

《关于汤山公司所得税返还的说明》指出，1997年绿水省政府以绿政（1997）149号文批准，1997年1月1日起，汤山公司所得税实行"照章纳税，财政返还，实际税负15%"的政策。即蓝天市政府蓝政（1997）76号文批准汤山公司自1997年1月1日起执行15%的所得税税率。鉴于省政府提出在不影响省、市现有的财政体制的情况下，汤山公司实行所得税返还，省财政绿财企（2001）30号文及蓝天财政局蓝财工字（2001）4号文批准，公司享受所得税先按33%税率征收，扣除2 000万元上交财政后，再计算返还18%的数额，执行时间为1997年1月1日至2001年12月31日。蓝天市财政给汤山公司出具的所得税返还政策的证明为："在财力允许的情况下，经市政府批准，酌情分批返还。"

目前，上述事项已提交汤山集团相关管理部门，请求集团协商解决此事，汤山集团正在与财政局协商该款项的具体返还事宜。

（2）注册会计师对其他应收款—所得税返还款实施的主要审计程序

①注册会计师查阅了以前年度有关应收蓝天市财政局所得税返还款3 300万元事项的审计工作底稿。自2004年起，西水会计师事务所一直对汤山公司提供审计服务，并在2004年年报审计时实施了审计程序，对该事项作出了认定。

②在2009年年报审计时，注册会计师对应收蓝天市财政局款项实施了函证程序，但未收到蓝天市财政局的回函，注册会计师并未将此次函证程序体现在审计底稿中。注册会计师采取了相关替代审计程序：包括取得蓝天市财政局关于所得税返还款的函件、会议纪要、公司四届十九次董事会决议等。此外，注册会计师获取了2010年1月31日汤山公司出具的《关于汤山公司所得税返还的说明》。

注册会计师认为,此款项系蓝天市政府欠款,企业一直与蓝天市政府、蓝天市财政局保持沟通,协商解决此财政返还款项问题,同时考虑到此款项是以前年度国家财政税收政策形成的遗留问题,需要逐步解决,所以认为汤山公司对该款项2001年以后不再增加计提坏账准备的做法是适当的。

3. 其他应收款——董事会办公室、中级人民法院、专案费。

(1)有关资料。2009年12月31日,汤山公司其他应收款中包括应收董事会办公室、应收中级人民法院、应收专案费等款项,具体数据如表1-12所示。

表1-12　　　汤山公司集团股份有限公司2007-2009年度
部分其他应收款明细（母公司财务报表）　　　　单位:万元

项目	2009-12-31	2008-12-31	2007-12-31
董事会办公室	680	310	280
中级人民法院	210	—	—
专案费	48	—	—

(2)注册会计师实施的审计程序。根据汤山公司提供的说明,应收董事会办公室款项为备用金性质。注册会计师认为内部款项不适合函证程序,于是对其执行了询问、检查原始凭证等审计程序。该款项主要为预付12 000万元案件诉讼费以及处理该案件所借备用金。

应收中级人民法院款项,为蓝天市中级人民法院以前年度的借款。注册会计师对其执行了函证程序,但未取得回函,于是采用询问及查阅以前年度底稿方式替代。

注册会计师对专案费实施了询问、检查原始凭证等审计程序,确认专案费为公司闫峰、蔡文渊等人清欠职工借用应收款项的催收工作备用金。

注册会计师并未将上述询问以及检查原始凭证等审计程序的实施

结果记录于审计工作底稿中。

4. 关联方及其交易。

(1) 有关资料。汤山公司各年年报中披露的公司组织架构如下：

①2007年年报（见表1-13）。

表1-13　汤山公司2007年年报中披露的公司组织架构（母公司财务报表）

子公司及参股公司名称	注册资本	成立日期	所占权益比例	与汤山公司关系
绿水省汤山氯碱发展有限责任公司	57 050万元	2005.9	99.74%	控股子公司
汤山博列麦（蓝天）气囊丝制造有限公司	900万美元	2006.8	51%	控股子公司
绿水省汤山尼龙化工有限责任公司	123 321万元	2006.8	49%	参股公司，集团控股
博列麦汤山气囊丝贸易（上海）有限公司	20万美元	2006.12	49%	参股公司
三级子公司名称	注册资本	收购日期	所占权益比例	与氯碱发展关系
蓝天三和热电有限责任公司	12 245万元	2005.11	氯碱占51%	控股子公司
绿水省汤山氯碱化工股份有限公司	1 178万元	2006.1	氯碱占57.61%	控股子公司
正华化工股份有限公司	3 760万元	2006.12	氯碱占51.04%	控股子公司
绿水省汤山盐业股份有限公司	3 344.95万元	2007.4	氯碱占51%	控股子公司
蓝天市汤山汇源氯碱有限公司	22 000万元	2007.7	氯碱占50%	子公司

②2008年年报（见表1-14）。

表1-14　汤山公司2008年年报中披露的公司组织架构（母公司财务报表）

子公司及参股公司名称	注册资本	成立日期	所占权益比例	与汤山公司关系
绿水省汤山氯碱发展有限责任公司	57 050万元	2005.9	99.74%	控股子公司
汤山博列麦（蓝天）气囊丝制造有限公司	1 100万美元	2006.8	51%	控股子公司
汤山集团国际贸易有限公司	3 000万元	2008.9	51%	控股子公司
绿水省汤山尼龙化工有限责任公司	123 231万元	2006.8	49%	参股公司，集团控股
博列麦汤山气囊丝贸易（上海）有限公司	20万美元	2006.12	49%	参股公司
三级子公司及参股公司名称	注册资本	收购日期	所占权益比例	与氯碱发展关系
蓝天三和热电有限责任公司	12 245万元	2005.11	氯碱占51%	控股子公司
绿水省汤山氯碱化工股份有限公司	1 178万元	2006.1	氯碱占57.61%	控股子公司
正华化工股份有限公司	3 760万元	2006.12	氯碱占51.04%	控股子公司
绿水省汤山盐业股份有限公司	4 795.76万元	2007.4	氯碱占35.57%	控股子公司
蓝天市汤山汇源氯碱有限公司	22 000万元	2007.7	氯碱占50%	合营企业

③2009年年报（见表1-15）。

表1-15　汤山公司2009年年报中披露的公司组织架构（母公司财务报表）

子公司及参股公司名称	注册资本	成立日期	所占权益比例	与汤山公司关系
绿水省汤山氯碱发展有限责任公司	57 050万元	2005.9	99.74%	控股子公司
汤山博列麦（蓝天）气囊丝制造有限公司	1 100万美元	2006.8	51%	控股子公司
汤山集团国际贸易有限公司	3 000万元	2008.9	51%	控股子公司
绿水省汤山尼龙化工有限责任公司	123 231万元	2006.8	49%	参股公司，集团控股
博列麦汤山气囊丝贸易（上海）有限公司	20万美元	2006.12	49%	参股公司

汤山公司2009年度财务报表附注披露：2009年度汤山公司向关联方采购金额合计250 000万元，关联方销售金额合计180 000万元（占2009年度合并收入的29%）。

2009年10月31日前，汤山公司的母公司为汤山集团。2009年10月31日，中国汤山能化集团吸收合并煤炭集团和汤山集团，按照签订的《吸收合并协议书》，"吸收合并完成后，存续公司将继续承接乙方的所有职工、资产、负债、权利、义务、业务"。合并后，原煤炭集团和汤山集团的所有债权债务均由中国汤山能化集团继承，因此，汤山公司原与汤山集团签订的一切协议或具有类似性质的文件，以及发生的一切与汤山集团的交易，均由中国汤山能化集团承担。

（2）注册会计师对关联方交易实施的审计程序。注册会计师实施的主要审计程序包括：向关联方函证交易条件和金额，担保和其他重要信息；检查关联方函证取得的信息；向与交易相关的人员和机构函证。

另外，注册会计师还获取了《关于公司2009年日常关联交易的议案》、《汤山公司2009年日常关联交易公告》以及2009年9月28日作出的《汤山公司六届二十七次董事会决议公告》（解除蓝天神马地毯丝有限责任公司租赁2 000吨/年尼龙BCF地毯丝技改项目资产，由汤山公司地毯丝分厂负责该资产的日常生产经营），并取得了相关的销售交易协议、采购交易协议。协议中明确其定价原则为"符合公平、公正、公允的原则",交易价格"按交易发生时的市场价格确定具体的交易价格"。

针对 2009 年 10 月中国汤山能化集团吸收合并原汤山集团,成为汤山公司控股股东这一重大事项,注册会计师在汤山公司 2009 年报审计中,就关联方及关联交易实施了如下审计程序:

①识别新增关联方及其交易。

A. 询问被审计单位的治理层、管理层和其他人员,获取关联方及关联方交易清单;

B. 复核应收或应付账款询证函,关注是否存在担保,如果存在担保迹象,确定其性质以及保证人与被审计单位之间的关系;

C. 关注往来及购销、借款、担保等审计过程中清单信息的完整性;

D. 取得清单中相关营业执照、税务登记证、章程,对关联方进行识别确认;

E. 注册会计师就关联方情况与同属于汤山能化集团的控股子公司——煤炭股份的注册会计师进行了沟通。汤山公司与煤炭股份两家公司均由西水会计师事务所提供审计服务,煤炭股份第一签字人为汤山公司审计项目第二签字人。在汤山公司 2009 年年报审计过程中,煤炭股份提供了关联方清单,以便于汤山公司项目组识别新增关联方,但此沟通程序并未记录在审计工作底稿中。对关联方交易进行沟通的过程中,审计人员根据对账资料和函证结果,沟通核对相互账项确定关联方及其交易的披露是否完整,但以上工作内容并未全部记录在审计工作底稿中。

②测试比较关联方交易价格。

A. 取得了相关的董事会决议、关联交易协议,并实施了关联方交易价格测试程序,进行关联交易价格与市场价(或非关联方)的比较,但是没有在审计工作底稿中体现。

B. 比较分析了关联方与非关联方销售价格；核对比较了关联方采购价格与市场价格，未见异常。

5. 长期股权投资。

（1）有关资料。汤山公司的子公司绿水省汤山氯碱发展有限公司（以下简称"氯碱发展"，汤山公司持股比例99.74%）对蓝天汤山汇源氯碱有限公司（以下简称"汇源氯碱"，氯碱发展持股比例50%）长期股权投资的核算从2009年7月1日起由权益法改为成本法，2009年度财务报表中确认了2009年1-6月投资损失1 600万元，2009年12月31日该项长期股权投资余额为16 800万元（见表1-16）。

2009年7月20日，氯碱发展临时董事会作出决议："根据2008年9月3日公司与绿水省汇源投资有限公司签订的《关于汇源氯碱发展事宜》的会议纪要，经双方友好协商，氯碱发展派往汇源氯碱的高级管理人员（包括董事、监事、财务总监）自2009年7月1日全部撤回，不再参与汇源氯碱的经营管理和财务决策。鉴于此，根据《企业会计准则第2号——长期股权投资》及其应用指南和《企业会计准则讲解（2008）》的有关规定，经董事会审议决定：自2009年7月1日起，改变公司对汇源氯碱投资的核算方法……公司对汇源氯碱的投资终止权益法，改按成本法核算，并于2009年7月1日起不再对汇源氯碱投资收益进行核算。"

根据以上决议，氯碱发展2009年确认1-6月对汇源氯碱投资损失1 600万元。

表1-16　　汤山公司2009年年报长期股权投资（母公司财务报表）　　单位：万元

被投资单位名称	核算方法	初始投资成本	期初余额	增减变动	期末余额
蓝天汤山汇源氯碱有限公司	成本法	20 000	18 000	-1 600	16 400

据相关资料，汇源氯碱由于受金融危机影响，项目后续工程不能按计划投产，致使项目未形成设计生产能力，处于"大马拉小车"状

态，生产经营十分困难，无法实现预期利润，企业资金周转不畅，各种费用拖欠严重。公司法人治理结构不完善导致企业决策、融资困难，各种证照、手续办理无法进行，被迫于2009年3月25日停工停产。

绿水省汇源投资有限公司就汇源氯碱今后如何发展问题数次与氯碱发展管理层接洽，基于企业现状明确表明：绿水省汇源投资有限公司在有利于企业发展的前提下，愿意重新配置股权比例，可以不参与企业的正常生产经营活动，由氯碱发展股东重新组建企业董事会、监事会和经营班子，采用扩股增持方式注资建设企业。

截至2010年春节前，股东各方合作仍无实质性行动，汇源氯碱已经处于极度困难时期，工程还处于停工停产阶段已长达11个月之久。

(2) 注册会计师对长期股权投资实施的主要审计程序。

①注册会计师获取了汇源氯碱2009年第二季度的未审财务会计报表，对2009年1—6月汇源氯碱利润表进行了分析复核，复核后将未审报表数作为权益法调整的依据。

②注册会计师收集了氯碱发展临时董事会决议，决议决定：自2009年7月1日起，改变对汇源氯碱的投资核算方法。

③注册会计师收集了汇源氯碱的股东氯碱发展和绿水省汇源投资有限公司于2008年9月3日形成的会议纪要，会议纪要的主要内容为：汇源氯碱每月账面亏损三、四百万元，汤山公司拟转让其股权；2008年9月1日起，汇源氯碱的经营盈亏由绿水省汇源投资有限公司独自承担；转移或抵销担保责任等。

④注册会计师在审计过程中，取得了公司管理层关于汤山公司派驻汇源氯碱的管理人员已全部撤回、氯碱发展不再参与汤山汇源生产经营的声明。并经过调查确认氯碱发展派驻人员确已撤回，董事长吕青海离职，监事张东晓现在汤山公司财务处任职，其余人员现在中国汤山能化集团及其子公司任职。

注册会计师根据已取得的证据，认为自2009年7月1日，汇源氯碱的股东形成的会议纪要的相关内容已得到落实，汤山公司（氯碱发展）对汇源氯碱的经营管理及财务决策已不具有重大影响。根据《企业会计准则第2号—长期股权投资》及其应用指南和讲解（2008）有关规定（"投资企业对被投资单位不具有共同控制或重大影响，并且在活跃市场中没有报价、公允价值不能可靠计量的长期股权投资"）采用成本法核算。氯碱发展变更会计政策符合财政部相关会计准则的规定。

同时，注册会计师根据上述会议纪要，确定该项投资不存在减值的迹象。根据上述会议纪要：A. 氯碱发展同意其持有的汇源氯碱50%的股份在原有投资金额不贬值并考虑适当财务费用的条件下，在条件成熟时转让给绿水省汇源投资有限公司或者其他投资者；B. 在股权转让过程中，汇源氯碱的经营盈亏由绿水省汇源投资有限公司独自承担。

⑤注册会计师还实施了询问氯碱发展的相关财务人员、核对公司贷款卡记录等审计程序，确认氯碱发展对汇源氯碱的担保已经解除，未发现氯碱发展新增对汇源氯碱的担保。

⑥注册会计师询问中国汤山能化集团财务处主管人员得知，此项股权的进一步转让正在协商之中，拟受让对象为中国汤山能化集团之子公司飞行化工集团。对上述情况，注册会计师未在工作底稿中加以记录。

三、思考题

1. 注册会计师针对汤山公司的蓝天银行诉讼事项实施的审计程序是否适当？如有不恰当之处，请指出应实施的审计程序和应获取的证据。

2. 注册会计师应实施何种审计程序？分析所获取的审计证据是否

足以支持其对该涉诉银行存款不需进行减值测试和不计提减值准备的专业判断。

3. 注册会计师针对应收所得税返还款实施的审计程序是否适当？请作出评价并依据审计准则给出相关理由。

4. 注册会计师针对公司对应收所得税返还款自2001年不再计提减值准备这一事项执行的审计程序是否充分？请分析原因。

5. 注册会计师针对氯碱发展变更对汇源氯碱长期投资核算会计政策（由权益法变更为成本法）而实施的审计程序是否到位？

6. 注册会计师针对氯碱发展在汇源氯碱的长期股权投资未进行减值测试、未计提减值准备而实施的审计程序是否恰当？

四、思考题解答

1. 注册会计师针对汤山公司的蓝天银行诉讼事项实施的审计程序是否适当？如有不恰当之处，请指出应实施的审计程序和应获取的证据。

解析：

注册会计师对蓝天银行的诉讼事项实施的审计程序不恰当。理由如下：

（1）注册会计师未关注到2009年4月19日市中级人民法院对刑事案件的判决内容（公司财务人员已获刑），以及刑事判决后可能产生的影响。

（2）注册会计师未关注到该案件至审计报告日已历时近3年，案由相对复杂，涉诉双方都有地方国资背景，政府部门协调未果等情况，并考虑该项债权由此可能产生的减值。

（3）未获取资料或实施适当的程序，以核实冻结被告商业银行等额的银行存款或查封其相应价值的财产的执行情况,获取的审计证据均为非外部证据,不能确定法律保障在该诉讼事项可能产生的作用。

(4)在无法获得第三方法律方面的直接证据的情况下,未实施程序确定是否需要利用专家的工作,以获得法律方面的专业支持。

一般情况下,当审计涉及诉讼事项时,注册会计师需要获得下列的审计证据作为发表审计意见的依据和基础:

(1)向被审计单位管理当局询问其确定、评价与控制未决诉讼事项方面的有关方针政策和工作程序。

(2)向被审计单位管理当局索取有关资料(被审计单位管理当局书面声明、现存的有关未决诉讼的全部文件和凭证、与银行之间的往来函件、债务说明书),作必要的审核和评价。

(3)向被审计单位的法律顾问和律师进行函证,以获取他们对被审计单位资产负债表日业已存在的,以及资产负债表日至复函日期间存在的未决诉讼的确认证据。

(4)复核上期和被审计期间税务机构的税收结算报告。

(5)审阅截至审计外勤工作完成日的被审计单位历次董事会纪要和股东大会会议记录,确定是否存在未决诉讼、确定未决诉讼的进展情况。

(6)确定未决诉讼的确认和计量是否符合规定,会计处理是否正确。

(7)确定未决诉讼在会计报表上的披露是否恰当。

同时,针对案情的复杂程度,注册会计师应考虑利用专家的工作。根据《中国注册会计师审计准则第1421号——利用专家的工作》第六条规定,在确定是否需要利用专家的工作时,注册会计师应当考虑下列因素:

①项目组成员对所涉及事项具有的知识和经验。如果项目组成员从未接触过所涉及的事项,通常需要考虑利用专家的工作。如果项目组成员在某一专业领域是胜任的,或者通过以往的审计业务已经具备了审计所涉及事项的专业知识和实践经验,则不需要利用专家的工作。

②根据所涉及事项的性质、复杂程度和重要性确定的重大错报风险。通常,如果所涉及事项性质特殊、复杂程度高,且对财务报表的影响重大,那么所涉及事项存在重大错报风险的可能性通常也较高。在这种情况下,注册会计师通常要从职业谨慎的角度出发,考虑利用专家的工作。

③预期获取的其他审计证据的数量和质量。如果预期可以获取的其他审计证据的数量较多且质量较高,能够解决注册会计师遇到的相关问题,注册会计师就可以考虑不利用专家,否则就需要利用专家的工作。而且,其他审计证据还可以进一步印证专家工作的结果。

2. 注册会计师应实施何种审计程序,分析所获取的审计证据是否足以支持其对该涉诉银行存款不需进行减值测试和不计提减值准备的专业判断?

解析:

(1) 注册会计师应在审计工作底稿中详细记录执行询问等审计程序的相关情况,及向企业索取法院冻结蓝天银行财产的相关信息,以及审计小组的讨论过程和分析判断的结果。

(2) 注册会计师从获取的资料分析,可以怀疑政府部门协调的结果蓝天银行没有执行。在这种情况下,应实施进一步的审计程序确认法院判决得到执行的可能性,仅仅依靠获取公司出具的《12 000万元资金案件诉讼进展情况的说明》不足以支持得出认可的审计意见。为了确定是否存在减值,注册会计师需要确定存款的收回方式,是通过对方偿还现金（需要判断可能性及收回额），还是通过处置冻结的房产（需要评估房产的处置价格、处置费用及处置难度等）。

（3）注册会计师虽然关注到"东北高速"案例，但未考虑当时东北高速的年审会计师在东北高速收到法院判决书前，对该事项曾经在审计报告中作为保留意见的事项提醒投资者关注。而且，由于该诉讼事项的不确定性远大于东北高速披露的情况，因此，不能简单的套用东北高速注册会计师的审计意见。

3. 注册会计师针对应收所得税返还款实施的审计程序是否适当？请作出评价并依据审计准则给出相关理由。

解析：

注册会计师针对应收所得税返还款实施的审计程序不到位，遗漏了一些重要的审计程序：

注册会计师虽然实施了函证的审计程序，但实施不到位。在没有获得回函的情况下，没有进行进一步的函证，也没有记录不进一步函证的原因。获取的审计证据均为非外部证据，证据力弱。

注册会计师未实施进一步程序，以了解控股公司归口管理部门与财政局协商该款项返还的事项的后续情况。

《中国注册会计师审计准则第1312号——函证》及相关指南指出，除非存在下列两种情形之一，注册会计师应当对应收款项实施函证：

（1）根据审计重要性原则，有充分证据表明应收款项对财务报表不重要。

（2）注册会计师认为函证很可能无效。如果注册会计师认为被询证者很可能不回函或即使回函也不可信，可不对应收款项实施函证。注册会计师可能基于以前年度的审计经验或者类似工作经验，认为某被询证者的回函率很低或判断回函不可靠，并得出函证很可能无效的结论。

如果不对该应收款项进行函证，注册会计师应当在工作底稿中说明理由。如果认为函证很可能无效，注册会计师应当实施替代审计程序，获取充分、适当的审计证据。针对应收款项存在性认定的替代程序主要包括：

（1）检查期后收款记录。

（2）检查被审计单位与客户之间的函电记录。检查被审计单位与客户之间的函电记录有助于发现被审计单位与客户之间交易是否真实发生，是否对该应收款项余额存在争议。

4. 注册会计师针对公司对应收所得税返还款自2001年不再计提减值准备这一事项执行的审计程序是否充分？请分析原因。

解析：

注册会计师针对公司对应收财政补贴款从2001年以后不再计提减值准备这一事项执行的审计程序不充分。

由于应收财政补贴的债权金额较大、账龄很长，注册会计师应当分析公司董事会决议对该经济事项核算改变会计政策时的经济环境，结合2009年12月31日3 300万元债权仍未收回的情形，分析款项2001年以后不再计提坏账准备的适当性，以及债权的可收回性。根据该款项长期未能收回的实际状况，考虑实施减值测试程序，并根据审计结果考虑是否需要建议公司调整财务报表。

5. 注册会计师针对氯碱发展变更对汇源氯碱长期投资核算会计政策（由权益法变更为成本法）而实施的审计程序是否到位？

解析：

注册会计师针对氯碱发展变更对汇源氯碱长期投资核算会计政策（由权益法变更为成本法）而实施的审计程序不到位。

（1）注册会计师未查看汇源氯碱修改后的公司章程，并阅读相关条款（如董事会或类似权力机构会议成员及其表决权等），以判断氯碱发展是否对汇源氯碱具有实质上的重大影响。

（2）注册会计师未实施审计程序，分析公司在没有减少持股比例的情况下，仅仅依靠股东间的会议纪要就决定变更对长期投资核算的会计政策可能存在的风险。

（3）注册会计师未充分关注2008年9月3日的股东会议纪要的法律效力。

（4）注册会计师没有根据会议纪要相关信息，向绿水省汇源投资有限公司实施函证、确认纪要的实际执行情况。也没有实施审计程序以了解绿水省汇源投资有限公司执行会议纪要内容的能力。

（5）注册会计师还应获取相关证据，以证明自2009年7月1日起氯碱发展对汇源氯碱的重大影响因素是否消除，确认氯碱发展派往汇源氯碱董事、监事是否已在工商登记中作出变更。

另外，2008年9月3日作出的会议纪要显示，"2008年9月1日起，汇源氯碱的经营盈亏由绿水省汇源投资有限公司独自承担"，而氯碱发展按权益法确认了汇源氯碱2008年9月至2009年6月的投资收益，与会议纪要不符。应建议公司予以更正。

6. 注册会计师针对氯碱发展在汇源氯碱的长期股权投资未进行减值测试、未计提减值准备而实施的审计程序是否恰当？

解析：

注册会计师实施的审计程序不充分。理由如下：

注册会计师应当关注到，2008年9月3日的股东会议纪要载明，"汇源氯碱的经营盈亏由绿水省汇源投资有限公司独自承担"，但并未对非经营盈亏进行约定。会计师应关注该项投资在资产负债表日是否存在减值的情形。注册会计师应获取汇源氯碱的已审财务信息，与汇源氯碱的年审注册会计师进行沟通，了解汇源氯碱的经营状况，以确定是否需要对汇源氯碱的投资计提减值准备。

由于受金融危机影响，汇源氯碱项目后续工程不能按计划投产，致使项目未形成设计生产能力，生产经营十分困难，无法实现预期利润。企业资金周转不畅，各种费用拖欠严重。公司被迫于 2009 年 3 月 25 日停工停产。

在有利于企业发展的前提下，绿水省汇源投资有限公司愿意重新配置股权比例，可不参与企业的正常生产经营活动，由氯碱发展股东重新组建企业董事会、监事会和经营班子。

截至 2010 年春节前，股东各方合作仍无实质性行动，汇源氯碱已经处于极度困难时期，工程还处于停工停产阶段已长达 11 个月之久。如果汤山公司（氯碱发展）的注册会计师了解到这些情况，应当按照《中国注册会计师审计准则第 1324 号——持续经营》的相关规定，执行适当的程序，考虑汇源氯碱的持续经营问题。同时，与绿水省汇源投资有限公司沟通了解汇源氯碱破产的可能性，进而确定氯碱发展作为股东可能承担的损失、该项投资是否需要计提减值准备。

五、对注册会计师实施的审计程序的评价

1. 其他货币资金。

注册会计师除实施上述审计程序外，还须实施适当的程序以核实冻结被告蓝天银行财产的执行情况；需要根据案件的最新进展情况，获取外部法律专家对该案的专业意见，判断诉讼胜诉的可能性，并考虑建议公司计提减值准备，考虑该项诉讼中存款在财务报表列报的适当性。

在事务所提供的审计工作底稿中，并没有询问、分析判断的相关记录以及向汤山公司索取法院冻结蓝天银行财产的相关记录。

另外，注册会计师应该能够从获取的资料分析判断，对于政府部门协调的结果，蓝天银行没有执行；注册会计师依据获取的公司出具的《12 000万元资金案件诉讼进展情况的说明》，以及"东北高速"案例的最后结果，就认定汤山公司可以对该诉讼事项不计提减值准备，缺乏应有的职业谨慎和专业胜任能力。

2. 其他应收款。

由于该项所得税返还款债权金额大、账龄长，注册会计师应函证财政局并在未取得回函的情况下实施替代审计程序。注册会计师应当结合当时的经济环境分析公司四届十九次董事会决议改变该经济事项核算的会计政策的原因，确定环境变化产生的影响以及截至2009年12月31日3 300万元债权仍未收回的具体影响因素，分析该款项2001年以后不再计提坏账准备的适当性和债权的可收回性。根据分析结果，考虑实施减值测试程序，并根据审计的结果考虑是否需要建议公司调整财务报表。

注册会计师曾对政府财政部门实施了函证，但未将函证程序的过程与结果记录于审计工作底稿。

另外，汤山公司在2001年前已对该债权计提了坏账准备，因此，注册会计师应当对该项债权的认定实施进一步审计程序，如果注册会计师没有办法取得必需的审计证据，应该基于审计范围受限出具相应的审计意见。

由于董事会办公室债权账龄较长，且有费用挂账迹象，注册会计师应该将其作为高风险项目实施审计。注册会计师需要实施包括函证、询问、检查原始凭证等在内的审计程序，获取相关资料以确定应收款项的经济内容和性质，并根据审计的结果考虑是否需要建议公司调整财务报表。

但在事务所提供的审计工作底稿中，未见检查应收款项性质的相关记录，未见询问、检查原始凭证的相关记录。

3. 关联方交易。

由于公司的控股股东在 2009 年发生了变化，且发生的关联交易金额较大，因此，注册会计师需要实施程序识别新增关联方及其交易，以确定关联方及其交易的披露是否完整；应实施关联方交易价格测试程序，将关联交易（采购和销售）价格与市场价格（或非关联方）进行比较，判断关联交易价格是否"符合公平、公正、公允的原则"，并考虑关联方交易对财务报表的影响。

在事务所提供的审计工作底稿中，未见对关联方采购价格与市场价格进行核对比较相关记录；未见与控股股东的年审注册会计师就关联方进行沟通的相关记录。

4. 长期股权投资。

注册会计师除实施前述的审计程序外，还需要实施下列审计程序：

注册会计师应关注 2008 年 9 月 3 日会议纪要的法律效力，并应对会议纪要相关信息以及实际执行情况向绿水省汇源投资有限公司实施函证。

注册会计师应该基于会议纪要的内容（"汇源氯碱的经营盈亏由绿水省汇源投资有限公司独自承担"），关注汇源氯碱的非经营盈亏，注册会计师应实施审计程序，取得并分析汇源氯碱的财务报表，获取绿水省汇源投资有限公司的有关资料，关注该项投资在资产负债表日可能存在减值的情形，关注被投资单位的财务状况以及担保方是否具备足够的偿债能力。实施程序以了解绿水省汇源投资有限公司独自承担对汇源氯碱经营盈亏的能力。

注册会计师应当关注到，会议纪要没有汇源氯碱投资各方关于氯碱发展撤回其派出的董事、监事、财务总监的相关约定，注册会计师还应关注 2009 年 7 月 1 日起氯碱发展对汇源氯碱的重大影响因素是否实际消除；董事、监事及其他高级管理人员是否已在工商登记管理部门作出变更；实施程序确定股权转让的进展情况。

六、案例教学的组织

在审计过程中，注册会计师应严格执行审计程序，并对所实施的审计程序在工作底稿中予以明确记录。另外，注册会计师应时刻保持谨慎怀疑的职业态度，按风险导向审计的要求，时刻关注各种最新变化，及时调整和追加审计程序。在审计证据的获取方面，注册会计师应当依据审计目标和风险导向，获取恰当的审计证据，对于出现矛盾的审计证据，应当及时追加审计程序，并在工作底稿中进行详细记录。

对于本案例设计的思考题，学员需要在课外提前阅读和思考，包括搜集相关的审计准则、会计准则和制度的规定，以保证课堂讨论的效果。由于本案例涉及多个财务报表项目的审计实施情况分析，学员除了对各个单独项目完成各个思考题的讨论与分析，还需要进一步完成下列的开放式讨论。

开放式讨论：

从整体上看该公司是否存在需要注册会计师予以特别关注的重大错报风险领域？如何确定需要特别关注的重点风险领域？

参考答案：

该公司的确存在需要注册会计师予以特别关注的重大错报风险领域：

1. 其他应收款。

汤山公司2009年度净利润为1 100万元，在本案例涉及的各个财务报表项目中，应收所得税返还款金额为3 300万元，如果该项应收款存在实质性瑕疵而根本无法收回，则公司当年就会由盈利转为亏损，该项目应该属于重大错报风险领域。

2. 关联方及其交易

表1–17为汤山公司2007–2009年度的利润表,可以看出2007年至2009年,汤山公司对联营企业和合营企业的投资收益波动明显,进而对所在年度的净利润产生重大影响。2009年,汤山公司的投资收益达7 600万元,较2008年的增长幅度巨大。注册会计师应当着重考虑关联方的交易和定价,将关联方交易确定为重点风险领域。汇源氯碱经营处于停产状态已达11个月,而公司会计政策的变更、以及协议的签订,可能成为汤山公司减少投资损失的、重要的盈余操纵的手段。

表1–17 汤山公司2007–2009年度利润表部分数据(母公司财务报表) 单位:万元

项目	2009年度	2008年度	2007年度
营业收入	620 000	450 000	460 000
投资收益	7 600	-4 200	1 891
其中:对联营企业和合营企业的投资收益	7 500	-4 200	1 890
营业利润	4 400	-14 000	14 000
利润总额	4 200	-15 000	15 000
净利润	1 100	-16 000	8 800

5 天山公司关联方股权转让审计案例

一、学习目标

1. 了解关联方及其交易审计所依据的财务会计及相关法律法规
2. 掌握注册会计师针对关联方及其交易审计应当实施的审计程序
3. 了解对股权转让形式的关联方交易进行审计时应当获取的审计证据

二、案例背景

（一）公司情况

华峰公司成立于 1984 年，公司股票于 1996 年在上海证券交易所上市交易。1998 年度公司经审计的每股净资产低于股票面值，1999 年 5 月起被实行特别处理，股票名称变更为 S*ST 华峰。2007 年广山公司对华峰公司实施重组，华峰公司以向广山公司发行新股方式购买其拥有的"GF 国际商城"建筑面积为 14 万平米的商业房产，广山公司获得 S*ST 华峰控股权，华峰公司更名为天山公司。广山公司是和山国际（香港）集团有限公司于 2002 年独资设立的外商投资企业。和山

5 天山公司关联方股权转让审计案例

国际（香港）集团有限公司由自然人陈一于1991年11月在香港投资设立，实际控制人为陈一，公司经营涉及房地产开发等十几项业务领域。2007年，陈一通过股权转让及定向增发方式入主天山公司后，天山公司转型为房地产开发经营企业。天山公司股权关系如图1-3所示。

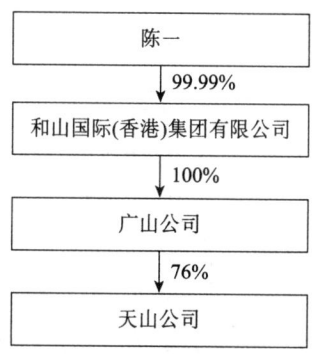

图1-3 天山公司股权关系图

2007年天山公司资产重组时，广山公司实际控制人陈一承诺重组完成后，2008年度及2009年度的净资产收益率分别不低于8%和9%。如天山公司未能实现上述收益率，则由实际控制人以现金补足，并向股权分置改革方案实施之股权登记日登记在册的全体流通股股东每持有10流通股追送1股。

自2007年起，天山公司一直聘请闽江会计师事务所负责年度财务报表审计。审计项目负责人也一直是该公司审计报告的签字注册会计师。2010年4月，注册会计师对该公司2009年度财务报告出具了标准无保留意见的审计报告。公司经审计的2007—2009年度财务报表如表1-18所示。另外，天山公司2007—2009年度实现净利润分别为：9 158万元、12 975万元、15 699万元；其中，非经常性损益分别为：1 457万元、10 238万元、17 105万元。

表1-18　天山公司2007-2009年度主要财务数据（合并财务报表）　　单位：万元

项目	2009-12-31	2008-12-31	2007-12-31
流动资产	69 993	54 833	15 052
非流动资产	173 403	135 750	132 448
资产总计	243 397	190 583	147 501
流动负债	19 526	29 130	6 714
非流动负债	51 799	7 539	144
负债合计	71 325	36 669	6 859
所有者权益合计	172 071	153 913	140 641
负债和所有者权益总计	243 397	190 583	147 501
项目	2009年度	2008年度	2007年度
营业总收入	24 348	8 968	1 329
营业利润	14 776	16 177	2 986
利润总额	19 104	16 164	9 587
净利润	15 699	12 975	9 158
归属于母公司所有者的净利润	15 873	12 975	9 158

（二）公司重大股权转让交易资料

1. 重大股权转让事项。

天山公司在2008年度及2009年度发生了两笔重大股权转让交易事项，即分两次转让子公司和远公司35%及16%的股权。上述股权转让事项使天山公司2008年度和2009年度分别实现股权转让收益12 700万元和7 840万元。

2008年4月，天山公司设立全资子公司和远置业有限公司（以下简称"和远公司"），持股比例100%，初始投资成本1 000万元。2008年8月和远公司取得东单商业地产开发项目，土地成交价格为24 100万元。

2008年12月，天山公司与泰山公司签订协议，转让和远公司35%股权，作价13 000万元，确认股权转让收益12 700万元，并约定由天山公司负责筹集和远公司东单地产项目开发所需资金。2009年4月，天山公司向泰山公司再次转让和远公司16%股权，转让价格8 000万元，确认股权转让收益7 840万元。两次转让价格均以和远公司2008年12月的资产评估报告为定价依据，并在此基础上由交易双方基于和远公司未来项目——东单项目的收益状况协商确定。2009年4月股权转让后，天山公司对和远公司失去控制权，和远公司不再纳入2009年报表合并范围。关于这两笔股权转让事项，天山公司在2008年及2009年年报中均披露为非关联方交易。天山公司股权转让情况如图1-4所示。

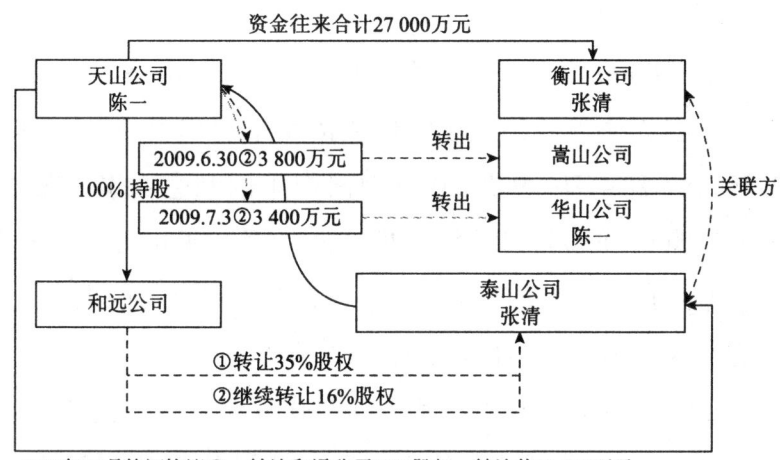

图1-4 股权转让关系图

2. 2009年4月天山公司转让和远公司16%股权事项同时存在以下情况：

（1）该项股权转让董事会决议日期为2009年4月23日，转让协议签订日为2009年4月24日。

（2）对于上述股权转让协议，泰山公司法定代表人张清已签字确认（两份协议中其签字均显示为"张青"）。

（3）天山公司于2009年6月30日收到泰山公司股权转让款3 800

万元，当年7月3日收到股权转让款3 400万元；随后天山公司分别于当年7月1日转给嵩山公司3 800万元，7月7日转给华山公司3 400万元。2009年度，天山公司与嵩山公司发生资金往来合计9 367万元，与华山公司发生资金往来合计5 400万元，均为无商业实质的资金往来。华山公司实际控制人为陈一。

（4）天山公司2009年度与另一公司衡山公司发生较频繁的资金往来，2009年度发生的资金往来合计27 000万元，均为无贸易关系的资金往来，审计工作底稿中，函证清单显示衡山公司联系人为张清。

（5）和远公司项目投入所需资金全部通过向天山公司借款加以解决，借款金额48 000万元。2009年10月8日，天山公司、和远公司、泰山公司签订三方协议，约定该项借款按照年利率10.9%的利率收取利息，2009年7月4日—9月30日期间产生的利息由泰山公司承担，之后产生的利息由和远公司承担。2010年4月，天山公司收到和远公司支付的资金占用费2 730万元。天山公司对和远公司的出借资金未能提供董事会决议及股东大会决议，未予以公告。

（6）泰山公司注册资金为人民币1 000万元，法定代表人为张清。2009年下半年，泰山公司将其持有的和远公司共51%（35%+16%）的股权转让给长白山信托公司，并将控股股东变更为长白山信托公司。

（三）公司2009年年报披露的其他股权转让交易资料

1. 天山公司于2009年12月2日与益山公司签订股权转让协议，收购其持有的樽山房地产公司90%股权，收购价格按2009年10月31日经审计净资产为基础，经调整交割期净资产变化后确定为1 092万元；并于2009年12月3日办理了股权转让工商变更登记，并购日净资产公允价值大于收购价格产生合并价差收益246万元（以下称股权事项转让（1））。

5 天山公司关联方股权转让审计案例

2. 天山公司于 2009 年 4 月 30 日与广山公司、自然人陈明签订了股权转让协议，收购其持有的柳利公司 100% 的股权。此前，广山公司持有柳利公司 80% 股权，陈明持有 20% 股权。公司在 2009 年年报中已做相关披露："为了'GF 国际商城'更好的统一管理，公司拟以净资产价格收购柳利公司 100% 股权，其中公司大股东广山公司持有该公司 80% 股权，自然人陈明持有该公司 20% 股权。经广信会计师事务所有限公司审核确定，2008 年 12 月 31 日，柳利公司净资产为 307 万元。"本次股权转让完成后，天山公司持有其 100% 股权。天山公司在 2009 年年报中披露：此次股权转让为非关联方交易（以下称股权事项转让（2））。

（四）注册会计师实施的主要审计程序

1. 对天山公司转让和远公司的两笔股权转让事项的审计程序。

（1）对于 2008 年天山公司转让和远公司 35% 股权事项，注册会计师实施了以下审计程序并获取了相关审计证据：

①获取并检查了受让方——泰山公司的营业执照、公司章程、验资报告、工商登记基本信息和资料，并追查至其法人股东营业执照、工商登记信息、公司章程以及自然人股东身份证。

②获取了天山公司对上证上函（2008）**号工作函的答复函。

上海证券交易所曾在 2008 年 12 月针对天山公司此次股权转让事项的定价问题提出询问并发函（上证上函（2008）**号），天山公司予以答复，答复函主要内容为股权转让溢价的原因分析。该答复函称，根据资产评估报告结果，和远公司东单项目在售价 5 万元/平方米的假定下可盈利 70 000 万元。

③取得了律师关于本项交易为非关联方交易的法律意见书，该意见书认为："泰山公司不构成天山公司的关联方，天山公司将所持和远公司的股权转让给泰山公司，不构成关联方交易"。

④函证受让方泰山公司,函证内容包括合同的主要条款、与天山公司是否存在关联方关系等,并经对方回函确认了函证内容,回函显示:泰山公司与天山公司不存在关联方关系。

⑤获取并检查了天山公司与泰山公司签订的股权转让协议,了解到泰山公司法定代表人张清的签字在协议中均显示为"张青"。经与客户核对确系同一人,差异为个人签字习惯产生,注册会计师未予以进一步核实。

(2)对于2009年天山公司转让和远公司16%股权事项,注册会计师实施了以下审计程序并获取了相关审计证据:

①获取并检查了2008年11月5日至2009年4月15日之间双方先后签署的1-5号关于转让和远公司股权的合作备忘录、股权转让合同、同意转让和远公司16%股权的董事会决议。

②分析并确认了交易价格。注册会计师在第一次股权转让作价基础上,分析后确认第二次转让交易价格是公允的,但底稿中未留下关于股权交易价格公允性分析的记录。

③获取并检查了天山公司于2009年6月30日和7月3日收到泰山公司股权转让款3 800万元和3 400万元的收款凭证。

④检查和远公司工商变更资料,和远公司2009年7月3日取得了变更后营业执照,确认控股股东已变更为泰山公司。

⑤检查和远公司董事变更资料,确认和远公司已于2009年6月30日完成了董事变更,泰山公司派出董事已进入和远公司董事会。

2. 对其他相关事项的审计程序。

(1)对于2009年下半年泰山公司将和远公司51%股权转让给长白山信托公司事项,注册会计师实施了以下审计程序:

询问了泰山公司再次转让和远公司股权的价格,了解到泰山公司向长白山信托公司再次转让和远公司股权的价格比天山公司转让价格略高,但未取证和留下书面的询问记录。

(2) 对于天山公司与衡山公司、华山公司和嵩山公司频繁的资金往来事项,注册会计师实施了以下审计程序:

获取并检查了天山公司与嵩山公司、华山公司的资金往来相关凭证。对其发生额进行函证并得到回函确认。天山公司分别于 2009 年 7 月 1 日转给嵩山公司 3 800 万元,7 月 7 日转给华山公司 3 400 万元。注册会计师对这些资金往来的相关凭证做了检查,未询问天山公司将股权转让款再次转出的商业理由。

(3) 对于和远公司项目投入全部向天山公司实业 48 000 万元的借款事项,注册会计师实施了以下程序:

①获取并检查了天山公司、和远公司与泰山公司签订的三方借款协议,复核了收取的资金占用费。

②获取了和远公司 2008 年度审计报告,对和远公司向天山公司借入的用于东单地产项目的 48 000 万元资金涉及的开发成本、往来等流向进行了审核,确定均已用于项目开发。

三、思考题

1. 案例中的股权转让事项是否存在重大错报风险?如存在,请说明哪些领域可能存在重大错报风险。

2. 在天山公司报表审计业务中,注册会计师对股权转让交易的定价获取的审计证据包括哪些内容?是否充分?

3. 针对案例资料中天山公司 2009 年度的其他股权转让事项,请逐项分析判断其是否可能属于关联方交易?针对股权转让事项(2),公司披露该股权转让交易为非关联方交易,注册会计师应实施哪些审计程序以确定交易各方是否存在关联方关系?

四、思考题解答

1. 案例中的股权转让事项是否存在重大错报风险？如存在，请说明哪些领域可能存在重大错报风险。

解析：

通过两笔股权转让事项形成的非经常性损益项目可能存在重大错报风险。

2007年天山公司的实际控制人承诺：重组完成后2008及2009年度净资产收益率不低于8%及9%；如天山公司未能实现上述收益率，则由实际控制人以现金补足。通过计算发现，公司2008及2009年度的净资产收益率分别为8.43%和9.12%，刚好达到8%及9%水平。所以，注册会计师应考虑公司是否可能采用操纵非经常性损益事项的方法来实现"净资产收益率不低于8%及9%"的承诺。天山公司2007-2009年度净资产收益率参见表1-19。

表1-19　天山公司2007-2009年度净资产收益率（合并财务报表）　　单位：万元

项目	2009年度	2008年度	2007年度
所有者权益	172 071	153 913	140 641
净利润	15 699	12 975	9 158
其中：非经常性损益	15 873	12 975	9 158
净资产收益率	9.12%	8.43%	6.51%

天山公司的非经常性损益基本来源于和远公司的股权转让交易事项。从天山公司与泰山公司之间发生的两笔股权转让交易事项得知，两笔股权转让交易的定价以资产评估报告为基础，而资产评估结果以特定的假设为前提，其中人为主观判断的影响很大，易被操控。尽管天山公司披露泰山公司不是其关联方，但可能发生定价操控的交易事

项往往发生在关联方之间，注册会计师应对此保持应有的谨慎，将关联方关系的界定以及关联方交易披露作为高风险领域。

2. 在天山公司报表审计业务中，注册会计师对股权转让交易的定价获取的审计证据包括哪些内容，是否充分？

解析：

（1）取得的证据如下：

①对于天山公司 2008 年转让子公司和远公司 35% 股权这一事项，取得天山公司有关上海证券交易所工作函的答复函。答复函称，在售价 5 万元/平方米的假定下，和远公司东单项目可盈利 70 000 万元。

②对于 2009 年和远公司 16% 股权转让，注册会计师取得 2008 年 11 月 5 日至 2009 年 4 月 15 日之间双方签署的 1-5 号关于转让和远公司股权的合作备忘录、股权转让合同、同意转让和远公司 16% 股权的董事会决议、股权转让款收款凭证、变更后的营业执照等。注册会计师同时针对 2009 年度继续转让 16% 股权这一事项在原作价基础上做了分析，确认交易价格公允，但底稿中未留下关于股权交易价格公允性分析的记录。

③对于 2009 年泰山公司将和远公司 51% 股权转让给长白山信托公司这一事项，注册会计师向泰山公司了解到向长白山信托公司再次转让和远公司股权的价格比天山公司转让价格略高，但未对其予以取证。

（2）分析：

注册会计师仅执行以上程序获取的审计证据并不充分，理由如下：

①没有获取答复函中提及的交易定价的参考依据，即和远公司 2008 年 12 月的资产评估报告，且没有对评估机构的独立性和胜任能力的关注及对评估采用的前提假设和方法予以关注的记录。

②没有就天山公司向泰山公司转让和远公司 35% 股权交易价格的公允性进行专门审计，以取得充分、恰当的审计证据。应结合 2008 年

房地产行业市场的行业发展趋势及市场价格，对其股权转让价格的公允性采取进一步审计程序。

③没有对泰山公司向长白山信托公司再次转让和远公司51%股权及其转让价格的公允性采取进一步审计程序。

3. 针对案例资料中天山公司2009年度的其他股权转让事项，请逐项分析判断其是否可能属于关联方交易？针对股权转让事项（2），公司披露该股权转让交易为非关联方交易，注册会计师应实施哪些审计程序以确定交易各方是否存在关联方关系？

解析：

（1）从公司提供的基本资料判断：股权转让事项（1）不属于关联方交易，天山公司与益山公司无关联方关系。股权转让事项（2）属于关联方交易，因为广山公司既是天山公司的控股股东，又持有柳利公司80%的股权。

（2）公司将股权转让交易（2）披露为非关联方交易，注册会计师在对该事项进行审计的过程中，应该实施下列审计程序以确定关联方关系是否存在：①询问天山公司治理层和关键管理人员是否与其他单位存在隶属关系；②对天山公司与广山公司的股权转让事项是否为关联方交易，向对方进行专项函证；③获取并检查天山公司及股权转让方广山公司的工商登记资料；④获取并检查天山公司董事会决议以及独立董事关于本次交易公允性的意见书；⑤获取并检查天山公司关于公司与股权转让方是否存在关联方关系的声明书；⑥对交易合同的主要条款、与天山公司是否存在关联方关系及往来款等内容进行函证。

五、对注册会计师实施的审计程序的评价

1. 对于2008年度转让和远公司35%股权事项，注册会计师了解了

谈判过程，取得了公司提交给上海证券交易所的答复函，但没有获取答复函中对交易定价的参考依据，即和远公司2008年12月的资产评估报告，未对评估机构的独立性和胜任能力进行关注，及对评估采用的前提假设和方法进行关注的记录，这一做法不恰当。对于在天山公司与和远公司的两笔股权转让协议文件中，注册会计师了解到泰山公司法定代表人张清的签字在协议中均显示为"张青"，后经注册会计师核实为个人签字习惯产生差异，但是否对协议的效力产生影响，注册会计师应该予以关注并核实，必要时应向专家咨询。

2. 对于2009年度继续转让和远公司16%股权事项，注册会计师在原作价基础上做了分析，确认交易价格是公允的，但底稿中未留下关于股权交易价格公允性分析的记录，注册会计师工作出现明显遗漏，应该将股权交易价格公允性分析的过程及结果详细记录于工作底稿中，并将底稿妥善保存。

3. 对于2009年下半年泰山公司将和远公司51%股权实施继续转让事项，注册会计师向公司了解了再次股权转让价格比天山公司转让价格略高，但并未予以取证，也未留下书面的询问记录，无法得到充分的证据证明和远公司股权转让价格真实公允。

4. 注册会计师对天山公司与嵩山、华山及衡山公司的资金往来进行了关注，抽查了凭证记录，对其发生额进行函证并得到回函确认；但未关注到天山公司在较短时间内将转让款在没有商业理由的前提下再次转出的合理性、未关注巨额往来款项发生原因、三家公司是否为隐性的关联方、是否存在报告期内隐性的关联方资金占用等情况。

5. 对于和远公司项目投入全部向天山公司借款48 000万元的事项，根据《上海证券交易所股票上市规则（2008年修订）》10.2.5条及10.2.10条规定，上市公司与关联方发生的交易金额在3 000万元以上，且占上市公司最近一期经审计净资产绝对值5%以上的关联交易，除应当及时披露外，还应将该交易提交股东大会审议。但注册会计师仅索取了天山公司、和远公司及泰山公司签订的三方借款协议，并未对天山公司应将对和远公司的资金出借事项提交董事会及股东大会审议这一事项进行关注。对于该借款的利率，注册会计师应将10.9%的年利率与市场利率比较，考虑相关的资金占用费是否公允。

综上，本案例中，注册会计师针对识别、认定关联方关系及其交易所实施的审计程序不到位，获取的相关审计证据不够充分、适当。

六、案例教学的组织

对于本案例设计的思考题，鼓励学员在课外提前阅读和思考，也可组织学员进行以下开放式讨论，以便增强案例的学习效果。

开放式讨论1：

由于关联方及其交易具有一定的隐蔽性，且企业通常不愿披露对财务状况、经营成果及现金流量有重大影响的关联方及其交易。一部分企业为达到IPO条件、避免被ST、逃避缴税义务等各种目的，而刻意隐瞒关联方及其交易，从而增加了注册会计师的工作难度。实务工作中对于关联方及其交易的认定有哪些审计技巧？

参考答案：

（1）在认定关联方时，注册会计师可对销售毛利率、原材料使用率、产品销售率等比率进行分析，并与行业平均水平进行对比。若关联企业（如母子公司、存在控制和被控制关系的公司、合营联营企业）从被审计单位购买作为原材料的产品但却长期不用，或从被审单位购买作为销售的产品，但销售率很低，该项交易可能为关联方交易。

（2）在被审计单位为母子公司其中一方时，注册会计师要关注以下现象和这些隐性关联方交易对财务报表的影响：①母子公司双方共同使用商标，而由一方为另一方免费做广告宣传等行为；②一方将产品销售给另一方，无偿占有另一方销售网络的行为；③一方将另一方的应付场地租赁费或其他费用等长期挂账的行为。

（3）根据《企业会计准则第36号——关联方披露》准则，注册会计师对被审计单位制定的交易价格应当予以充分关注。当被审计单位利用关联方交易进行盈余管理以达到操纵利润的目的时，即使公司已充分披露关联方及其交易，会计报表仍不能被视为公允，因此，审计人员对关联交易价格的合法性和公允性应当予以充分关注。

（4）对主要交易对手、相关自然人进行背景资料调查，可以通过公开网站、专门的公司查询主要交易对手、相关自然人的信息以及和天山公司之间的关系。

开放式讨论2：

本案例中，注册会计师在取证过程中，取得了公司对上证上函（2008）＊＊号的工作答复函，答复函基于和远公司2008年12月资产评估报告，称天山公司转让和远公司股权事项所涉及的所有交易价格均为公允。上海证券交易所对此答复函没有提出异议。注册会计师据此得出股权转让交易价格公允的结论。

上述答复能否支持股权转让价格公允？注册会计师据此得出的审计结论是否恰当？

参考答案：

虽然事务所充分列举了其在审计过程中实施的审计程序，但获取的审计证据说服力较弱，不足以支持上述股权转让价格公允的审计结论。尽管上交所没有明确否定答复函，仅能说明监管部门没有发现明确的证据表明股权转让价格是非公允的。注册会计师只能够将监管部门的意见作为参考，仍需独立实施必要的审计程序、取得相应证据作为审计判断的依据，作出独立的判断，以得出恰当的审计结论。

开放式讨论3：

天山公司是否存在其他方面的异常风险（可能的风险），需要注册会计师予以关注？

参考答案：

结合2008-2009年我国房地产行业发展态势，天山公司的财务状况、经营成果及现金流量并不符合行业的正常发展规律。从全国房地产行业发展态势分析，2008年，我国房地产市场受到世界经济危机的影响，大幅度滑坡，2009年，我国的宏观经济调控政策转变，宽松的货币政策使得商品房的价格迅速恢复，甚至超过了2008年的水平，许多房地产企业取得了良好的经济效益。而被审计单位置入的资产属于房地产，其经营是否与宏观经济形势相符注册会计师应当保持应有的职业怀疑态度。

关联方及其交易要求注册会计师不仅要按企业会计准则及注册会计师执业准则的相关规定识别关联方，还需按风险导向审计的要求，注意从宏观角度把握，分析公司重大错报风险，合理设计关联方及其交易的审计程序，真正把风险导向的审计理念落到实处。

开放式讨论4：

案例资料显示，衡山公司法定代表人为张清，泰山公司法定代表人也为张清。后经证实，衡山公司法定代表人与泰山公司法定代表人实际为同一人。对此事项，注册会计师应该如何予以关注？

参考答案：

根据《中国注册会计师审计准则第1323号——关联方》准则，注册会计师在审计过程中应对异常的交易保持警惕。其中第四条及第七条指出，注册会计师应当实施审计程序，就管理层是否按照适用的会计准则和相关会计制度的规定识别、披露关联方及其交易，获取充分、适当的审计证据。注册会计师应当实施适当的审计程序，识别泰山公司与天山公司是否为关联方，通过背景资料调查识别陈一和张清的关系。衡山公司与泰山公司法人实际为同一人，已构成关联方关系。而天山公司与衡山公司间又存在无商业实质的资金往来，注册会计师应注意天山公司与泰山公司的股权转让交易是否真实。

开放式讨论5：

注册会计师在审计过程中实施的哪些审计程序提供了有关关联方列报完整性的证据？为确认关联方列报的完整性，还应当实施哪些程序？

参考答案：

（1）①针对2008年和远公司35%股权的转让事项，注册会计师获取了律师关于本项交易为非关联方交易的法律意见书。意见书认为："泰山公司不构成天山公司的关联方，天山公司将所持和远公司的股权转让给泰山公司，不构成关联交易"。

②针对天山公司与衡山公司、华山公司和嵩山公司频繁的资金往来事项，注册会计师抽查了天山公司与嵩山、华山及衡山公司的往来凭证记录，对其发生额进行函证并得到回函确认。但函证并没有提供相关公司是否属于关联方的证据。

（2）为确认关联方列报的完整性，注册会计师还应实施以下程序：

①复核被审单位提供的关联方清单。

②查阅以前年度审计工作底稿，并询问其他注册会计师及前任注册会计师。

③了解、评价被审单位识别处理关联方及其交易的程序，了解内部控制的设计和执行是否有效。

④查阅被审计单位主要投资者、关键管理人员名单；了解主要投资者个人、关键管理人员和与其相关其他单位的关系；了解与主要投

资者个人、关键管理人员关系密切的家庭成员和与其相关的其他单位的关系。

⑤查阅股东大会、董事会会议及其他重要会议记录,以查明是否存在对被审计单位有重大影响的关联方交易。

⑥审核所审计会计期间的重大投资业务及资产重组方案,根据交易性质及程度,判断是否形成新的关联方。

⑦检查企业所得税申报表。我国税法要求:企业同关联方业务往来应按照独立企业之间业务往来收取/支付费用。若企业存在关联方交易,在所得税申报表中会留下记录。

⑧关注交易异常的项目。

⑨审核企业报送政府机构、交易所等的其他相关资料。

6 天幕公司无形资产审计案例

一、学习目标

1. 了解无形资产审计涉及的财务会计相关法律法规
2. 掌握无形资产审计应实施的审计程序
3. 掌握无形资产审计应获取的审计证据

二、案例背景

天幕公司是一家从事精纺呢绒产品的生产、加工和销售的上市公司。由于历史原因，天幕公司的第一大股东天幕集团及其所属企业一直占用天幕公司资金。2008年，天幕集团提出"以资抵债"方案，以其名下一宗土地抵偿支付长期以来占用的资金。本案例所涉及的无形资产审计即指该宗土地的土地使用权审计。

（一）公司情况

天幕公司是由天幕集团将其核心企业的精纺呢绒生产系统进行股份制改组，于1997年5月23日采取募集方式控股设立的股份有限公司。

天幕公司属于地方国有企业，其母公司天幕集团是天水省国有资产监督管理委员会全资拥有的国有独资公司。天幕公司的股权关系如图 1-5 所示。

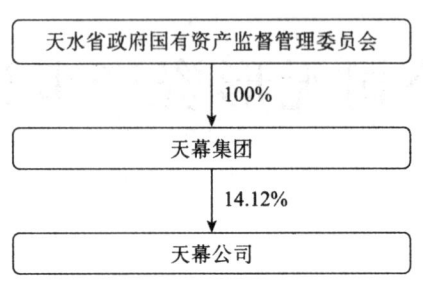

图 1-5　天幕公司股权关系图

1997 年 5 月，天幕公司在深圳证券交易所挂牌上市，股票简称为"天幕公司"，属于纺织业。经营范围包括：纺织品和服装的研究开发、生产、批发零售，电子计算机技术开发，以及咨询服务等，目前主要从事精纺呢绒产品的生产、加工和销售。

自上市以来，天幕公司一直聘请五方会计师事务所为其提供年度财务报表审计服务，2009 年度转聘勤信会计师事务所提供年报审计服务。对于该转聘事项，天幕公司未在相关网站上进行专项说明。

因 2004 年、2005 年天幕公司连续两年亏损，根据深圳证券交易所《股票上市规则》及有关规定，天幕公司股票简称更名为"*ST 天幕"。2006 年度天幕公司扭亏为盈，深交所认为其仍存在盈利不确定事项，将其变更为"ST 天幕"。2009 年 12 月 31 日，天幕公司成功摘去 ST 的帽子，恢复为"天幕公司"。天幕公司 2007-2009 年度主要会计数据与财务指标如表 1-20 所示，其 2005-2010 年度审计结果及股票交易状态如表 1-21 所示。

6 天幕公司无形资产审计案例

表1-20　　天幕公司2007-2009年度主要会计数据与财务指标

（合并财务报表）　　　　　　　　　单位：万元

项　目	2009-12-31	2008-12-31	2007-12-31
资产合计	51 789	61 080	57 503
其中：无形资产	5 522	5 660	1 294
负债合计	21 447	31 263	30 593
所有者权益合计	30 342	29 817	26 910
项　目	2009年度	2008年度	2007年度
主营业务收入	19 290	26 573	30 558
主营业务成本	17 309	21 421	22 200
净利润	525	2 929	2 700

表1-21　　天幕公司2005-2010年度审计结果及股票交易状态

年度	聘请的会计师事务所	审计部报告类型	股票交易状态
2005	五方会计师事务所	无保留带强调事项段	天幕公司
2006	五方会计师事务所	无保留带强调事项段	*ST天幕
2007	五方会计师事务所	无保留带强调事项段	ST天幕
2008	五方会计师事务所	标准无保留意见	ST天幕
2009	勤信会计师事务所	标准无保留意见	ST天幕
2010	勤信会计师事务所	标准无保留意见	天幕公司

（二）"以资抵债"方案实施过程及其会计处理

截至2008年12月31日，天幕集团持有天幕公司14.12%的股份，为天幕公司第一大股东。

由于生产经营的需要，天幕公司承担天幕集团所属企业部分毛条、毛纱的加工与销售业务；同时天幕公司向天幕集团销售部分成品。由此产生资金占用事项。

截至2008年12月31日，天幕集团及其所属企业占用天幕公司资金4 643万元。

1. 方案实施过程。

2006年4月16日，天幕集团首次提出以资抵债方案，即天幕集团以其所拥有的56亩土地抵偿所占用天幕公司资金。后因天幕集团无力承担土地出让金及相关税金，无法办理土地过户登记手续，致使该议案一直未能实施。最终天幕公司在两次延期召开股东大会后取消了该项议案。

2008年4月，天幕集团再次提出以资抵债方案：将上述拟抵债土地转增国家资本金，取得土地使用权，然后由天幕集团以土地出资方式转给天幕公司。其实施流程参见图1-6。

图1-6 天幕集团再次提出以资抵债方案实施流程

2008年10月，该方案获省政府常务会议研究同意。2008年11月24日，天幕集团取得天水省国土资源厅《关于天幕（集团）有限责任公司深化改革土地资产处置的批复》，完成了土地使用权评估备案，并同意对上述拟抵债土地以作价出资方式进行处置。

2008年11月27日，天幕公司与天幕集团签订以资抵债补充协议，天幕集团以其所持有的上述土地抵偿欠付天幕公司款项4 424万元，剩余的219万元以现金支付。

2008年11月28日，省国资委发文《关于同意将天幕集团有限责任公司土地使用权出让金转增国家资本金的批复》，同意将上述土地的土地出让金转为国家对天幕集团的投资。

此事项所涉及土地面积37 592.39平方米（合56.389市亩），天水市西城区规划国土资源局为该宗土地出具了《土地权属证明》。该宗土地使用权性质现为国有划拨土地。

该宗土地是天幕公司生产区内生产厂房之间用作道路、管道、仓库等其他辅助设施的用地，1997年公司改制上市时未作为公司上市资产。天幕公司实际上一直无偿使用该宗土地。

天水方家不动产评估咨询有限公司以2008年10月25日为评估基准日，对该宗土地采用基准地价系数修正法和成本逼近法进行评估，并出具了《土地估价报告》，评估价值为4 424万元。

由于该土地使用权均由天幕集团以划拨方式取得，土地使用权属国家所有，没有明确客观的账面价值。天幕集团必须取得此宗土地使用权后，才能进行以资抵债交易。天幕集团承诺在天幕公司召开2008年第一次临时股东大会之日起两个月内完成上述土地使用权变更登记手续并承担所有与之相关的费用。

2008年12月16日，天幕公司召开2008年度第一次临时股东大会，审议通过了天幕公司与天幕集团的以资抵债事项。按照调整后的拟抵债土地评估价格4 424万元计算，天幕集团以资抵债后对天幕公司还有219万元欠款，经协商，天幕集团采用现金方式一次性归还。

截至2008年年底，天幕公司已收到天幕集团归还现金219万元，2008年12月31日，相关应收款余款为零。

2009年1月19日，天幕集团取得了天水市国土资源局下发的《土地登记通知书》。2009年5月，天幕集团取得抵债土地使用权证。2009年11月12日，天水市国土资源局向天幕公司颁发了该宗土地使用权证。

至此，天幕集团以土地使用权偿还占用天幕公司资金的"以资抵债"方案全部实施完毕。

2. 后续发展。

天幕公司在2009年办妥该宗土地的过户手续后，原计划将其作为房产开发建设用地，由于存在个别复杂的拆迁情况未解决，一直没有进行开发，导致该宗土地一直闲置。

2009年11月，天幕公司收到天水市国土资源管理部门发出的《闲置土地清查通知书》，通知书称，如果天幕公司不打算开发该地块，天水市国土资源管理部门将回购该宗土地。

天幕公司欲将该地块对外转让或者由国土资源管理部门回购，并委托具有资质的资产评估机构对该宗土地的价值进行了评估，估价基准日为2009年7月1日，评估结果为：在无其他权利限制的条件下，该宗土地的评估值为4 443万元。

据此，天幕公司在2009年12月31日作出了"该项资产不存在减值"的估计，并在2009年度报告中表示，"本公司期末的无形资产不存在已被其他新技术替代、使用价值和转让价值大幅下跌等情形导致其可收回金额低于其账面价值，故本公司未计提无形资产减值准备"。

3. 相关会计处理。

天幕公司于2008年确认了无形资产——土地使用权，金额达4 424

万元，计"无形资产——土地使用权2"本期增加额4 424万元，累计摊销额9万元，没有计提减值准备，"无形资产——土地使用权2"期末净值4 415万元。

同时，通过该笔交易，天幕公司冲回了2007年度对天幕集团计提的坏账准备3 065万元，计入当期损益，公司因此扭亏为盈。

2009年度，天幕公司"无形资产——土地使用权2"科目确认本期增加额19万元，期末余额4 443万元，本期摊销额111万元，没有计提减值准备，"无形资产——土地使用权2"期末净值为4 323万元。

(三) 注册会计师实施的主要审计程序

1. 针对2008年天幕公司通过"以资抵债"方式获得该宗土地这一事宜，注册会计师实施了以下审计程序：

(1) 获取并检查天幕公司与天幕集团签订的抵债协议，就协议中的抵债金额进行复核；

(2) 获取并检查2006年至2008年天幕公司披露的《关于天幕实业股份有限公司与控股股东及其他关联方资金往来情况的专项说明》；

(3) 获取并检查省国资委有关土地抵债事项的批准文件。

(4) 获取并检查省国土资源厅的批准文件。

(5) 获取并检查省国资委《关于同意将天幕集团有限责任公司土地使用权出让金转增国家资本金的批复》。

(6) 获取并检查2008年第一次临时股东大会的决议材料；获取并检查天幕公司关于大股东土地抵偿进展情况的三次公告。其中，2008年4月披露的第二次公告中说明，"由于该宗土地所涉拆迁范围较大，拆迁情况复杂……致使该地块使用权办理时间较长，集团占用资金尚需等相关偿债土地使用权证手续办理完成后方可抵偿"。

(7) 获取并检查2008年10月25日的土地评估报告书；事务所另

聘专家对土地作价进行了复核，专家复核结果认为土地价格公允。

（8）获取并检查天幕公司收到的天幕集团归还现金 219 万元的银行入账单复印件。

（9）获取前任会计师事务所 2008 年对天幕公司出具的标准无保留意见的审计报告。

2. 针对 2009 年天幕公司对该宗土地实施的后续计量，注册会计师主要获取了以下审计证据：

（1）获取并检查天幕公司出具的关于该宗土地开发事项的说明。公司说明"由于当地政府对该区域规划不明确导致该宗地块开发条件不成熟，因而未能进行开发"。

（2）获取并检查天水市国土资源管理部门向天幕公司发出的《闲置土地清查通知书》，通知书表明如果天幕公司不打算开发该地块，天水市国土资源管理部门将回购该宗土地。

（3）获取并检查该宗土地的土地估价报告。

（4）注册会计师在执行了相关审计程序后，未能获取审计证据证实土地估价报告中所述"无其他权利限制"的条件。

基于上述审计程序和相关证据，注册会计师认可了天幕公司作出的"该项资产不存在减值"的估计。

三、思考题

1. 本案例涉及的土地使用权问题，是否可能存在重大错报风险？

2. 天幕公司在 2008 年 12 月 31 日确认了土地使用权，这样的会计处理存在哪些问题？注册会计师实施的审计程序是否到位？

3. 注册会计师能否将 2009 年的土地估价报告作为审计证据？在使用估价报告的专家评估结果时，应考虑哪些因素？2009 年注册会计师认可的"该项资产不存在减值"的判断是否恰当?

四、思考题解答

1. 本案例涉及的土地使用权问题,是否可能存在重大错报风险?

解析:

因天幕公司连续多年亏损,根据深圳证券交易所《股票上市规则》及有关规定,天幕公司更名为"*ST 天幕"。2006 年度天幕公司扭亏为盈,深圳证券交易所认为其仍存在盈利不确定事项,自 2007 年 4 月 2 日起,对其实施其他特别处理,更名为"ST 天幕"。2008 年度的经营成果是天幕公司能否摘去 ST 帽子或者遭遇退市危机的关键。

2008 年度天幕公司确认了无形资产——土地使用权金额 4 424 万元。同时,通过该笔交易,天幕公司冲回了 2007 年度对天幕集团计提的坏账准备 3 065 万元,计入当期损益,公司实现盈利,而由表 1-20 可知,2008 年度天幕公司净利润为 2 929 万元,小于该宗土地使用权所带来的收益。该项土地所有权转让事宜存在重大错报风险。

2. 天幕公司在 2008 年 12 月 31 日确认了土地使用权,这样的会计处理存在哪些问题?注册会计师实施的审计程序是否到位?

解析:

天幕公司的会计处理不正确。

2008 年 12 月 31 日,该宗土地使用证并没有办妥过户手续,公司提前确认了无形资产——土地使用权。天幕公司应当在 2009 年 11 月 12 日天水市国土资源局向其颁发该宗土地使用权证后确认该笔交易。另外,针对公司全额冲回以前年度计提的坏账准备事项。首先,坏账准备的计提依据并不明确;其次,全额冲回的估计依据不够充分。注册会计师应对该事项予以关注。

与此同时，注册会计师实施的审计程序也不到位。注册会计师没有对土地评估机构的独立性和胜任能力进行评估，没有对评估采用的前提假设和方法加以关注，没有将土地价格与市场价格进行比较，以评估其公允性；注册会计师没有实地查看土地，也没有对土地所有权证等手续办理加以关注；注册会计师没有检查该笔无形资产——土地所有权的会计处理是否正确，没有检查该事项在资产负债表上是否恰当披露。

3. 注册会计师能否将2009年的土地估价报告作为审计证据？在使用估价报告的专家评估结果时，应考虑哪些因素？2009年注册会计师认可的"该项资产不存在减值"的判断是否恰当？

解析：

注册会计师没有对估价机构的专业胜任能力和客观性进行评价，不能直接将2009年的土地估价报告作为审计证据。

根据《中国注册会计师审计准则第1421号——利用专家的工作》，在利用专家工作时，首先应确定是否需要利用专家的工作；其次，对专家的专业胜任能力和客观性进行评价；然后，对专家的工作进行评价；最后，如果专家工作结果致使注册会计师出具非无保留意见的审计报告，应当考虑在审计报告中提及或描述专家的工作。

因此，在未执行上述程序的情况下，2009年的土地估价报告不能作为审计证据，因此注册会计师作出的"该资产不存在减值"的判断不恰当。

公司不仅依据该土地估价报告作为债务重组公允价值确定和不需计提减值准备的依据，而且将第二次土地评估增值部分进行了会计处理，调增了土地的账面价值。根据会计准则的有关规定，在没有发生资产的实际转让、交易的情况下，土地评估的价值不能作为入账依据。

五、对注册会计师实施的审计程序的评价

本案例中,注册会计师实施的审计程序有如下问题:

1. 针对 2008 年天幕公司获得该宗土地的以资抵债事宜:

(1) 在审计工作中,注册会计师没有取得或编制无形资产明细表、复核其加计数是否准确,也未与明细账、总账和会计报表有关项目进行核对;

(2) 注册会计师没有对土地评估机构的独立性和胜任能力的进行评估,没有对评估采用的前提假设和方法加以关注;同时,注册会计师没有对土地所有权证等手续办理加以关注;

(3) 注册会计师没有检查该笔无形资产——土地所有权的会计处理是否正确,没有检查该事项是否在资产负债表上进行恰当披露。

2. 针对 2009 年天幕公司对于该宗土地的后续计量事宜:

(1) 注册会计师没有取得土地估价报告的原件;

(2) 注册会计师没有对估计机构的专业胜任能力和客观性进行评价。

因此,注册会计师没有实施充分适当的审计程序,错误地将 2009 年的土地估价报告作为审计证据,因此得出了"该资产不存在减值"的不恰当的判断。

综上所述,注册会计师实施的审计程序并不充分,未能获取充分、适当的审计证据,从而出具了不恰当的审计意见。

六、案例教学的组织

本案例中,天幕公司及其控股公司天幕集团均属于地方国有企业,

案例所涉及的土地也由地方国资委划拨给天幕集团。因此该宗土地的所有权问题十分复杂，应紧紧抓住土地所有权证这一判断依据，贯穿案例发展始终。

近几年由政府部门主导的上市公司重大债务重组事项屡见不鲜，这一特定条件给审计人员带来了挑战。

开放式讨论1：

政府部门的批准文件能否作为认定债务重组实质完成的证据？注册会计师应如何确定重组进展程度？该项重组能否给企业发展带来积极效果？

参考答案：

判断债务重组是否实质完成，仅仅取得政府主管部门的批文是不够的，还要确保最终手续（如资产权属过户申请、股权转让过户）已由政府相关部门受理，没有实质性障碍，资产权属过户手续办理只是形式和时间问题，应以产权登记机关受理最终手续之日为实质完成日。

由政府部门主导的重大重组事项，原则上应在政府主管部门（包括国资委及其他相关部门，如税务、财政等）正式批准重组事项，所有手续办妥（如资产权属已过户）后，才意味着重组工作完成。

开放式讨论2：

如果碰到强势的政府主管部门介入，注册会计师应如何控制审计风险以保护自己？

参考答案：

首先，要取得政府主管部门的书面批准文件，作为审计证据，避免以某个官员的口头意见作为审计证据；如果是口头汇报或会谈，也要形成正式的书面会谈纪要。

其次，要督促企业及时取得政府主管部门的批文，在报表日前办理相关手续；如果在报表日前走不完所有程序，办不妥所有手续，也必须在审计报告日前办妥所有手续。

最后，应在报表附注中详细披露这些重大事项，包括事项的起因、过程、处理结果和目前的进展情况，以免除或减轻审计责任。

开放式讨论 3：

注册会计师对天幕公司 2008 年报出具标准无保留意见的审计报告是否合适？为什么？

参考答案：

出具标准无保留意见的审计报告不合适。

因为该项无形资产（土地使用权）涉及金额 4 424 万元，约占 2008 年 12 月 31 日总资产的 7.2%。通过该项交易，公司冲回坏账准备 3 065 万元，由此扭亏为盈。该土地所有权转让及坏账冲回具有重大错报风险。注册会计师执行的审计程序不能取得充分、适当的审计证据，以证明无形资产账面金额的准确性以及坏账冲回的合理性。因此，注册会计师出具标准无保留意见的审计报告是不合适的。

根据《中国注册会计师审计准则第 1221 号——重要性》、《中国注册会计师审计准则第 1501 号——审计报告》、《中国注册会计师审计准则第 1502 号——非标准审计报告》的相关规定，全额冲回坏账准备是可能导致保留意见的事项，需在报表附注详细披露全额冲回以前年度针对集团公司计提的坏账准备的理由和依据。

7 白云公司债务重组审计案例

一、学习目标

1. 了解审计债务重组时应遵循的审计准则及要求
2. 掌握审计债务重组时应把握的重大错报风险
3. 掌握审计债务重组时应实施的审计程序
4. 掌握审计债务重组时应获取的审计证据

二、案例背景

(一) 公司情况

上海白云股份有限公司（以下简称"白云公司"）为一家从事纺织制造的上市公司，客户分布在全国及世界各地。白云公司注册资本人民币 63 000 万元，所属行业为制造业。

白云公司法人控股股东为中国白云集团有限公司（以下简称"白云集团"），实际控制人为国务院国有资产监督管理委员会。公司股权关系如图 1-7 所示。

7 白云公司债务重组审计案例

教师手册

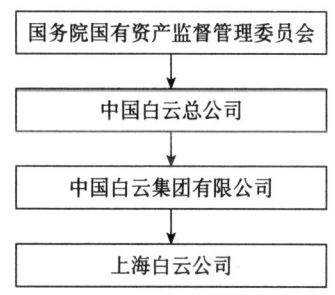

图 1-7 白云公司股权关系图

因白云公司无力清偿到期债务，债权人上海黑土有限公司（以下简称"黑土公司"）于 2008 年 8 月 11 日向天空市第二中级人民法院（以下简称"天空二中院"）申请对白云公司实施重整。天空二中院审查后，于 2008 年 9 月 27 日裁定受理该公司破产重整一案并组成清算组。自 2008 年 9 月 27 日起，白云公司实际控制人为白云公司破产重整案件管理人（以下简称"管理人"）。

2008 年 12 月 31 日，白云公司股本总数 62 945 万股，其中：有限售条件股份为 15 494 万股，占股份总数的 24.61%，无限售条件股份为 47 451 万股，占股份总数的 75.39%。白云公司各种财务报表及数据如表 1-22、表 1-23、表 1-24 所示。

表 1-22　白云公司 2007-2008 年度营业外收入项目和金额
（合并财务报表）　　　　　　　　单位：万元

项目	2008 年度	2007 年度
处置非流动资产利得小计	11 330	143
其中：处置固定资产利得	8 759	143
处置无形资产利得	2 571	-
债务重组利得	169 797	2 847
政府补助	77	94
盘盈利得	8	-
其他	434	952
合计	181 647	4 036

表1-23 白云公司2008年度非经常性损益项目和金额（合并财务报表） 单位：万元

非经常性损益项目	金额
非流动资产处置损益	27 178
计入当期损益的政府补助，但与公司正常经营业务密切相关，符合国家政策规定、按照一定标准定额或定量持续享受的政府补助除外	77
委托他人投资或管理资产的损益	40
债务重组损益	169 797
企业重组费用，如安置职工的支出、整合费用等	-7 341
与公司正常经营业务无关的或有事项产生的损益	-6 791
单独进行减值测试的应收款项减值准备转回	3 524
除上述各项之外的其他营业外收入和支出	-9 530
少数股东权益影响额	133
合计	177 087

表1-24 白云公司2006-2008年度财务数据（合并财务报表） 单位：万元

项目	2008年度	2007年度	2006年度
营业收入	28 851	90 961	82 521
利润总额	83 593	-114 011	-137 877
归属于上市公司股东的净利润	84 340	-107 163	-136 099
归属于上市公司股东的扣除非经常性损益的净利润	-92 747	-64 026	-134 698
基本每股收益（元/股）	1.34	-1.70	-2.768
扣除非经常性损益后的基本每股收益（元/股）	-1.47	-1.02	-2.739
经营活动产生的现金流量净额	-1 148	4 486	-4 116
项目	2008-12-31	2007-12-31	2006-12-31
总资产	13 685	232 805	370 543
所有者权益（或股东权益）	0	-137 324	30 655
归属于上市公司股东的每股净资产（元/股）	0	-2.18	0.62

（二）公司债务重组主要情况

由于经营不善，白云公司自2005年起已连续三年亏损，于2008年5月13日收到上海证券交易所《关于对上海白云股份有限公司股票实施暂停上市的决定》，决定自2008年5月19日起对公司股票实施暂停上市。其后，白云公司积极与各方面联系，寻找有兴趣参与公司重组的战略投资者。由于白云公司属于比较理想的"壳资源"，公司重组的谈判进展较为顺利，截至2008年底，已经与公司债权人达成重组协议，并因此确认了169 797万元的营业外收入。2008年12月31日，白云公司账面资产总额13 685万元，负债总额13 685万元，净资产0元；2008年度实现的净利润为83 593万元，主要系白云公司与债权人达成债务重组协议确认的重组收益。

2008年9月27日，经上海黑土公司申请并经天空二中院裁定，白云公司进入破产重整程序，并成立相关的清算组。

2008年12月，白云公司管理人提出以下重整计划：白云公司全体股东同比例缩减股本，缩减比例为25%；在缩减股本的基础上，全体股东按一定比例让渡其持有的股票，白云集团让渡其持有股票的87%，共计让渡10 109万股；其他股东让渡其持有股票的24%，共计8 541万股，其中A股3 772万股，B股4 769万股。按该方案，全体股东在缩减股本后让渡的股票共计18 650万股。白云公司股东让渡股票中的7 993万股A股按债权比例向普通债权组债权人分配；剩余5 888万股A股、4 769万股B股由重组方有条件受让。在有担保债权、职工债权、税款债权等优先清偿后，剩余普通债权224 037.42万元按每100元债权受偿3.3股A股，对于未受偿部分，白云公司不再承担清偿责任。根据天空二中院裁定及白云公司管理人对重整计划的补充，普通债权总额调整为230 888.68万元。

2008年12月2日，白云公司及其管理人向公司债权人提出破产重整申请，并经白云公司债权人会议表决通过。2008年12月13日，天空二中院依法裁定批准《白云公司重整计划》；终止白云公司重整程序。

自2008年12月13日起，公司进入重整计划执行阶段。公司管理层在管理人的监督下，严格按照重整计划的规定开展工作，公司重整计划的资产处置工作执行情况如下：

根据重整计划要求，管理人和白云公司委托上海两家拍卖公司联合承担公司相关资产的拍卖工作。两家拍卖公司于2008年12月对公司持有的子公司股权与资产进行了拍卖和处理。其中，拍卖资产评估价值合计13 849万元，成交价格合计13 091万元，扣除佣金合计393万元，应收回金额合计12 698万元，实际收回金额合计12 698万元。截至2008年12月31日，公司资产全部处置完毕，并收回全部资产处置款。

2009年3月18日，天空二中院裁定，白云公司大股东白云集团所持白云公司股票缩减股本25%后，剩余股票87%的部分计10 109万股，其余A股股东所持白云公司股票缩减股本25%后，剩余股票24%的部分计3 772万股，所有B股股东所持白云公司的股票经缩减股本25%后，剩余股票24%的部分计4 769股。上述股票共计18 650万股划转至白云公司破产企业财产处置专户。

2009年3月18日，天空二中院委托天空市长城拍卖有限公司拍卖白云集团持有的白云公司A股股票，2009年3月31日由东海实业发展有限公司（以下简称"东海公司"）以人民币728万元（每股人民币0.047元）竞得。白云公司于2009年3月27日向天空二中院申请延长重整计划执行期限至2009年4月30日。天空二中院于2009年4月1日裁定批准延长白云公司重整计划执行期限至2009年4月30日。

2009年4月2日，天空二中院裁定，白云集团持有的白云公司

15 493万股A股股票的所有权及相应的其他权利由东海公司享有。

2009年4月21日，经破产管理人申请并经天空二中院裁定，按照白云公司普通债权的每100元债权受偿3.3股白云公司A股股票的原则，将白云公司破产企业财产处置专户中白云公司的股票偿还白云公司债权人的债权。

2009年4月22日，必得会计师事务所有限公司上海分所（以下简称"必得事务所上海分所"）对白云公司缩股事项出具了验资报告，白云公司股本减少15 736万元，股本由62 945万元变更为47 209万元。

2009年4月22日，经破产管理人申请并经天空二中院裁定，将冻结在白云公司破产企业财产处置专户中的白云公司5 888万股A股扣划至重组人东海公司名下，将4 769万股B股扣划至重组人东海公司指定关联方南海公司名下。

2009年4月27日，管理人向天空二中院提交《关于白云公司重整计划执行情况的监督报告》，管理人认为，在重整计划执行期限内，白云公司已经执行完毕重整计划。

2009年4月29日，天空二中院裁定，冻结东海公司名下持有的白云公司5 888万股A股，2009年5月4日，天空二中院裁定，解除对东海公司名下持有的白云公司5 888万股A股的冻结。

通过实施破产重整程序，白云公司将公司大股东超出一般股东让渡比例中（大股东让渡比例为缩股后的87%，其他股东为缩股后的24%）用于代偿债务的权益性交易形成的利得计入资本公积。大股东超出一般股东让渡比例中用于代偿债务的应计入资本公积的部分按照下列公式计算：大股东超比例让渡A股数/（大股东让渡A股数+一般股东让渡A股数）×向普通债权组债权人分配的A股数，即：7 321万股/（10 109万股+3 772股）×7 993万股=4 216万股，公司破产重整计划书中模拟计算清偿率时所取的每股价格为4.37元（白云公司

2008年5月停止交易时的收盘价)。法院在审理、批准公司破产重整计划时,在参照评估机构的评估报告基础上确定了每股4.37元的价值。经计算,大股东权益性交易形成的利得金额为:4.37元×4 216 = 18 424元。

(三) 公司审计师聘任情况

白云公司原聘请爱德会计师事务所有限公司(以下简称"爱德会计师事务所")为年度审计机构,2007年度,爱德会计师事务所为公司出具了无法表示意见的审计报告,2007年度审计费用为人民币100万元。2008年,白云公司动议改聘会计师事务所。2009年3月18日,经白云公司2009年第一次股东大会表决通过,聘必得会计师事务所担任公司2008年度审计机构,审计费用为人民币120万元。

必得会计师事务所通过对白云公司2008年度财务报告的审计,于2009年4月28日出具了带强调事项段的无保留意见审计报告。其具体强调事项为:"我们提醒财务报表使用者关注:如贵公司财务报表附注二、财务报表的编制基础所述,贵公司目前尚无生产经营活动,贵公司已在财务报表附注二十三、(一) 中披露了拟采取的改善措施,包括贵公司2009年4月2日第一次临时董事会决议通过的贵公司将向东海实业发展有限公司及其一致行动人定向发行股票购买其持有的名城地产70%的股权,使贵公司恢复盈利能力及持续经营能力方案等。但上述方案尚需经贵公司股东大会审议通过,并获得中国证监会的批准后才能实施。同时,因涉嫌违反证券法规,贵公司于2006年12月被中国证监会立案调查,截至财务报告批准报出日尚无正式调查结论,该事项可能影响本次向特定对象非公开发行股票的实施。因此贵公司的持续经营能力仍然存在重大不确定性。"

针对注册会计师的上述意见,公司在年度报告中指出:"鉴于公司通过破产重组已成为一个'无资产、无人员、无负债'的净壳公司，资产重组成功实施后公司资产、人员都会发生重大变化，因此，立案调查一事应不会对公司资产重组的实施构成实质性影响"。

（四）注册会计师实施的主要审计程序

注册会计师对债务重组实施的审计程序如下：

1. 获取并检查了白云公司 2008 年度财务报表等相关财务数据，注册会计师在审计计划书中确定财务报表层次重要性水平为 125 万元。

2. 获取了白云公司破产重组计划书，并取得天空二中院于 2008 年 12 月 13 日对破产重整计划批准的裁定书，以及天空二中院于 2009 年 4 月按照每 100 元债权受让 3.3 股白云公司 A 股股票的裁定及对股票的分配及过户等相关的法律文件，并认为对破产重组协议执行及结果有重大不确定性的因素已经消除，故认定债务重组在 2008 年度已经实现并据此调整增加营业外收入 169 797 万元。根据破产重整协议，全体股东在缩减股本后让渡的股票共计 18 650 万股，其中计划对债权人分配的股票数量为 7 993 万股。

3. 获取并检查了破产重整计划书、法院的相关裁定，在审计工作底稿中记录了以每股价格 4.37 元作为每股公允价值的原因如下：基于公允价值是指在公平交易中，熟悉情况的交易双方，自愿进行资产交换或债务清偿的金额。白云公司重整计划经过优先债权组、职工债权组、税款债权组、出资人组、普通债权组依法表决通过了重整计划草案，即相关交易各方对该股票进行债务清偿的价值进行了确认，故对于修改其他债务条件后债务的公允价值的计量，应按照公司经法院裁决的破产重整计划书债权受偿方案中计算的价值进行计量。

4. 注册会计师及事务所专业技术委员会对每股 4.37 元的价格作为计算股份公允价值的事项进行了内部讨论，已初步认可此事项，为谨慎起见，将讨论结果与相关监管部门进行了沟通，但未获得监管部门的书面答复。

5. 获取并检查执行重整计划该股份的受让协议，并关注到协议提及，"东海公司以受让全体股东让渡的股票为前提条件实现其资产注入承诺"的约定事项。注册会计师认为该事项不影响债务重组事项的完成。

6. 获取并检查了法院协议执行书和过户手续，未发现重大异常。

7. 注册会计师通过审计确定，公司重组方已向公司董事会提交了包括财务顾问专项核查报告、律师事务所出具对拟注入资产的法律尽职调查报告、重组方两年又一期的审计报告及名城地产三年又一期的审计报告。公司的资产重组工作正在推进过程中。

三、思考题

1. 你认为白云公司在债务重组事项方面是否存在重大错报风险？

2. 注册会计师在债务重组交易公允价值计量方面实施的审计程序包括哪些内容？是否充分？若不充分，请说明缺少哪些方面的程序。

3. 你认为注册会计师在审计计划书中确定的财务报表层次重要性水平为125万元是否恰当？若不恰当，请说明理由。

4. 你认为注册会计师认可白云公司在2008年度确认债务重组收益是否恰当？若不恰当，请说明理由。

四、思考题解答

1. 你认为该公司在债务重组事项方面是否存在重大错报风险？

解析：

白云公司新大股东东海公司，得到其他股东让渡的5 888万股A

股、4 769万股B股，但其对白云公司或其他债权人应履行的责任不明确。注册会计师虽然检查了执行重整计划之股份受让协议的内容，但该协议未就受让上述5 888万股A股、4 769万股B股白云公司股票所支付的代价进行明确，如以什么样的条件或代价向谁支付（支付给上市公司由上市公司全体股东享有还是直接向各股东进行支付），如果系向上市公司进行支付由全体股东享有，则白云公司的大股东在进行破产重整的结果并未完全结束，白云公司大股东确认对白云公司的权益性交易收益的条件尚未完全具备。

注册会计师认可了白云公司在对破产重整结果有重大影响的不确定事项未得到最终结果的情况下确认营业外收入的做法，缺乏应有的职业谨慎，注册会计师应进一步就东海公司受让5 888万股A股、4 769万股B股白云公司股票所支付的代价、方式及支付的对象进行明确。因此，白云公司在债务重组交易中存在重大错报风险。

2. 注册会计师在审计债务重组交易中的公允价值计量方面已实施的审计程序包括哪些内容？是否充分？若不充分，请说明缺少哪些方面的审计证据。

解析：

依据《企业会计准则第12号——债务重组》和《中国注册会计师审计准则第1322号——公允价值的计量和披露的审计》，注册会计师审计债务重组时的审计计划及过程如下：

（1）了解控制环境，审查企业披露的债务重组事项是否确实存在或发生。

（2）检查企业债务重组的方式与具体内容。债务重组方案有以下几种：①由债权人和债务人双方订立合同、协议形成；②由有关职能部门审批同意形成；③由法院裁决形成。

（3）审查债务重组事项的会计记录，确定其会计处理是否正确。

(4) 检查有关债务重组信息的披露是否恰当。

(5) 关注债务人的持续经营能力。

根据必得会计师事务所注册会计师对债务重组实施的审计程序可知,注册会计师已经执行的审计程序有:

(1) 获取公司破产重整方面的相关资料(如破产重整计划、法院裁定、受让协议等),了解被审计单位公允价值计量和披露的程序;

(2) 项目组讨论、分析并得出结论,白云公司对该重组事项中采用的公允价值计量方法基本符合适用的会计准则和相关会计制度的规定;

(3) 注册会计师与专业技术委员会对按照每股4.37元作为计算股份的公允价值的事项进行了专门讨论,讨论结论仍然是认可客户的做法,出于职业谨慎的考虑,将讨论结果与相关监管部门进行了沟通,但未获书面答复。

但是,注册会计师的审计程序并不充分,至少缺少了以下内容:

(1) 没有对管理层的重大假设、估值模型和基础数据进行专业测试;

(2) 没有对公允价值进行独立估值,以印证其计量是否适当;

(3) 没有对定价参考依据——天空二中院裁决白云公司的破产重整计划书债权受偿方案中计算价值时所依据的评估报告予以应有的关注,没有实施对评估机构的独立性和胜任能力的审计程序,以及对评估采用的前提假设和方法进行分析;

(4) 没有对东海公司为实现其资产注入承诺所要求的前提条件给予应有的关注,对该事项注册会计师应该持有职业怀疑态度、采取进一步审计程序;

(5) 没有考虑期后发生的股票拍卖事项对债务重组协议中采用的公允价值计量、债务重组收益确定的影响;

(6) 注册会计师没有专门分析每股 4.37 元价格的合理性，注册会计师及专业技术委员会虽然对以每股 4.37 元作为股份的公允价值的恰当性进行了讨论，并将讨论结果与相关监管部门进行了沟通，但在未获得监管部门的书面答复情况下，应该出于职业谨慎的态度，实施进一步审计程序，通过其他方式（渠道）获得关于公允价值计量的证据，验证白云公司在确认重组收益时所采用公允价值的合理性。出于降低审计风险的考虑，注册会计师至少应该获得管理层对该事项的书面声明。

3. 你认为注册会计师在审计计划书中确定的财务报表层次重要性水平为 125 万元是否恰当？若不恰当，请说明理由。

解析：

《中国注册会计师审计准则第 1221 号——重要性》规定："注册会计师应当合理选用重要性水平的判断基础，采用固定比率，变动比率等确定会计报表层次的重要性水平。判断基础通常包括净利润、总资产、净资产和营业收入等。"《中国注册会计师执业准则指南》（2007 年修订）则又新增了两个基准，即费用总额和毛利，同时对相关基准参考数据予以修订，具体如表 1-25 所示。

表 1-25　　确定重要性水平的基准及比例表（准则/指南规定）

确定重要性水平的基准	中国注册会计师执业准则指南（2007 年修订）	中国注册会计师审计准则
净利润	盈利目的企业，按其 5%	5%－10%
总资产	各行业基本适用，但比例未予明确	0.5%－1%
净资产	共同基金公司，按其 0.5%	1%
营业收入	各行业基本适用，按其 0.5%	0.5%－1%
费用总额	非盈利组织（如机关事业单位），按其 0.5%	无具体基准
毛利	未明确	无具体基准

本案例中白云公司为制造业上市公司，因此应以税前利润（净利润）、营业收入、总资产为基准，且白云公司自2005年起已经连续三年亏损，所以应对其从严确定重要性水平。

基于白云公司的相关财务数据，重要性水平的确定过程如表1-26所示。

表1-26　　　　　白云公司审计重要性水平的确定　　　　　单位：万元

确定重要性水平的基准	2008年度	百分比	重要性水平
净利润	83 593.31	5%	4 179.67
总资产	13 684.59	0.5%	68.42
营业收入	28 850.86	0.5%	144.25

因此，依据审计重要性水平最小从严原则，由白云公司2008年度财务报告数据可得到，由总资产计算出的重要性水平应为13 684.59×0.5%＝68.42万元＜125万元，因此注册会计师确认合并报表层次重要性水平为125万元不恰当。负责白云公司审计的注册会计师如果认为该公司具有一定的特殊性，不能参照审计一般正常经营的公司的标准，应该在审计工作底稿中作出必要的说明。

4. 你认为注册会计师认可白云公司在2008年度确认债务重组收益是否恰当？若不恰当，请说明理由。

解析：

（1）相关会计准则及财务会计法规规定。《企业会计准则第12号——债务重组》规定：债务重组，是指在债务人发生财务困难的情况下，债权人按照其与债务人达成的协议或者法院的裁定作出让步的事项。

财政部会计部函［2009］60号《上市公司执行企业会计准则监管问题解答2009年第2期》规定：由于涉及破产重整的债务重组协议执行过程及结果存在重大不确定性，因此，上市公司通常应在破产重整协议履行完毕后确认债务重组收益，除非有确凿证据表明上述重大不确定性已经消除。

(2) 对债务重组收益确认的分析。注册会计师获取了白云公司破产重组计划书，并取得天空二中院于 2008 年 12 月 13 日对破产重整计划批准的裁定书，及 2009 年 4 月天空二中院按照每 100 元债权受让 3.3 股白云公司 A 股股票的裁定及对股票的分配及过户等相关的法律文件，并认为对破产重组协议执行及结果有重大不确定性的因素已经消除，故认定债务重组在 2008 年度已经实现，并据此调整增加营业外收入 169 797 万元。

根据破产重整协议，全体股东在缩减股本后让渡的股票共计 18 650 万股，其中计划对债权人分配的股票数量为 7 993 万股。根据天空二中院 2009 年 4 月 2 日民事裁定书裁定，白云集团持有的白云公司 15 493 万股 A 股股票的所有权及相应的其他权利由东海公司享有，东海公司成为白云公司的大股东，且对债权人分配的剩余 5 888 万股 A 股、4 769 万股 B 股也已扣划至东海公司及其关联方名下。

作为白云公司的大股东，东海公司得到了其他股东让渡的 5 888 万股 A 股、4 769 万股 B 股，但其对白云公司或其他债权人应履行的责任不明确。注册会计师虽然检查了执行重整计划之股份受让协议的内容，但该协议未就受让上述股票所支付的代价进行明确约定，如以什么样的条件或代价向谁支付。

由于协议未明确，执行结果可能有很大差异，分为两种情况：支付给上市公司由上市公司全体股东享有或者直接向各股东进行支付。如果系向上市公司进行支付由全体股东享有，则白云公司的大股东在进行破产重整的过程并未完全结束，白云公司大股东对白云公司的权益性交易尚未满足最终确认的条件。注册会计师在对破产重整结果有重大影响的事项未最终消除的情况下，不应当同意公司确认营业外收入。注册会计师应进一步实施审计程序，确认东海公司受让白云公司股票的支付代价、方式及支付对象。如果经审计明确上述支付系向白云公司各股东的直接支付，注册会计师才能够作出"白云公司将上述营业外收入确认计入2008年度是恰当的"结论。

五、对注册会计师实施的审计程序的评价

本案例中，注册会计师实施的审计程序有如下问题：

1. 注册会计师在审计债务重组交易中的公允价值计量问题方面，缺乏以下审计程序：

（1）未对管理层的重大假设、估值模型和基础数据进行专业测试，也未对公允价值进行独立估值；

（2）未对天空二中院裁决白云公司的破产重整计划书债权受偿方案中的定价参考依据（计算价值时所依据的评估报告）予以应有关注，也未实施审计程序对评估机构的独立性和胜任能力以及评估采用的前提假设和方法进行分析；

（4）未对东海公司为实现其资产注入承诺所要求的前提条件给予应有的关注，从而采取进一步审计程序；

（5）未考虑期后发生的股票拍卖事项对债务重组协议中采用的公允价值计量、债务重组收益确定的影响；

（6）注册会计师未获得被审计单位管理层对分析每股4.37元价格的合理性的事项说明，未获得监管部门对该价格作为计算股份公允价值的恰当性的书面答复，也未通过其他方式（渠道）获得关于公允价值计量的相关审计证据，从而验证白云公司在确认重组收益时所采用该价格的合理性和恰当性。

2. 注册会计师确定的财务报表层次重要性水平不恰当：

注册会计师确认合并报表层次重要性水平为125万元不恰当。注册会计师应遵循审计重要性水平的最小从严原则，对具有一定特殊性的公司的重要性水平进行谨慎确定。

3. 注册会计师对于白云公司在 2008 年度确认债务重组收益的做法上，未实施充分的审计程序：

在对破产重整结果有重大影响的事项未最终消除的情况下，注册会计师不应当同意公司确认营业外收入，而应实施进一步的审计程序，确认东海公司受让白云公司股票的支付代价、方式及支付对象，若经审计明确上述支付系向白云公司各股东的直接支付，注册会计师才能够做出"白云公司将上述营业外收入确认计入 2008 年度是恰当的"结论。

六、案例教学组织

案例教学应从新会计准则债务重组收益确认的要求分析入手，提出合理、可行的审计对策，应该学习和了解债务重组的复杂性，重视债务重组收益计量中使用公允价值可能产生的影响，关注债务重组损益对财务报表的影响，谨慎发表审计意见。最后针对本案例中有关债务重组的两个问题组织进行开放式讨论，旨在能够对审计实务工作有进一步的指导。

对于本案例设计的思考题，鼓励学员在课外提前阅读和思考，掌握《企业会计准则》和《中国注册会计师审计准则》及相关法律法规中有关债务重组收益确认和公允价值的计量以及债务重组的审计程序等方面的内容，以保证课堂讨论和案例教学的效果。

开放式讨论 1：

你认为白云公司对大股东超比例让渡股份时选取的公允价值每股价格 4.37 元是否公允，注册会计师的认可是否恰当？应如何判断？

参考答案：

(1) 相关法律法规规定。财政部财会函〔2008〕60号《关于做好执行会计准则企业2008年年报工作的通知》规定：企业接受的捐赠和债务豁免，按照会计准则规定符合确认条件的，通常应当确认为当期收益。如果接受控股股东或控股股东的子公司直接或间接的捐赠，从经济实质上判断属于控股股东对企业的资本性投入，应作为权益性交易，相关利得计入所有者权益（资本公积）。

财政部会计司函〔2009〕60号《上市公司执行企业会计准则监管问题解答2009年第2期》规定：对于上市公司的控股股东、控股股东控制的其他关联方、上市公司的实质控制人对上市公司进行直接或间接的捐赠、债务豁免等单方面的利益输送行为，由于交易是基于双方的特殊身份才得以发生，且使得上市公司明显的、单方面的从中获益，因此，监管中应认定为其经济实质具有资本投入性质，形成的利得应计入所有者权益。上市公司与潜在控股股东之间发生的上述交易，应比照上述原则进行监管。

(2) 对债务重组交易行为的分析。白云公司大股东比其他股东多让渡63%的白云公司的股票，在实质上形成对白云公司的权益性交易，对超比例让渡部分应根据其公允价值确认为资本公积。注册会计师认可了白云公司根据对所有债权人进行分配的股票中大股东超比例让渡的部分，按照4.37元的价格确认了资本公积18 424万元。注册会计师的上述做法并不恰当，主要存在以下两个问题：

①全体股东在缩减股本后让渡的股票共计18 650万股，而注册会计师只是计算了其中的一部分超比例让渡股票的金额。注册会计师应该进一步追查其余让渡股票的条件，是否会形成权益性交易，必要时应让双方书面明确上述差额让渡股权的条件及代价等。

②注册会计师在选用计算白云公司股票的公允价值时，采用的是

2008年5月白云股票停止交易的收盘价,而审计时白云公司股票仍然被停止交易,公开市场无公允价值,且白云公司系在缩股25%的基础上进行清偿,白云公司股东让渡出来的股份中存在限售流通股和无限售流通股的区别,期后破产管理人通过公开拍卖方式被东海公司竞得的成交价格仅仅为每股0.047元,与选取的公允价值每股4.37元的价格存在巨大的差异。

注册会计师应当注意到白云公司股票公允价值的恰当性,在无法确切取得白云公司公允价值的情况下,应对白云公司股票在破产重整日进行估值测算;当注册会计师不具备进行估值测算的能力时,应该利用专家工作,聘请外部专家对白云公司股票在破产重整日进行估值测算,并对专家的工作、胜任能力和客观性进行评估。

开放式讨论2:

白云公司债务重组事项对公司的持续经营能力有何影响?必得会计师事务所为其2008年度财务报表出具带强调事项段的无保留意见的审计报告是否适当?

参考答案:

(1)债务重组对债务人持续经营能力的影响。一般情况下,债务重组分为持续经营条件下的债务重组和非持续经营条件下的债务重组。持续经营条件下的债务重组,是指债务重组双方在可预见的将来仍然会继续经营下去的情况下所进行的债务重组,它是在市场经济条件下,企业根据往来双方的实际状况而采取的一种具体财务管理措施。白云公司的债务重组属于持续经营条件下的债务重组。持续经营条件下的债务重组对债务人的财务会产生如下影响:

①可使债务人的负债减少,从而降低债务人的资产负债率。但资产负债率的降低,并不是正常偿债的结果,而是由于债权人的让步,分担了债务人的部分经济负担,并不意味着企业偿债能力的增强。因

为，债务重组并没有增加债务人的资产总量，也没有增加资产的变现能力。

②可使债务人收益增加，但并不代表着债务人盈利能力的增强。债务人在债务重组过程中可能会获得以下两种收益：债务重组收益和资产处理收益。《企业会计准则第12号——债务重组》规定：

a. 以现金清偿某项债务的，债务人应将债务重组的账面价值与支付的现金之间的差额作为债务重组收益，计入当期损益。

b. 以非现金资产清偿某项债务的，债务人应将重组债务的账面价值与转让的非现金资产的公允价值之间的差额作为债务重组收益；转让的非现金资产的公允价值与其账面价值之间的差额作为资产转让损益，计入当期损益。

c. 债务转为资本的，重组债务的账面价值与债权人因放弃债权而享有股权的公允价值总额之间的差额作为债务重组收益，计入当期损益。

d. 以修改有关债务条件进行债务重组的，债务人应将重组债务的账面价值减记至将来应付金额，减记的金额作为债务重组收益，计入当期损益。由此可见，由于债务重组导致的债务人收益增加，只是影响当期，没有可持续性。债务重组并没有改善债务人的产品质量、销售渠道、经营管理等影响企业盈利能力的根本因素。

③能够减轻债务人的未来财务负担。《企业会计准则第12号——债务重组》规定，债务重组可通过修改有关债务条件来实现，如减少债务本金、减少债务利息等。负债是企业的未来经济负担，负债本金和利息的减少就是减轻了债务人未来的经济负担，降低了企业未来的财务费用，从而降低资产使用成本。

④导致所有者权益的结构变化，影响未来利益分配关系，从一定意义上讲会导致实收资本或资本公积虚增。由于债务重组可采取将债

权转换为股权的方式进行,这个过程只是负债与所有者权益的转换,并没有实际新增企业资产,而新资产的注入恰恰是面临财务困境的债务人所迫切需要的。负债转化为所有者权益,导致企业实收资本或资本公积增多,使债务人的原所有者权益结构发生变化,将影响到企业未来利益分配关系,所以负债与所有者权益的转换应征得公司董事会或股东会的同意。

⑤可以盘活部分闲置资产。由于债务重组可以以非现金资产抵偿债务,债务人可以用闲置的资产而刚好是债权人需要的非现金资产来抵债,实现资产重组,从而盘活部分闲置资产,提高资产利用率。

(2) 对注册会计师出具的带强调事项段的无保留审计意见的分析。必得会计师事务所经过审计,对白云公司2008年度财务报告出具了带强调事项段的无保留意见的审计报告,必得会计师事务所出具的审计报告是不恰当的。理由如下所述:

①白云公司生产经营能力存在重大不确定性。白云公司于2008年9月27日进入破产重整程序后,已无实际生产经营活动,公司2008年度的盈利主要来源于执行重整计划产生的债务重组收益。截至审计报告日,白云公司尚无任何实质性生产经营活动。对此,白云公司披露了拟采取的改善措施。2009年4月2日第一次临时董事会审议通过了的与东海公司及其一致行动人签署资产重组框架协议的议案,公司将向东海公司及其一致行动人定向发行股票购买其持有的名城地产70%的股权,使公司恢复持续经营能力及盈利能力。

注册会计师通过审计确定,公司重组方已向公司董事会提交了包括财务顾问专项核查报告、律师事务所出具对拟注入资产的法律尽职调查报告、重组方两年又一期的审计报告及名城地产三年又一期的审计报告。公司的资产重组工作正在推进过程中,但上述方案尚需经白云公司股东大会审议通过,并需获得中国证监会的批准才能实施。

白云公司的改善持续经营能力方案虽然已经开始实施，但是并未完成所需要的重要审批程序，最终结果仍然不够明确。注册会计师认为，白云公司的持续经营能力仍然存在重大不确定性；注册会计师的专业判断是恰当的，遵循了谨慎性原则。

②涉嫌违反证券法规被证监会立案调查。因涉嫌违反证券法规，白云公司于 2006 年 12 月被中国证监会立案调查。截至财务报告批准报出日尚无正式调查结论。虽然公司声明："鉴于公司通过破产重组已成为一个'无资产、无人员、无负债'的净壳公司，资产重组成功实施后公司资产、人员都会发生重大变化，因此，立案调查一事应不会对公司资产重组的实施构成实质性影响。"但是，白云公司进行破产重组并不意味着就可以免除公司重组前的处罚，该事项可能对本次向特定对象非公开发行股票方案能否获得批准产生影响。

上述事项使公司实现持续经营能力改善的可能性进一步下降。在这种情况下，财务报表编制的持续经营假设基础已基本不存在，因此，注册会计师仍然出具带强调事项段的无保留意见是不恰当的。

8 松花江公司前期差错及列报审计案例

一、学习目标

1. 了解前期差错及列报审计所依据的财务会计准则及相关法律法规
2. 掌握前期差错及列报审计应实施的审计程序
3. 掌握前期差错及列报审计应获取的审计证据

二、案例背景

（一）公司情况

松花江股份有限公司（以下简称"松花江公司"），于2003年6月办理了工商登记，注册资本10 000万元。公司所属行业为食品制造业。B会计师事务所负责审计松花江公司2007年度报表，出具了标准无保留意见审计报告。2008年，松花江公司改聘A会计师事务所进行审计。在A会计师事务所审计前，松花江公司已将2008年财务报表的期初数进行了调整，其中一笔由应收账款调整到应付账款5 100万元。未分配利润由18万元调高到140万元，同时调整了其他应收款、固定资产和在建工程等报表项目的数据。报表调整后，公司更换了财务人员，新到任的财务部长刚刚接手工作，还在对单位情况进行了解，无法提供前任注册会计师的审计情况。

2008年度，松花江公司应收账款、其他应收款、固定资产、在建工程四项资产期初余额合计14 844万元，占期初总资产17 877万元的83%；四项资产期末余额合计18 761万元，占期末总资产23 032万元的81%。公司2008年度资产期末余额基本由期初余额延续而来，本期增减变动对期末余额的影响不大。

(二) 注册会计师实施的主要审计程序

1. 应收账款。

2008年度期末余额为5 300万元（包括期初调整增加的5 100万元），注册会计师未实施函证程序，采用替代审计程序，抽取和检查与本期发生额相关的凭证。在应收账款审定表和应收账款明细表中，只有本期发生额，也没有每个债务人的期初、期末对比数据。

2. 固定资产。

编制了固定资产审定表、固定资产增加明细审定表、盘点表。

3. 在建工程。

编制了在建工程审定表，在建工程增加明细表、在建工程减少明细表，利息资本化检查表。

注册会计师实施了上述审计程序后，对松花江公司出具了保留意见审计报告，其中导致保留意见的事项为：该公司2008年资产负债表期初数与2007年资产负债表期末数（已由B会计师事务所审计）不符，由于注册会计师未取得相关证据，对该不符事项无法作出判断。

三、思考题

1. 针对本案例，注册会计师在进行风险评估的过程中，是否应将期初余额作为可能存在重大错报风险领域？

2. 本案例中，A 会计师事务所系首次接受委托，注册会计师应如何对松花江公司期初余额进行审计？

四、思考题解答

1. 针对本案例，注册会计师在进行风险评估的过程中，是否应将期初余额作为可能存在重大错报风险领域？

解析：

注册会计师要确定期初余额是否存在对本期财务报表产生重大影响的错报，主要是判断期初余额的错报对本期财务报表使用者决策的影响程度，是否足以改变或影响其判断。本案例中，松花江公司主要调整了 2008 年 12 月 31 日应收账款、其他应收款、固定资产、在建工程这四个报表项目数据，而这四项资产期初金额合计 14 844 万元，占期初总资产 17 877 万元的 83%，且松花江公司 2008 年 12 月 31 日资产的期末余额基本是由期初余额延续而来，本期增减变动对期末余额影响不大。由此可见，期初余额足以改变和影响报表使用者的判断。

松花江公司改变 2008 年财务报表的期初数据，导致与审定的 2007 年期末数产生重大差异。因此，注册会计师应将期初余额作为可能存在重大错报风险领域。

2. 本案例中，A 会计师事务所系首次接受委托，注册会计师应如何对松花江公司期初余额进行审计?

解析:

(1) 查阅前任注册会计师工作底稿中的所有重要审计领域;

(2) 考虑前任注册会计师是否已实施下列审计程序,评价资产负债表重要账户期初余额的合理性:

①函证货币资金余额,调试调节表,执行截止测试;

②函证并测试投资,确认账面价值的合理性;

③函证应收账款(且函证覆盖面适当),测试坏账准备计提的适当性,执行销售截止测试;

④实施存货监盘,执行存货计价测试,确定是否存在存货积压、流动过慢或陈旧的情况,检查运输记录和收入记录,执行截止测试,考虑存货计价是否高于其可变现净值;

⑤测试固定资产,考虑是否存在重大增加、减少,考虑折旧方法、使用年限和减值准备计提的适当性;

⑥测试递延资产、无形资产和其他资产,考虑资产余额的合理性;

⑦检查是否存在未记录负债,测试预计负债的有效性和充分性;

⑧分析所得税相关账户,确定是否符合企业会计准则的规定;

⑨函证负债余额及期限,测试利息费用的合理性;

⑩检查权益变动的授权和支持文件,包括发行股票、减资和发放股利等。

(3) 复核前任注册会计师建议的调整分录和未更正差错汇总表,并评价其对当期审计的影响。

A会计师事务所通过实施上述程序以及通过与前任B会计师事务所进行沟通,如果确认2007年期末余额与2008年期初余额的差异属于前期差错,一方面应该对本期财务报表列示的前期比较数据予以更正,并发表附带说明段的审计报告,说明期初余额调整的原因;另一方面,告知前任注册会计师考虑是否需要修改 2007 年度审计报告。如果确认松花江公司存在随意调整 2008 年财务报表期初余额的行为，除了要求松花江公司纠正错误外，还应该对公司管理层的诚信进行重新评估，确定是否应该继续承接该项业务。

五、对注册会计师实施的审计程序的评价

注册会计师应将松花江公司调整的四个主要资产项目作为存在重大错报风险领域，并针对其设计实施相应的审计程序。

1. 应收账款。

注册会计师已经完成的审定表和应收账款明细表中，只有本期发生的金额，看不到每个债务人的期初、期末对比数据，也无法看出全年的变化。2008 年度应收账款期末余额为 5 300 万元（包括期初调整增加的 5 100 万元），注册会计师没有对其进行函证。此外，没有分析涉及应收账款的财务指标，判断应收账款发生额和余额的合理性；没有检查应收账款账龄划分的准确性，以及坏账准备计提是否符合会计准则的要求；没有执行期后收款测试等必要的审计程序，确定期末应收账款的存在与正确金额；没有执行检查 2008 年发生的可能涉及应收账款的经济业务、对存在往来的银行进行函证等审计程序确定应收账款的权属是否已经发生变化。

2. 固定资产。

未实施必要的审计程序检查固定资产的所有权或控制权；未实施程序检查期初固定资产余额，以及固定资产本期增加数是否确实发生、金额是否准确；未对固定资产折旧进行复核；未考虑固定资产减值因素、实施相应的程序分析确定是否存在固定资产减值的迹象；未对固定资产实施实地检查（监盘）程序。

3. 在建工程。

未检查在建工程期初余额以及本年度增加的在建工程的原始凭证，如立项申请、工程借款合同、施工合同、发票、工程物资请购申请、付款单据、建设合同、运单、验收报告等是否完整，计价是否正确；未实施程序检查本期在建工程的减少情况，也未实施在建工程实地检查（监盘）程序；未实施程序检查在建工程结转固定资产的适当性和结转金额的准确性。

4. 期初调整。

A 注册会计师对"资产负债表本年期初数与上年期末数（已由 B 会计师事务所审计）不符"这一事项出具有保留意见审计报告，而未对期初调整可能对 2008 年度财务报表的影响进行分析，可能导致出具的审计意见不恰当。

六、案例教学的组织

注册会计师在首次接受委托时，应充分重视与前任注册会计师的沟通，对于前期差错及列报事项，应严格按照相应的审计程序进行审计，并完善审计工作底稿。同时，要时刻把风险导向理念贯彻在审计工作中。

为保证本案例的教学效果，应鼓励学员在课堂讨论前，提前阅读相关会计审计准则及其他相关资料。建议在讨论开始前，对相关准则内容及研究成果进行简要介绍，并引导学员思考下列问题，以加深对该案例的了解。

开放式讨论 1：

如果没有办法和前任注册会计师进行沟通，对期初余额应该如何审计？

参考答案：

如果上期财务报表未经审计，或在实施思考题2中所述审计程序后对期初余额不能得出满意结论，在没有办法与前任注册会计师进行沟通的情况下，注册会计师应当实施以下审计程序：

对流动资产和流动负债，注册会计师通常可以通过本期实施的审计程序获取部分审计证据，包括对应收账款和其他应收款期初余额实施函证；对于存货，注册会计师还应当按照《中国注册会计师审计准则第1311号——存货监盘》第四章第二十八条的规定，实施追加的审计程序；对非流动资产和非流动负债，注册会计师通常检查形成期初余额的会计记录和其他信息，例如对于固定资产和在建工程期初明细进行抽查。在某些情况下，注册会计师可向第三方函证期初余额，或实施追加的审计程序。

开放式讨论2：

A会计师事务所对松花江公司2008年财务报表期初余额的审计范围没有受到限制，注册会计师可以不实施审计程序，直接以出具保留意见报告的形式来规避审计风险吗？

参考答案：

注册会计师不可以在未实施相应审计程序的情况下，直接以出具保留意见报告的形式来规避审计风险。本案例中，注册会计师未对期初余额发表保留意见，而仅仅对"资产负债表本年期初数与上年期末数（已由B会计师事务所审计）不符"这一事项发表保留意见。既未说明上述差异对财务报表的具体影响，同时也有可能忽略了该公司可能存在的其他造假行为，其审计风险并未规避。

开放式讨论3：

如果对期初余额的审计范围受到限制，注册会计师无法对期初余额实施审计程序，注册会计师应该如何对本期报表实施必要的审计

程序?

参考答案:

注册会计师应对本期发生额实施实质性程序,并对期末余额实施实质性程序。例如,对有形资产进行全面监盘;实施银行存款函证、往来款项函证审计程序而非替代程序;检查所有固定资产的产权证明等。

开放式讨论 4:

针对本案例,注册会计师应出具何种意见类型的审计报告?

参考答案:

《中国注册会计师审计准则第 1331 号——首次接受委托时对期初余额的审计》第十二条规定:如果实施相关审计程序后无法获取有关期初余额的充分、适当的审计证据,注册会计师应当出具保留意见或无法表示意见的审计报告。《中国注册会计师审计准则第 1502 号——非标准审计报告》第十三条规定:如果审计范围受到限制可能产生的影响非常重大和广泛,不能获取充分、适当的审计证据,以至于无法对财务报表发表审计意见,注册会计师应当出具无法表示意见的审计报告。

期初余额对于本期财务报表十分重要,注册会计师应对其予以特别关注并实施专门的审计程序。本案例中,松花江公司 2008 年度应收账款、其他应收款、固定资产、在建工程四项资产期初金额合计 14 844 万元,占期初总资产 17 877 万元的 83%;期末四项金额合计为 18 761 万元,占总资产 23 032 万元的 81%,且 2008 年 12 月 31 日松花江公司各项资产期末余额基本由期初余额延续得出,本期增减变动对期末余额影响不大。

由于财务报表期初余额对期末余额可能产生的影响非常重大和广泛,而注册会计师未对期初余额实施必要的审计程序,没有获取充分、适当的审计证据,导致无法对财务报表发表审计意见而出具无法表示意见的审计报告,其报告意见类型可能不适当。

应当指出的是,个别会计师事务所以审计范围受限为由,不实施任何必要的程序,直接以出具非标准无保留意见特别是无法表示意见的审计报告来规避自身责任和审计风险,这种审计报告对于使用者毫无价值,是缺乏注册会计师应有的职业道德的表现。

开放式讨论 5:

本案例中,如果松花江公司提供的报表期初数与前任注册会计师出具的上年审计报告期末数有重大差异,且这种差异属于前期会计差错,在本期财务报表附注中是否应该对其进行披露?如果上期财务报表未更正,也未重新出具审计报告,但比较数据已在本期财务报表中恰当重述和充分披露,注册会计师在审计报告中应如何对其进行处理?

参考答案:

《中国注册会计师审计准则第1511号——比较数据》第十一条规定:注册会计师在对本期财务报表进行审计时,可能注意到影响上期财务报表的重大错报,而以前未就该重大错报出具非无保留意见的审计报告。在这种情况下,注册会计师应当考虑《中国注册会计师审计准则第1332号——期后事项》的规定,并区分下列情况予以处理:

(1) 如果上期财务报表已经更正,并已重新出具审计报告,注册会计师应当获取充分、适当的审计证据,以确定比较数据与更正的财务报表是否一致;

(2) 如果上期财务报表未经更正,也未重新出具审计报告,且比较数据在本期财务报表中未经恰当重述和充分披露,注册会计师应当对本期财务报表出具非无保留意见的审计报告,说明比较数据对本期财务报表的影响;

(3) 如果上期财务报表未经更正,也未重新出具审计报告,但比较数据已在本期财务报表中恰当重述和充分披露，注册会计师可以在审计报告中增加强调事项段说明这一情况。

本案例中，被审计单位应当在附注中按照《企业会计准则第28号——会计政策、会计估计变更和差错更正》的要求，披露"报表期初数与前任注册会计师出具的上年审计报告的期末数有重大差异"所影响的报表项目和金额。

如果本期财务报表的比较数据已经恰当重述和充分披露，注册会计师应在审计报告中增加强调事项段说明这一情况。

开放式讨论6：

请结合案例对松花江公司的内部控制情况进行简要评价。

参考答案：

由背景资料了解到，该公司内部控制制度不健全。公司可随意大幅度调整报表期初数，且没有说明理由，公司发生重要人事变动但没有交接记录，这些情况严重影响公司财务信息的真实性、完整性和准确性，应引起公司治理层及注册会计师的充分重视。

9 东江山水公司风险评估和内控测试审计案例

一、学习目标

1. 掌握注册会计师了解被审计单位的内容与方法。
2. 掌握注册会计师进行风险评估的目的、程序和作用。
3. 理解注册会计师控制测试的目的、方法和重点。
4. 了解注册会计师对主要类别经济业务审计时重点与风险的把握。

二、案例背景

（一）公司情况

东江山水股份有限公司（以下简称"东江山水公司"）前身为东江电子有限公司，后更名为东江电源科技有限公司，成立于2001年12月。2007年10月，东江电源科技有限公司整体变更为东江山水公司，注册资本为人民币5 000万元。

东江山水公司所属行业为制造业，是大型锂亚电池供应商。东江山水公司主要服务于智能电网、射频识别、汽车电子和安防产业等领域，为客户提供新型环保锂电池解决方案和产品。

东江山水公司2009年在深交所创业板上市,于2009年10月向社会公开发行人民币普通股股票(A股)2 000万股,发行价格20元/股,2009年12月31日的股票收盘价格为40元/股。

(二)主要财务数据

东江山水公司2007-2009年度主要财务数据如表1-27、表1-28所示。

表1-27　东江山水公司2007-2009年度主要财务数据(合并财务报表)　单位:万元

项目	2009年度	2008年度	2007年度
营业收入	20 596	20 245	16 831
利润总额	4 712	3 646	3 109
归属于上市公司股东的净利润	3 995	3 102	2 483
归属于上市公司股东的扣除非经常性损益的净利润	3 778	2 903	2 481
项目	2009-12-31	2008-12-31	2007-12-31
总资产	60 645	21 511	16 668
总负债	6 805	9 059	7 319
所有者权益	53 840	12 452	9 350
股本	8 800	5 500	5 000
基本每股收益(元/股)	0.57	0.47	0.45
加权平均净资产收益率(%)	19%	28%	42%

表1-28　东江山水公司2007-2009年度资产负债表
(合并财务报表)(部分)　单位:万元

项目	2009-12-31	2008-12-31	2007-12-31
流动资产:			
货币资金	34 638	3 957	1 456
应收账款	7 837	5 681	5 327
预付款项	2 793	514	339

续表

项 目	2009-12-31	2008-12-31	2007-12-31
其他应收款	799	175	384
存货	5 164	5 008	5 035
流动资产合计	51 231	15 335	12 542
非流动资产:			
固定资产	4 040	3 628	2 979
在建工程	1 059	163	387
无形资产	2 742	2 019	669
其他非流动资产	1 573	365	92
非流动资产合计	9 414	6 176	4 126
资产总计	60 645	21 511	16 668
流动负债:			
应付账款	3 331	3 048	2 995
应付职工薪酬	167	327	320
应交税费	984	851	664
其他应付款	1 866	4 833	3 340
流动负债合计	6 348	9 059	7 319
非流动负债:			
其他非流动负债	457	172	—
非流动负债合计	457	172	—
负债合计	6 805	9 059	7 319
所有者权益(或股东权益):			
实收资本(或股本)	8 800	5 500	5 000
资本公积	36 484	2 392	2 892
盈余公积	856	456	146
未分配利润	7 700	4 104	1 312
所有者权益合计	53 840	12 452	9 350
负债和所有者权益总计	60 645	21 511	16 668

(三) 公司股权结构及实际控制人（参见表1-29）

表1-29　　　　2009年公司前5名股东持股情况　　　　　　单位：股

股东名称	股东性质	持股比例	持股总数	持有有限售条件股份数量
东江实业股份有限公司	境内非国有法人	45.50%	40 036 436	40 036 436
赵夏	境内自然人	5.87%	5 165 992	5 165 992
李东	境内自然人	5.38%	4 731 803	4 731 803
王秋	境内自然人	3.21%	2 826 093	2 826 093
全国社会保障基金理事会转持三户	国有法人	2.50%	2 200 000	2 200 000

东江实业股份有限公司（以下简称"东江实业"）持有东江山水公司45.50%股份，为公司控股股东。王秋、李东夫妇分别持有东江实业50%股份，为公司实际控制人。王秋先生担任公司董事长兼总经理，直接持有公司3.21%股份；李东女士担任公司董事，直接持有公司5.38%的股份。

(四) 年度报告中管理层的讨论与分析

1. 公司当期经营情况。

2009年度，东江山水公司实现营业总收入20 596万元，同比增长1.73%；净利润3 995万元，同比增长28.79%。上述指标增长变动的主要原因是东江山水公司主导产品高能锂一次电池销售规模不断扩大，使得营业利润及利润总额的增长速度大于营业收入。

同年，东江山水公司被东江省认定为"省级企业技术中心"，被科技部认定为"国家火炬计划重点高新技术企业"。

9　东江山水公司风险评估和内控测试审计案例

2. 行业发展对公司的影响。

（1）高能锂电池市场。2007年，世界锂一次电池市场总量为11亿美元，主要由锂亚电池和锂锰电池构成，其中锂亚电池占31.1%，锂锰电池占45.7%，预计至2014年，整个锂一次电池行业市场总额可达约17亿美元。2007年全球锂亚电池市场总量为3.45亿美元，预计至2014年可达约4.93亿美元。2007年全球锂锰电池市场总量为5.07亿美元，预计至2014年可达约9.56亿美元[①]。

全球范围内尤其是国内自2009年以来开始的智能电网的规划与建设，特别是用电信息采集系统的建设、智能电表替换传统电表的趋势，给高能锂一次电池带来巨大的需求空间，给公司的核心业务高能锂一次电池带来历史性的机遇。未来3年，仅我国智能电表改造中年均新增锂亚电池、锂锰电池需求超过5 000万只。而全球范围内，仅欧美市场未来3－5年，年均新增智能电表锂亚电池、锂锰电池需求超过6 000万只，智能电表领域年均合计新增需求超过11 000万只。随着更多国家智能电网建设的启动和持续实施，对智能电表的巨大需求空间将进一步促进锂亚硫酰氯电池和锂二氧化锰电池产业的可持续性发展。

除此之外，在节能降耗、安全环保、信息化等社会发展潮流的驱动下，智能水表、智能气表、智能热表等其他智能仪表行业的发展也会出现对高能锂电池的更大需求。

同时，由于高能锂电池的固有特性，使其在汽车电子、安防产品、RFID等新兴产业领域的应用也更加广泛和普及，随着这些产业的不断发展，对高能锂电池的需求也将不断攀升。以TPMS系统为例，预计

[①] 资料来源：Frost & Sullivan，2008年1月研究报告《World Primary Lithium Battery Markets》。

2010年对锂亚电池的需求量将达到13 200万只。

随着全球新能源产业的布局和发展，国家新兴战略性产业规划和推进，特别是新能源产业、新能源汽车、传感网、物联网等产业的发展，锂离子电池的市场面临着巨大的发展。

（2）竞争地位。东江山水公司在高能锂一次电池行业具有较强的综合竞争力。在锂亚电池领域，欧美等发达国家起步较早，国内则是从20世纪90年代以后才逐渐形成生产产能。由于锂亚电池技术难度高，目前能够大规模生产的企业仅有法国的A公司、以色列的B公司、日本的C公司和韩国的D公司及本公司，其他企业的锂亚电池产销规模相对较小。目前东江山水公司已成为全球第五、国内第一的锂亚电池厂商。与国内厂商相比，公司在技术、产品性能、研发实力、品种、锂亚电池生产规模等方面均占据优势，产品在高端市场优势显著。相较于国外厂商，公司在主要产品关键性能指标上，已经达到国际先进水平，但自动化水平低导致产品的一致性与国际领先厂商还有一定差距。

锂锰电池领域，长期以来由日本、欧美公司主导，虽然近年来国内锂锰电池厂商产销规模有较快增长，但是产品主要面向中、低端市场，东江山水公司凭借技术优势，加强了高端锂锰电池研究，成功开发了安全性高、寿命长的9V锂锰电池、软包装锂锰电池，成为进入高端锂锰电池市场的第一家中国厂商。

3. 公司风险分析。

（1）技术风险。实现技术领先并达到国际先进水平是公司取得发展，并保持盈利连续性和稳定性的根本保证。虽然高能锂电池目前不存在更新换代的新产品新技术，但需要进行持续的技术革新、工艺和材料改进，才能持续满足市场竞争发展的要求。公司主要产品在电池放电性能、储存性能、自放电率、安全性能等关键性能指标上已达到国际一流的水平。同时，公司的竞争对手为国际一流企业，其技术储备雄厚，科研实力强大，研发优势明显。因此，如果公司最终不能实现持续技术进步，研发不能取得预期技术成果，或技术成果不能较好实现产业化，公司的竞争力和盈利能力将会被削弱。

（2）财务风险。近年来公司应收账款规模随着电池产销规模增长而快速扩大，同时由于客户规模和群体的增大，应收账款账期相应延长，导致应收账款净额明显增长。2009年报告期内，应收账款余额从期初的5 681万元增加到期末的7 837万元，增长率为37.96%，营业收入增长率为1.73%，应收账款增长速度快于同期收入的增长。2007—2009年，公司货款回笼情况良好。尽管如此，面对应收账款规模随产销规模的增长而上升的现状，公司若不能较好的做好客户信用管理和应收账款管理，可能出现因应收账款出现坏账而给公司经营带来负面影响的风险。

2009年报告期末，公司存货5 164万元，占流动资产的比例10.08%。若公司不能加强生产计划管理和合理库存管理，及时消化存货，可能产生存货跌价和存货滞压情况，从而给公司生产经营带来负面影响。

（3）募集资金投资项目风险。公司首次公开发行股票募集资金投资项目达产后，公司将新增锂亚电池产能1 800万只，锂锰电池2 200万只，产能扩张较快。公司对本次募集资金投资项目做了充分的行业分析和市场调研，并制定了完善的市场开拓措施。基于对目前市场发展和公司竞争实力的合理判断，公司认为新增产能可以较好消化。其中锂亚电池、扣式和柱式锂锰电池属于公司现有品种扩产，产品已获得市场认可并取得一定的市场地位，公司可借助相应的技术、客户、渠道积累来消化产能扩张；对于新进入的9V锂锰电池和软包装锂锰电池市场，虽然这些产品是根据客户需求开发，但新兴市场的开发、推广需要相应的投入和时间,市场发展之初难免会存在一定的波动和不确定性。因此,若公司产品下游市场需求发生不利变动,或市场开拓措施没有得到较好的执行,公司可能面临新增产能消化的市场风险;在新产品领域,若公司不能在产品品质、性能等各方面满足新客户需求,则可能在新市场领域面临新市场开拓风险。

同时,本次募集资金投资项目建成达产后,将给公司现行的研发、采购、生产、销售、售后服务等各个环节的组织架构、管理水平和人员素质等方面带来考验。如果研发系统不能提供持续有效的技术支撑,采购和生产系统不能有效降低成本、实现集约化管理,销售系统不能及时根据产品结构制定相应的销售策略,将可能带来产能扩大导致的管理风险。

由于公司首次公开发行股票后净资产大幅增加,而募集资金投资项目具有一定建设期,在短期内难以完全产生效益,存在短期净资产收益率下降的风险。本次募集资金投资项目固定资产和土地使用权的投资总额为17 680万元,以公司现行固定资产折旧和无形资产摊销政策计算,项目建成后每年增加折旧和摊销1 130万元。尽管在项目可行性研究时已充分考虑折旧费用上升增加的运营成本,但若市场环境发生重大变化,募集资金项目的预期收益不能实现,则公司存在折旧摊销大量增加而导致利润下滑的风险。

(4)汇率和其他国际市场风险。公司积极参与国际市场竞争,2009年报告期内公司出口销售收入7 019万元,占同期营业收入的34.15%。虽然公司在向出口客户报价时考虑了汇率的波动因素,但是人民币持续升值,仍给公司经营成果带来一定的负面影响。如果未来公司出口继续增加以及人民币不断升值,可能导致汇兑损失加大,对公司净利润产生一定的影响。

另外,公司产品的主要海外市场包括北美、欧洲、印度、韩国和南非,若相关国家地区政治环境、经济景气度及购买力水平、对华贸易政策、关税及非关税壁垒以及行业标准等因素发生变化,公司存在海外市场拓展计划无法有效实施、相关投入无法取得预期回报的风险。

(五)公司内部控制自我评价情况

东江山水公司自成立以来,逐步建立并形成了规范化的公司治理体系。股东大会、董事会、监事会与经理层之间各司其职、各尽其责,为内部控制制度有效运行提供了良好的内部环境。公司董事会下设战略委员会、提名委员会、薪酬与考核委员会、审计委员会,严格按照《公司章程》及各委员会实施细则对重大事项履行决策程序;董事会、监事会充分履行了对风险的监督和控制职责,符合公司内部控制制度的要求。报告期内,公司进一步修订、完善了各项管理规章制度,内部控制活动基本涵盖了公司生产经营管理活动的各层面和各个环节,包括但不限于:财务管理、人力资源管理、预算管理、对外投资管理、关联交易管理、信息披露事务管理、生产管理、固定资产管理、技术研发管理、采购供应管理、销售管理、内部审计、对外担保管理、合同管理、档案管理、计算机与网络管理、内幕信息保密等方面,使公司的内控体系对公司的发展和风险防御具有较强的指导、控制和监督作用。具体情况如表1-30所示。

(六)注册会计师实施的主要审计程序

朝夕会计师事务所从2006年起连续4年为东江山水公司提供年报审计服务。注册会计师对东江山水公司2009年度财务报表出具了标准无保留意见的审计报告,报告日期为2010年3月25日。注册会计师计划和完成的主要审计工作如下。

中国注册会计师继续教育审计案例
(第三辑)

表1-30　　　　　　　　　内部控制相关情况表

内部控制相关情况	是/否/不适用	备注/说明（如选择否或不适用，请说明具体原因）
一、内部审计制度的建立情况		
1. 公司是否建立内部审计制度，内部审计制度是否经公司董事会审议通过	是	内部审计制度于2010年3月25日经董事会审议通过
2. 公司董事会是否设立审计委员会，公司是否设立独立于财务部门的内部审计部门	否	报告期内部审计部门人员尚未到位
3. （1）审计委员会成员是否全部由董事组成，独立董事占半数以上并由会计专业独董担任召集人	是	
（2）内部审计部门是否配置3名以上（含3名）专职人员从事内部审计工作	否	目前配置1名专职人员
二、年度内部控制自我评价报告披露相关情况		
1. 公司是否根据相关规定出具年度内部控制自我评价报告	是	
2. 内部控制自我评价报告结论是否为内部控制有效（如为内部控制无效，请说明内部控制存在的重大缺陷）	是	
3. 本年度是否聘请会计师事务所对内部控制有效性出具鉴证报告	否	每2年出具一次
4. 会计师事务所对公司内部控制有效性是否出具无保留结论鉴证报告。如出具非无保留结论鉴证报告，公司董事会、监事会是否针对鉴证结论涉及事项作出专项说明	不适用	
5. 独立董事、监事会是否出具明确同意意见（如为异议意见，请说明）	是	
6. 保荐机构和保荐代表人是否出具明确同意的核查意见（如适用）	是	
三、审计委员会和内部审计部门本年度的主要工作内容与工作成效		
审计委员会对财务工作进行检查；向董事会建议提名年度审计机构；对公司财务部门编制的财务会计报表进行审议，与会计师事务所就年报审计计划进行事先计划、审计过程的沟通，并就会计师事务所提交的审计结果提出建议后报董事会审议。		

9 东江山水公司风险评估和内控测试审计案例

教师手册

1. 风险评估和制定审计计划。

注册会计师通过获取被审计单位提供的 2009 年度报告及有关资料了解东江山水公司及其环境,识别财务报表层次的重大错报风险,认定该公司 2009 年财务报表在整体上不存在重大错报风险。根据以往的审计经验,确定公司在销售、采购、资金管理等事项相关的内部控制是否完善并得到有效执行的问题上可能存在较大风险,决定主要对销售与收款循环、采购与付款循环以及生产与仓储循环进行控制测试。

2009 年 10 月公司上市前,朝夕会计师事务所已对该公司进行过 3 年又 1 期(2006 – 2009 年 6 月)的上市审计,对公司各主要循环进行了全面测试。在进行 2009 年年报审计时,注册会计师认为公司工薪与人事循环、筹资与投资循环、固定资产循环和货币资金循环的内部控制制度没有变化,所以对工薪与人事循环、筹资与投资循环、固定资产循环和货币资金循环不再专门进行控制测试,而以实质性测试为主。

针对该公司刚刚完成 IPO 这一特点,注册会计师决定对绿色高性能锂/亚硫酰氯电池项目、绿色高性能锂/二氧化锰电池项目、锂电池工程技术研发中心这三个公司的募集资金项目发生额进行详细检查;对公司用闲置募集资金暂时补充流动资金情况逐笔核对。

注册会计师结合高科技产业的特征与风险,决定对东江山水公司无形资产开发支出均实施详细审计,检查无形资产开发支出的发生额、测试无形资产摊销的合理性和准确性。

2. 控制测试。

注册会计师对公司相关应用系统进行了解,包括应用系统名称、计算机运作环境、系统来源、初装后对信息系统进行的重大修改开发维护、拟进行的重大修改开发维护等内容。注册会计师计划对销售与收款循环、采购与付款循环和生产与仓储循环进行控制测试,这三个循环的控制测试均通过应用软件 – OA 系统和金蝶 K3 系统运行。

3. 银行存款。

注册会计师在完成上述控制测试的基础上,计划实施以下的银行存款实质性测试:

(1) 编制银行存款审定表,获取银行对账单复印件,向部分银行账户实施函证程序,获取销户账户的销户文件,抽查2009年大额银行存款收支的原始凭证。

(2) 对公司2009年12月31日最后6笔和2010年1月前8笔银行存款收支业务进行截止性测试,核对是否存在跨期现象;检查公司银行存款账面余额与公司银行对账单期末余额,核对分析是否存在差异。

审计程序实施结果表明,银行存款不存在跨期现象,公司银行账面余额与银行对账单数额一致,不存在未达账项。

4. 其他货币资金。

该公司的其他货币资金年末余额为80.81万元。注册会计师了解到,其他货币资金余额为保证金性质的款项。注册会计师计划取得银行对账单,并对发生额进行检查。

注册会计师在实施上述审计程序后未发现问题。

5. 应收账款及坏账准备。

注册会计师计划获取按客户列示的应收账款的明细清单和账龄清单,实施账龄合理性分析;编制应收账款审定表,实施函证程序,编制应收账款函证结果汇总表。对未回函的单位,注册会计师计划对相关客户当年的发生额和收款额分别实施抽样检查。

注册会计师针对应收账款函证未回函单位计划实施的替代程序主要包括:(1) 检查期后收款记录。(2) 检查销售合同、销售发票和发货记录等证明交易确实已经发生的证据。(3) 检查被审计单位与客户之间的函电记录。

注册会计师了解到,公司使用的金碟K3系统可以自动划分应收账款账龄，计划利用企业 K3 系统查看账龄划分情况，核对与企业账面金额划分是否相符；同时检查应收账款录入 K3 系统时间与业务发生时间。

注册会计师实施审计程序后未发现问题。通过检查确认应收账款均于业务发生当月录入系统，认定企业的账龄划分合理。

6. 预付账款。

注册会计师获得计划预付账款明细表，编制审定表，对重大的预付账款进行函证和检查相关采购合同，抽样检查部分供应商的发生额。

其中，注册会计师对预付款账户——东原水电池有限公司按照调整后的金额 1 702 万元实施了函证程序，收到对方的回函复印件确认。经要求，东江山水公司将函证原件于审计报告签署日后寄至事务所。

注册会计师在实施上述审计程序后未发现问题。

7. 存货。

注册会计师计划参与公司年末存货的监盘工作，并且对已盘点的项目抽样执行检查，编制存货盘点小结。计划获取存货类别明细表，编制存货审定表，实施材料入库和成品出库的截止性测试。注册会计师计划实施一个主要产品的存货计价测试，获取生产成本检查表并实施抽样检查，获取制造费用明细表并实施抽样检查。此外，注册会计师计划了解存货跌价准备的情况。

东江山水公司于 2009 年 12 月 25 日编制了固定资产、存货盘点计划，并用电邮发给注册会计师，注册会计师对公司的盘点计划进行了复核，并编制了存货监盘计划，计划抽取主要种类的锂电池进行计价测试。

注册会计师实施审计程序后未发现问题。其中，注册会计师分析确定公司存货跌价准备 21 万元均为以前年度计提。公司对存在减值的存货分为呆滞仓及观察仓，其中呆滞仓的存货已无使用价值，按账面原值100%计提；观察仓的存货为部分毁损但可以修复，按账面原值10%计提跌价准备。

8. 固定资产。

注册会计师计划获取固定资产、累计折旧及减值准备明细表，编制固定资产审定表，测算固定资产折旧，实施盘点程序，对增加的固定资产执行抽样检查，并对固定资产是否存在减值迹象进行评估。

注册会计师实施审计程序后未发现问题。注册会计师于2010年1月1日随同公司盘点人员对固定资产进行盘点，并对原值10万元以上的固定资产进行抽盘，未发现差异。

9. 在建工程。

注册会计师计划获取在建工程明细表，编制审定表，实施盘点程序，对在建工程是否存在减值迹象进行分析评估，对公司预付设备款的合同、公司的股东会议、董事会的会议记录进行检查，确定公司是否存在重大承诺事项并予以披露。

注册会计师实施审计程序后，对原计入在建工程余额的预付设备款合计1 425万元，获取了设备供应商清单，进行了重分类调整，并且对其中余额为1 176万元的最大一家供应商预付设备款实施函证并收回复函确认。

注册会计师在实施上述审计程序后未发现问题。

10. 开发支出。

东江山水公司2009年度财务报表开发支出期末没有余额，但2009年度存在变动情况。注册会计师计划获取开发支出当年变动表，编制开发支出审定表，对发生的开发支出进行详细检查。但在审计工作底稿中未见注册会计师实施上述具体检查的相关记录。

11. 应付账款。

注册会计师计划获取应付账款明细表，编制审定表。注册会计师计划不进行函证，但对其中 5 个供应商的应付账款实施替代程序。注册会计师计划结合存货监盘结果，分析公司对已入账但未收到购货发票的业务是否都进行了应付账款暂估。注册会计师计划对资产负债表日后收到的购货发票进行检查，确认公司是否存在未入账的应付账款。

注册会计师在实施上述审计程序后未发现问题。

12. 递延收益。

注册会计师计划获取递延收益（专项应付款）明细表，编制递延收益（专项应付款）审定表，抽样检查部分项目的会计凭证、银行收款记录、政府批文等。

注册会计师实施审计程序后未发现问题。

13. 营业收入和营业成本。

注册会计师计划获取主营业务收入明细表，获取业务/产品毛利分析表并进行简单分析，获取月度毛利率分析表并对异常变动进行简单分析，对总额为 3 603 万元的内销收入进行抽样检查，对主营业务收入执行截止性测试，对外销收入获取海关函证。

注册会计师计划获取主营业务成本明细表并进行复核分析，编制主营业务成本与上年度比较分析表，编制主营业务成本倒轧表。

注册会计师计划抽取 2009 年 12 月底及 2010 年 1 月初的收入业务进行测试，检查发票开具日期、开具内容、明细账入账日期、货运单日期、客户签收日期，确定公司是否存在跨期确认收入的情况。

注册会计师实施审计程序后未发现问题。公司的主营业务成本的计算方法与存货发出的计算方法一致，为加权移动平均法，与前期发出方法一致。

14. 销售费用和管理费用。

注册会计师计划获取管理和营业费用明细表，对相关费用的每月发生额进行分析，同时进行抽样检查，复印所检查的相应的会计凭证、发票、付款申请等。

注册会计师计划抽取2009年底与2010年初的入账凭证进行测试，检查发票开具日期、开具内容、明细账入账日期、企业付款日期，同时结合银行存款截止性的检查，分析确定公司是否存在费用跨期确认现象。

注册会计师在实施上述审计程序后未发现问题。

15. 营业外收入。

注册会计师了解到，东江山水公司2009年度营业外收入发生额全部为政府补助。注册会计师计划获取营业外收入明细表，编制审定表，对所有的发生额执行详细检查的程序。

注册会计师在实施上述审计程序后未发现问题。

16. 银行借款。

注册会计师计划采取抽样的方法进行审计，主要侧重抽查金额大的业务，通过银行询证证实公司截至2009年12月31日在各银行是否仍有借款。

注册会计师实施审计程序后发现，公司贷款卡显示，公司12月31日的部分银行借款仍有余额。注册会计师通过询问，证实贷款卡显示的借款余额是银行未及时进行记录注销所致，注册会计师接受了公司的解释。

三、思考题

1. 注册会计师在实施风险评估和制订审计计划时存在哪些问题？注册会计师的工作是否符合准则要求？为什么？

2. 一般情况下，对公司内部控制的评估应当如何把握重点？东江山水公司的内部控制存在哪些问题？

3. 注册会计师计划和实施的控制测试存在哪些问题？应如何完善？

4. 注册会计师计划的实质性测试程序是否充分？请选择一个你认为不够充分的项目并说明理由。

四、思考题解答

1. 注册会计师在具体实施风险评估和制订审计计划时存在哪些问题？注册会计师的工作是否符合准则要求？为什么？

解析：

本案例中，注册会计师由于刚刚完成该公司的上市审计，没有按照审计准则要求、像一般上市公司年度财务报表审计那样对东江山水公司进行详细、具体的重大错报风险评估，没有根据具体的会计报表数据进行分析、得出财务报表整体及认定层次上是否存在重大错报风险的判断。仅根据公司提供的年度报告的有关数据和以往的工作经验，就得出了风险评估的结论。即使如此，按照审计准则的要求，风险评估的结果应与计划的进一步审计程序有机结合，保证计划、实施的审计程序能够消除注册会计师对于公司财务报表是否存在重大错报风险的疑虑。具体而言，存在的问题主要包括以下三点：

（1）在财务报表层次的风险考虑上，注册会计师认为东江山水公司在销售、采购、资金管理等事项相关的内控是否完善并有效执行的问题上存在风险。设计实施进一步审计程序时（且在实际实施内控测试中），仅计划了销售与收款循环、采购与付款循环以及生产与仓储循环的控制测试，没有考虑对筹资与投资循环及货币资金循环实施控制测试；

（2）在财务报表层次的风险考虑上，注册会计师认为东江山水公司所技术及研发费用资本化的问题上存在风险，但没有在识别认定层次的重大错报风险中设计、实施进一步审计程序,计划对无形资产和开发支出科目的审计测试过于简单,不足以提供充分、适当的证据,证明其中不存在重大错报风险(实际工作底稿中未见实施检查的内容);

(3)在财务报表层次的风险考虑上,注册会计师认为,东江山水公司在募集资金是否按照计划使用、使用及其决策程序是否符合国家监管要求和公司自身有关规定的问题上存在风险,但没有设计和实施相应的进一步审计程序。

相关审计准则的具体要求如下:

《中国注册会计师审计准则第1211号——了解被审计单位及其环境并评估重大错报风险》第三条规定:"注册会计师应当了解被审计单位及其环境,以足够识别和评估财务报表重大错报风险,设计和实施进一步审计程序";

《中国注册会计师审计准则第1231号——针对评估的重大错报风险实施的程序》第三条规定:"注册会计师应当针对评估的财务报表层次重大错报风险确定总体应对措施,并针对评估的认定层次重大错报风险设计和实施进一步审计程序,以将审计风险降至可接受的低水平";

《中国注册会计师审计准则第1201号——计划审计工作》第三条规定:"注册会计师应当计划审计工作,使审计业务以有效的方式得到执行";第四条规定:"计划审计工作包括针对审计业务制定总体审计策略和具体审计计划,以将审计风险降至可接受的低水平"。

以上准则说明了注册会计师未根据了解被审计单位及其环境的结果,识别和评估财务报表重大错报风险,进而确定总体应对措施,也未针对评估的认定层次重大错报风险设计和实施进一步审计程序,不符合注册会计师审计准则的要求,确实存在问题。

9 东江山水公司风险评估和内控测试审计案例

2. 一般情况下，对公司内部控制的评估应该如何把握重点？东江山水公司的内部控制存在哪些问题？

解析：

国家五部委联合颁布的内部控制规范及配套应用指引等文件，是注册会计师进行公司内部控制评估时应该遵循的标准，不过本案例发生在 2009 年，根据政府有关文件的精神，对公司尚没有强制性要求在 2009 年完成按照上述内部控制规范建立起相应的制度。因此，我们仍然可以按照审计准则的要求评价该注册会计师的工作。

根据中国注册会计师审计准则，公司的内部控制包含以下要素：控制环境、风险评估过程、信息系统与沟通、控制活动以及对控制的监督。

对内部控制的评估应注意以下几点：（1）对诚信和道德价值观念的沟通与落实；（2）对胜任能力的重视；（3）治理层的参与程度；（4）管理层的理念和经营风格；（5）组织结构；（6）职权与责任的分配；（7）人力资源政策与实务。

东江山水公司的内部控制主要存在以下两点问题：一是组织结构不够完善，内部审计部门没有配置足够的（三名或三名以上）专职人员从事内部审计工作，只有一名内部审计人员，缺乏有效的监管，应当适当增加人员，以满足政府有关部门和中小投资者对上市公司的要求和期望，完善内部控制结构；二是制度运行的有效性有待观察，由于公司的内部控制制度在 2010 年 3 月才由董事会审议通过，具体实施时间较短，实施中很可能会存在诸多漏洞，与预期效果有差异。特别是，作为创业板上市的公司，规模一般较小，历史上对内部控制往往不够重视，内部控制的独立监督环节就十分重要。

3. 本案例中，注册会计师计划、实施的控制测试存在哪些问题？应该如何完善？

解析：

一般情况下，控制测试包括对信息系统的测试和对每一个循环中每一项控制活动设计及运行有效性的测试。注册会计师由于已经在公司上市审计中对公司的内部控制进行了较为全面的测试，考虑到2009年度审计中，内部控制测试的目的是为发表2009年度财务报表审计的意见提供证据基础，注册会计师应对2009年下半年内部控制的设计是否发生变化以及内部控制运行的有效性进行必要的控制测试。注册会计师在计划中将信息系统作为重点测试领域具有一定的理由，该公司已经建立全面、完整的一体化信息系统，信息系统的设计和运行如果出现问题，影响将会非常广泛。而且，信息系统往往容易被个别人改动而不被发现。但仅测试信息系统内部控制是不够的，因为仍然有许多控制是由人工完成。同时，在注册会计师计划、实施的信息系统控制测试中也存在一定的问题。

注册会计师仅仅计划实施了对信息系统及其变化的一般性了解，在审计工作底稿中注明了了解取得的信息：采购与付款循环、销售与收款循环和生产与仓储循环系统均通过应用软件 OA 系统和金蝶 K3 系统信息进行运行，但审计工作底稿中仅记录了注册会计师对相关应用系统的有限了解，包括应用系统名称、计算机运作环境、系统来源、初装后对信息系统进行的重大修改开发维护、拟进行的重大修改开发维护等内容。注册会计师未计划和实施针对上述应用软件运行的有效性和安全性的进一步审计程序。

根据审计准则的要求，注册会计师在对信息系统进行审计测试时，还应考虑如下内容：

（1）自动化控制系统运行的有效性和安全性不仅仅是系统软件自身的有效、安全，还包括被审计单位制定和实施的保证自动化控制系统有效、安全运行的制度规定，因此注册会计师应当根据对内部控制的了解评价结果，考虑实施下列测试以确定该控制持续有效运行：A. 测试与该应用控制有关的一般控制的运行有效性；B. 确定系统是否发生变动，如果发生变动，是否存在适当的系统变动控制；C. 确定对交易的处理是否使用授权批准的软件版本。如注册会计师可以检查信息系统安全控制记录，以确定是否存在未经授权的接触系统硬件和软件，以及系统是否发生变动等；

（2）《中国注册会计师审计准则第 1231 号——针对评估的重大错报风险实施的程序》第四十三条规定："如果拟信赖以前审计获取的有关控制运行有效性的审计证据，注册会计师应当通过实施询问并结合观察或检查程序，获取这些控制是否已经发生变化的审计证据"。即虽然注册会计师在上市审计过程中已经进行了全面审计，但仍旧应当进行适当的询问并结合观察或检查程序，以确保审计证据并未发生变化。

4. 本案例中，注册会计师计划的实质性测试程序所取得的证据是否充分？请选择一个你认为不够充分的项目并说明理由。

解析：

例1：其他货币资金审计。

东江山水公司 2009 年 12 月 31 日的其他货币资金为存放在工商银行下的款项，注册会计师仅取得了银行对账单，对发生额进行检查，但是未计划对东江山水公司的其他货币资金实施函证程序。

（《中国注册会计师审计准则第 1312 号——函证》第七条规定，注册会计师应当对银行存款、借款（包括零余额账户和在本期内注销的账户）及与金融机构往来的其他重要信息实施函证。因此注册会计师未对所有银行账户实施函证程序，对银行存款的审计程序不充分。

例2：存货审计。

在存货审计过程中，注册会计师计划实施的实质性程序和取得的审计证据如下：注册会计师参与年末存货的监盘工作，并且对已盘点的项目抽样执行检查，编制存货盘点小结；获取存货类别明细表，编制存货审定表，实施材料入库和成品出库的截止性测试，实施一个产成品的存货计价测试，获取生产成本检查表并实施抽样检查；获取制造费用明细表并实施抽样检查。

但是，注册会计师取得的审计证据不够充分，存在以下问题：

①注册会计师未计划、也未在审计工作底稿中记录复核对被审计单位编制的存货盘点计划的复核程序；

②注册会计师仅对一个产成品实施了计价测试，未进行全面的计价测试；

③注册会计师未计划和实施对制造费用变动合理性进行分析；

④未计划实施复核存货跌价准备余额恰当性的审计程序。

例3：固定资产审计。

对固定资产的审计过程中，注册会计师取得得的审计证据如下：注册会计师获取了固定资产、累计折旧及减值准备明细表，编制了固定资产审定表，测算了固定资产折旧，实施了盘点程序，对增加的固定资产执行了抽样检查，对固定资产是否存在减值迹象进行了评估。

但是，取得的证据同样不够充分，存在以下问题：注册会计师未对固定资产盘点过程和结果进行适当的记录。

五、对注册会计师实施的审计程序的评价

注册会计师在实施审计程序的过程中，存在如下问题：

1. 风险评估程序和审计计划

注册会计师对于识别财务报表层次的风险，设计总体应对措施，计划进一步审计程序，评估认定层次的重大错报风险之间没有做到一一对应，主要表现在：

（1）在财务报表层次的风险考虑上，注册会计师认为东江山水公司在销售、采购、资金管理等事项相关的内控是否完善并有效执行的问题上存在风险，但没有设计实施进一步审计程序，且在实际实施内控测试中，仅测试了销售与收款循环和采购与付款循环的控制测试，没有对筹资与投资循环及货币资金循环实施内控的了解与控制测试；

（2）在财务报表层次的风险考虑上，注册会计师认为东江山水公司在技术及研发费用资本化问题上存在风险，但未在识别认定层次重大错报风险中考虑无形资产和开发支出科目；

（3）在财务报表层次的风险考虑上，注册会计师认为东江山水公司的募集资金是否按照计划使用，超额募集资金的使用及其决策程序是否符合规定的问题上存在风险，但没有设计相应的进一步审计程序。

2. 内控测试

注册会计师在审计工作底稿中注明了采购与付款循环、销售与收款循环和生产与仓储循环系统均通过应用软件——OA系统和金蝶K3系统信息进行运行，但审计工作底稿中仅记录了注册会计师对相关应用系统的有限了解，包括应用系统名称、计算机运作环境、系统来源、初装后对信息系统进行的重大修改开发维护、拟进行的重大修改开发维护等内容，未见注册会计师对上述应用软件运行的有效性和安全性实施进一步审计程序。

3. 银行存款及其他货币资金

东江山水公司的某银行账户于2009年内销户，且2009年期末的其他货币资金为存放在工仲凯支行下的款项，注册会计师未对上述两事项实施函证程序。

4. 应收账款及坏账准备

（1）注册会计师未对没有回函的被函证对象实施二次发函程序；

（2）发出并且收回的应收账款函证中，宁波XXX电气股份有限公司的函证回函日期为2010年4月2日，晚于审计报告日，注册会计师未实施替代审计程序；

（3）未收回函证中，注册会计师将河南XX有限公司和东江山水公司之间的对账单复印件之间作为替代程序，未对复印件实施进一步的审计程序；

（4）注册会计师没有对东江山水公司计提坏账准备的比例的恰当性进行复核；

（5）注册会计师未对欠款数额大、账龄长的客户是否需要个别确认坏账准备进行复核。

5. 预付账款

注册会计师对启东本原电池有限公司按照调整后的金额1 702万元实施了函证程序，仅收到对方的回函复印件确认，注册会计师未对该函证复印件实施进一步审计程序。

6. 存货

注册会计师未在审计工作底稿中记录是否复核了被审计单位编制的存货盘点计划，也没有编制存货监盘计划；仅对一个产成品实施了计价测试；对全年发生额为近3000万元的制造费用的变动分析不充分；未见注册会计师复核存货跌价准备余额的恰当性。

7. 固定资产

注册会计师未对固定资产盘点过程和结果进行适当的记录。

8. 在建工程

注册会计师将计入在建工程的预付设备款调整入工程物资，但没有考虑记录在预付账款中的预付设备款，对同一事项的职业判断存在差异，且未对东江山水公司于资产负债表日是否存在重大资本承诺事项予以关注。

9. 开发支出

注册会计师对开发支出的变动情况没有实施进一步的审计程序。

10. 应付账款

注册会计师没有对东江山水公司是否存在未入账的应付账款进行必要检查。

11. 递延收益

注册会计师没有关注记入递延收益的政府补助的后续计量。

12. 营业收入和营业成本

（1）销售收入截止性测试仅记录了检查发票和会计凭证，没有对货物风险转移的时点和收入确认时期是否一致进行复核；

（2）月度毛利率分析过于简单，没有对变动大的月份的毛利率进行合理性分析。

13. 销售费用和管理费用

对主要费用项目的每月发生额的分析过于简单，且没有对变动的合理性进行分析；未执行费用的截止性测试。

14. 营业外收入

未见注册会计师实施进一步审计程序，如获取东江山水公司向有关部门提交的项目申报资料、政府部门对技术改造补贴资金使用的规定等，判断该补贴与资产相关还是与收益相关，以确认该项营业外收入确认的正确性。

六、案例教学的组织

对于本案例设计的思考题，鼓励学员在课外提前阅读和思考，以便保证课堂讨论的效果。由于本案例属于综合性案例，提供的资料不够充分、详细，可能会影响学员对问题的统一认识，可以引导学生在提供答案时对一些未知的情况作出假设。另外，一些问题不必寻求统一的正确答案，而是要引导学员树立整体的风险意识和三种审计程序相互联系的意识；不仅应当关注认定层次的重大错报风险，还应当注意财务报表层次的重大错报风险。审计计划中，除了考虑该公司是创业板公司及刚刚完成IPO这两个特点，还应注意以下几个特殊问题。

开放式讨论1：

结合案例资料中提供的行业背景以及东江山水公司的经营状况，试分析东江山水公司的财务状况、经营成果及现金流量是否与行业的发展规律相吻合？

参考答案：

国内自2009年以来开始智能电网的规划与建设，特别是用电信息采集系统的建设、智能电表替换传统电表的趋势，带来对高能锂一次电池需求的巨大空间，给公司的核心业务高能锂一次电池带来历史性的机遇；再者由于东江山水公司是大型锂亚电池供应商，应当在2009年表现出高速发展的态势。反观财务数据，尽管营业收入、营业利润都出现了明显增长，股价也从刚刚发行时的20元/股涨到了2009年末的40元/股，但公司的应收账款增长更快，而且存在很大的坏账风险，IPO募集来的资金还未得到充分的使用。以上现象说明东江山水公司的经营成果与行业发展规律以及其自身的行业地位不是十分吻合。

开放式讨论2：

结合《中国注册会计师审计准则第1211号——了解被审计单位及其环境并评估重大错报风险》以及案例公司的基本情况，作为注册会计师，你认为东江山水公司可能存在哪些重大错报风险？为什么？针对这种情况，注册会计师了解被审计单位情况时应该采用哪些审计程序？

9 东江山水公司风险评估和内控测试审计案例

参考答案：

一方面，东江山水公司属于国家火炬计划重点高新技术企业，该公司的最突出特点就是技术占主要地位，技术更新速度快，需要不断地更新技术水平以应对市场的发展以及行业的需要。但对比财务报表我们可以发现，其2008年无形资产项目金额的增长速度较2007年要快很多，但2009年比2008年的增长绝对数和相对数都有明显的下降。由于在评估无形资产项目价值时没有准确的标准，存在被管理层操纵的可能。同时，作为高科技公司，东江山水公司用于专利技术的研发投入应该很大，但研发支出资本化在计量上较复杂，很多情况下需要专业判断，很可能受到公司财务或技术部门的主观影响，因而东江山水公司在无形资产和研发支出方面存在一定的风险。

注册会计师在计划针对东江山水公司的审计工作时，首先，应注意到其所处的新型锂能源领域以及创业板上市公司的地位，公司发展在外部政策上受到国家发展基础建设的支持，发展面临巨大机遇；其次，尽管公司属于私人企业，但主要股东中包含全国社会保障基金，加之公司的实际控制人拥有相关领域的丰富经验和先进知识，是公司健康持续发展的良好内部条件；第三，公司处于行业的领先地位，正在积极谋求国际化发展，再加上锂亚电池和锂锰电池市场需求巨大，公司发展势头良好；第四，公司主要财务指标表现良好，由于IPO的完成，现金流增长迅速，第五，公司的内部控制比较完善，且在IPO时经注册会计师鉴证，在重大方面其内控是有效的。因此，尽管该公司在无形资产和研发支出领域主观操纵空间较大，但是可以初步判断公司不存在进行恶意操纵的可能性，注册会计师可以按照常规审计程序实施审计。

开放式讨论3：

东江山水公司是一家在创业板上市的公司，在创业板市场上市的公司大多从事高科技业务，具有较高的成长性，但往往成立时间较短、规模较小，业绩不够突出，但有很大的成长空间。创业板市场最大的特点就是低门槛进入、严要求运作，有助于有潜力的中小企业获得融资机会，促进企业的发展壮大。从注册会计师角度来看，针对创业板公司的审计应当注意哪些方面风险？

参考答案：

在创业板上市公司审计中，会计师事务所要重点关注创业板上市公司管理层舞弊风险，关注收入确认、债务重组收益确认、研发支出资本化等问题；重点关注上市公司编制财务报表所依据的持续经营假设的适当性，关注盈利是否来自主营业务，产品、技术等是否发生重大变化并影响其持续盈利能力；重点关注上市公司的技术风险，关注公司在用的商标、专利、专有技术，以及特许经营权等重要资产或技术的取得、使用是否存在重大不利变化的风险；重点关注上市公司关联方关系及重大关联方交易风险，采取适当措施识别关联方，并关注营业收入或净利润对关联方是否存在重大依赖；重点关注上市公司税收风险，关注公司享受的税收优惠是否合法，以及是否存在为避税而向关联方转移利润等情况。

10 华山公司递延所得税资产审计案例

一、学习目标

1. 了解审计递延所得税资产时应遵循的审计准则及要求
2. 掌握审计递延所得税资产时应实施的审计程序
3. 掌握审计递延所得税资产时应获取的审计证据
4. 掌握审计递延所得税资产时应把握的重大错报风险

二、案例背景

（一）公司情况

华山资讯股份有限公司（以下简称"华山公司"）是依照《中华人民共和国公司法》，经陕西省人民政府批准设立的股份有限公司，在上海证券交易所挂牌上市。华山公司的经营范围包括计算机信息技术、浓缩果汁生产、基础设施建设以及教育业等。

华山公司 2007—2009 年度部分合并财务报表数据如表 1-31 所示。

表1-31　　华山公司2007-2009年度部分合并财务报表数据　　单位：万元

项　　目	2009年度	2008年度	2007年度
主营业务收入	20 834	23 210	30 254
利润总额	-8 328	-6 089	2 713
所得税费用	-25	-1 678	637
净利润	-8 303	-4 411	2 076
归属于母公司所有者的净利润	-7 778	-3 817	930
项　　目	2009-12-31	2008-12-31	2007-12-31
资产总额	72 339	71 390	77 790
其中：递延所得税资产	758	1 922	220
负债总额	60 547	51 295	53 285
所有者权益	11 792	20 095	24 505

(二) 公司递延所得税资产主要情况

华山公司2008年开始策划重大资产重组，中间经过反复，直至2009年年底才最终获得中国证监会的批准，完成资产重组。期间，华山公司在递延所得税资产的会计处理上发生反复，先是在2008年确认了递延所得税资产1 200万元，后又在2009年对1 200万元递延所得税资产全额计提了资产减值准备。相关的具体情况如下：

1. 华山公司在其年报中披露的有关递延所得税资产的会计政策。

(1) 递延所得税资产的确认与计量：公司以很可能取得用来抵扣可抵扣暂时性差异的应纳税所得额为限，对可抵扣暂时性差异产生的递延所得税资产予以确认。

(2) 递延所得税资产的减值准备：期末对其账面价值进行复核，若未来期间很可能无法获得足够的应纳税所得额用以抵扣递延所得税资产，应确认递延所得税资产减值损失。

出于谨慎性考虑，由于预计无法取得足够利润弥补税前亏损，因此一直以来，华山公司未将结转以后年度，可用税前利润弥补亏损的应纳税所得额确认为递延所得税资产。

2. 资产重组交易概况。

2008年8月，华山公司召开董事会，审议通过了《华山公司重大资产置换的预案》。根据该预案，华山公司拟以其在交易基准日2008年6月30日合法拥有的除未履行完毕的业务合同形成的资产、负债以及相关的权利和义务之外的全部资产和负债（以下简称"置出资产"）与公司控股股东五岳公司持有的四方房地产有限公司（以下简称"四方房产"）100%股权（以下简称"注入资产"）进行置换，注入资产超过置出资产价值的差额部分由华山公司向五岳公司发行股份购买。置换完成后的华山公司转型为房地产开发企业。鉴于当时预期的经济形势，重组完成后，华山公司可持续发展能力将大大增强，盈利能力将得到大幅提升。

控股股东五岳公司于2001年9月正式设立，注册资本为人民币52 000万元，性质为国有独资公司，主要经营教育业、农业、房地产业等。华安市人民政府为五岳公司国有资本的出资者，授权华安经济技术开发区管委会行使出资即股东的资产收益和重大决策等权利。截至2009年12月31日，五岳公司持有华山公司1 274万股，占总股本的20.40%，为公司控股股东。华山公司本次重大资产置换及向五岳公司发行股份购买资产的交易，构成关联交易。

四方房产为一人有限责任公司，五岳公司持有其100%股权，主要从事房地产业、体育业、餐饮业等。

3. 资产重组交易的实施过程。

根据华山公司此后发布的重大资产重组进展公告，该重大资产重组事项的完成，尚需取得公司股东大会审议批准、五岳公司上级主管部门的批准以及中国证监会的核准，该重组事项尚存重大不确定性风险。

华山公司管理层认为：本次交易注入的四方房产业务主要位于华安经济技术开发区，资产注入能提高上市公司的盈利能力。从保持公司的持续经营能力看，本次交易将有效地改善公司资产盈利能力差的局面，在一定程度上增强公司的可持续发展能力，实现做强做大的战略目标，给公司及全体股东带来切实回报。

2008年11月，华山公司发布董事会决议暨中止重大资产重组事项的公告，公告称由于在本次重大资产重组过程中，证券市场情况发生了较大变化。五岳公司与上级主管部门进行了沟通，沟通结果认为难以按照原定方案继续推进本次重组工作，故五岳公司提出中止与本公司的本次重大资产重组事项。华山公司同意了五岳公司的中止要求，并承诺在决议公告之后的三个月之内不再筹划新的重大资产重组事项。

2008年末，华山公司根据以上述资产重组预案中的吸收合并方案，认为在吸收合并四方房产业务后，华山公司在未来期间将有足够的税前利润弥补前期形成的税前亏损，因此将此前五年的累计税前亏损对应的所得税1 200万元，确认为递延所得税资产，并同时减少当期所得税费用。

2009年2月承诺期满后，华山公司同五岳公司再次启动重大资产重组事项，2009年5月14日公司董事会审议通过，并于同日与五岳公司签署了《重大资产置换及发行股份购买资产之协议书》，根据协议书，公司拟以截至2008年12月31日的全部资产和负债与五岳公司持有的四方房产100%股权进行置换。

本次交易的置入资产与置出资产的交易价格均以评估价值为基础，并经交易双方协商确定。置入资产交易价格为61 134.14万元，置出资产交易价格为16 126.80万元。置入资产价值超过置出资产价值的部分为45 007.34万元，由华山公司以向五岳公司发行股份的方式支付，公司拟按每股 8.35 元发行 5 390.10 万股普通股作为差额部分的支付对价，本次发行股份数量最终以中国证监会核准的发行数量为准。

公司目前的总股本为 6 245.80 万股，按照发行方案，公司本次将发行普通股 5 390.10 万股。本次交易后，本公司的总股本为 11 635.90 万股，五岳公司持股比例由 20.4% 增至 57.27%，仍是公司的第一大股东。

资产重组方案由原来的吸收合并改为控股合并。2009 年 6 月，华山公司 2009 年第一次临时股东大会和五岳公司的上级主管部门先后批准了新的重组方案。

2009 年 12 月，中国证监会上市公司并购重组审核委员会（以下简称证监会重组委员会）以有条件审核通过了本公司资产重组方案。

由于重组方案由吸收合并变更为控股合并，华山公司从四方房产只能分回税后利润，该利润无法弥补华山公司前期形成的税前亏损。因此，华山公司在 2009 年将 2008 年确认的递延所得税资产全额计提了减值准备，导致当期资产减值损失增加 1 200 万元。

(三) 公司审计师聘任情况

扬子江会计师事务所作为华山公司 2008 年与 2009 年的年报审计主审会计师事务所，在连续两年的审计中均出具了标准无保留意见的审计报告。扬子江会计师事务所已连续 5 年为该公司提供年报审计服务。

(四) 注册会计师实施的主要审计程序

注册会计师对递延所得税资产实施的审计程序如下：

1. 获取并检查了华山公司 2008 年度和 2009 年度的财务报表等相关财务数据，核对递延所得税资产明细账余额和总账余额与报表是否相符，编制递延所得税资产导引表。

2. 获取了华山公司2008年与重组事项相关的董事会决议、重组预案以及有关公告，考虑华山公司的重组为吸收合并方案，已取得的有关信息真实可靠，并据此认为华山公司作出的将未弥补税前亏损所对应的所得税确认为递延所得税资产是合理的。

3. 获取并检查了华山公司2009年6月第一次临时股东大会会议决议通过的《重大资产置换报告书》以及2009年12月证监会重组委员会对该项重组方案审核后有条件通过的结果，确认该项重组为控股合并而非吸收合并，认为应将原确认的递延所得税资产转作所得税费用的增加。但鉴于涉及资产重组补报资料，华山公司在征求券商意见后，认为在相邻两个会计年度中对递延所得税资产及所得税费用进行一增一减处理会引起投资者的误解，且华山公司按照当期获取的新信息对前期金额作出的变更，可作为是对递延所得税资产进行的减值估计。注册会计师认为，该处理方法虽然与直接增加所得税费用的方法不同，但不影响当期净利润，且公司已在附注中披露，因此，公司的处理是妥当的。

注册会计师基于上述分析，出具了标准无保留意见的审计报告。

三、思考题

1. 你认为注册会计师在审计递延所得税资产时应实施哪些审计程序？

2. 根据华山公司2008年度的具体情况，注册会计师在年报审计过程中实施的审计程序是否能够支持所得出的审计结论？为什么？

3. 在何种情况下，华山公司2008年的会计处理是恰当的？注册会计师应当取得什么审计证据才能认可华山公司的会计处理方法？

4. 根据华山公司 2009 年度的具体情况，注册会计师获取的审计证据是否充分，得出的审计结论是否恰当？

四、思考题解答

1. 你认为注册会计师在审计递延所得税资产时应实施哪些审计程序？

解析：

注册会计师在审计递延所得税资产时应实施以下审计程序：

（1）核对递延所得税资产明细账余额和总账余额与报表是否相符，编制递延所得税资产导引表；

（2）检查递延所得税资产发生的原因、金额、预计转销年限和本年转销额是否合理正确；

（3）检查是否以未来期间很可能取得用来抵扣可抵扣暂时性差异的应纳税所得额（未来期间企业正常生产经营活动实现的应纳税所得额，以及因应纳税暂时性差异在未来期间转回相应增加的应税所得）为限，确认由可抵扣暂时性差异产生的递延所得税资产，并检查提供证据是否充分；

（4）验明是否已在资产负债表上充分披露；

（5）得出审计结论。

2. 根据华山公司 2008 年度的具体情况，注册会计师在年报审计过程中实施的审计程序是否能够支持所得出的审计结论？为什么？

解析：

华山公司 2008 年确认递延所得税资产的会计处理依据不够充分，注册会计师取得的审计证据不能支持其结论。

华山公司董事会在 2008 年只制定了重组事项的预案，在预案中提出了对四方房产吸收合并的计划。华山公司的公告显示，重组事项的完成还需得到公司股东大会审议批准、五岳公司上级主管部门批准、中国证监会核准，该重组事项尚存重大不确定性。

另外，华山公司2008年11月的公告显示，重组事项的对方五岳公司已提出中止重组事项的要求。华山公司也同意该要求，并承诺在之后的三个月之内不再筹划同样的重组事项，表明华山公司在2008年年底时，已经没有理由预期公司未来的盈利水平将大幅提高，更谈不上预期盈利能否弥补累计亏损以及由此带来的所得税费用的减少。

《企业会计准则第18号——所得税》第十五条规定："企业对于能够结转以后年度的可抵扣亏损和税款抵减，应当以很可能获得用来抵扣可抵扣亏损和税款抵减的未来应纳税所得额为限，确认相应的递延所得税资产"。

注册会计师已获取的审计证据不能预期未来重组事项何时重新启动，无法对"很可能获得"用于抵扣亏损的应纳税所得额进行可靠的估计。在此情况下，注册会计师以重组方案为吸收合并方案、有关信息真实可靠为由，认可华山公司确认的递延所得税资产，显然是过于草率和不恰当，该事项导致华山公司当期亏损减少1 200万元，对当期损益造成了重大影响。

3. 在何种情况下，华山公司2008年的会计处理是恰当的？注册会计师应当取得什么审计证据才能认可华山公司的会计处理方法？

解析：

首先，注册会计师应排除该重组事项的不确定性，取得华山公司与控股股东五岳公司及其上级对该项资产重组的未来计划以及华山公司同意该重组事项的新的股东会决议，重组对方的上级主管部门批准文件，证监会重组委员会的审核批复。但是，仅仅这些资料还无法满足会计准则"很可能获得"的要求，注册会计师还应获取四方房产下年度及以后若干年的工作计划、预算、预计报表等资料，以预计将来获得的可用于弥补亏损的应纳税所得额，并以预计"很可能获得的未来应纳税所得额为限"确认递延所得税资产。

4. 根据华山公司 2009 年度的具体情况，注册会计师获取的审计证据是否充分，得出的审计结论是否恰当？

解析：

根据华山公司 2009 年度的具体情况，注册会计师未获取充分的审计证据以支持其审计结论。

（1）华山公司 2009 年度冲减所得税的事项应作为会计差错调整期初数。《企业会计准则第 28 号——会计政策、会计估计变更和差错更正》第十一条规定：前期差错，是指由于没有运用或错误运用下列两种信息，而对前期财务报表造成省略或错报：①编报前期财务报表时预期能够取得并加以考虑的可靠信息；②前期财务报告批准报出时能够取得的可靠信息。

华山公司错误地使用了具有高度不确定性因而无法确定其可靠性的文件资料，错误地预期吸收合并重组方案在 2009 年可以获得通过，进而确认了递延所得税资产，应作为会计差错，调整公司 2008 年的比较会计报表。

但是，华山公司未将该事项作为会计差错进行调整，而注册会计师直接认可了华山公司的会计处理方法，未提出调整意见。

（2）即使是在 2009 年度进行调整，也不应当按照递延所得税资产减值准备进行会计处理。根据《企业会计准则第 8 号——资产减值》第二条，资产减值是指资产的可收回金额低于其账面价值。华山公司 2008 年以未弥补税前亏损确认的递延所得税资产，由于预期无法获得足够的应纳税所得额进行弥补，本来就不具备资产的性质，本身就不是资产，不具备计提减值准备的条件，计提减值准备的会计处理没有依据。

《企业会计准则讲解（2010版）》也明确指出，除原确认时记入所有者权益的递延所得税资产，其减记金额亦应记入所有者权益外，其他的情况应增加减记当期的所得税费用。

但注册会计师未获取任何有关此次重大资产重组给华山公司未来盈利水平带来何种影响的审计证据，也未考虑公司的会计处理方法是否符合会计准则的要求，仅仅根据"对当期利润的影响没有差别"的判断，就得出了"公司的处理是妥当的"审计结论，显然过于草率，是不恰当的。

五、对注册会计师实施的审计程序的评价

1. 华山公司2008年确认递延所得税资产的处理，所依据的条件是不充分的，注册会计师取得的审计证据不能支持其结论。

华山公司董事会在2008年只制定了重组事项的预案，在预案中提出了对四方房地产公司吸收合并的计划。华山公司的公告中显示重组事项的完成，还需取得公司董事会和股东大会审议批准、五岳公司上级主管部门的批准、中国证券监督管理委员会核准，该重组事项尚存在重大不确定性。

另外，根据华山公司2008年11月公告显示，重组事项的对方五岳公司已提出中止重组事项的要求。华山公司也同意该要求，并承诺在之后的三个月之内不再筹划同样的重组事项，进一步加大了该事项的不确定性。

根据企业会计准则第18号《所得税》第十五条的规定"企业对于能够结转以后年度的可抵扣亏损和税款抵减，应当以很可能获得用来抵扣可抵扣亏损和税款抵减的未来应纳税所得额为限，确认相应的递

延所得税资产。"

注册会计师在已获取的审计证据不能排除重组事项的不确定性，无法满足会计准则中规定的"很可能获得"用于抵扣亏损的应纳税所得额的要求，而在未达到该条件之前，注册会计师就以重组方案为吸收合并方案，有关信息真实可靠为由，认可华山公司确认递延所得税资产的事项，显然是过于草率和不恰当的，该事项导致华山公司当期亏损减少1 200万元，对当期损益造成了重大影响。

那么在什么情况下，注册会计师可以认可华山公司的处理呢？首先，注册会计师应排除该重组事项的不确定性，取得华山公司同意该重组事项的股东会决议，重组对方的上级主管部门批准文件，证监会重组委员会的审核批复。但是这些资料还无法满足会计准则"很可能获得"的要求，注册会计师还应获取四方房地产公司下年度或以后几年的工作计划、预算、预计报表等资料，已获得预计可用于弥补亏损的应纳税所得额，并以预计"很可能获得的未来应纳税所得额为限"确认递延所得税资产。

2. 根据华山公司2009年度的具体情况，注册会计师非获取充分的审计证据以支持其审计结论。

首先，华山公司2009年度冲减所得税的事项应作为会计差错调整期初数。

根据会计准则第28号《会计政策、会计估计变更和差错更正》第十一条规定：前期差错，是指由于没有运用或错误运用下列两种信息，而对前期财务报表造成省略漏或错报：

（1）编报前期财务报表时预期能够取得并加以考虑的可靠信息。

（2）前期财务报告批准报出时能够取得的可靠信息。

根据华山公司的具体情况，其符合第一条的规定，华山公司在编制2008年度财务报表时，根据当时国家的有关政策和公司已经发布的公告，已经知悉重组事项具有很小的可能性获得批准，但仍然错误的使用这些不确定性的文件资料，错误的预期吸收合并的重组方案在2009年可以获得通过，而确认了递延所得税资产。因此该项会计处理应该应作为会计差错、调整2008年的比较会计报表。

但是，华山公司未将该事项作为会计差错进行调整，而注册会计师直接认可了华山公司的调整处理，未提出修改意见。

其次，即使是在2009年度进行调整，也不应作计提递延所得税的减值准备进行处理。

根据企业会计准则第8号《资产减值》第二条，资产减值是指资产的可收回金额低于其账面价值。华山公司2008年以未弥补税前亏损确认的递延所得税资产，由于预期无法获得足够的应纳税所得额进行弥补，其本身无法给华山公司带来未来的利润流出，本来就不具备资产的性质，本身就不是资产，因此根本不具备计提减值准备的条件，其处理就根本没有道理。

根据企业会计准则讲解（2008版）第十九章所得税中也明确规定了，除原确认时记入所有者权益的递延所得税资产，其减记金额亦应记入所有者权益外，其他的情况应减记当期的所得税费用。

但是注册会计师未获取充分审计证据，应得出了"公司的处理是妥当的"审计结论，显然是过于草率和不恰当的。

六、案例教学组织

本案例涉及的递延所得税资产问题较为复杂，许多企业对此类事项的会计处理方法不甚熟悉。另外，递延所得税资产的确定需要专业判断和复杂的计算，因此，需要首先明确，递延所得税资产审计项目属于高风险审计项目。确认递延所得税资产同时冲减当期所得税费用，

10 华山公司递延所得税资产审计案例

反之则增加当期所得税费用，非常易于进行利润操纵。另外，资产和负债的计税基础与其在财务报告中的金额之间存在的暂时性差异，通过企业资产（负债）已确认和报告金额的收回或偿付，会增加或冲减未来年度的应税收益和应付税款，从而对未来所得税支付额产生影响。因此，在审计递延所得税资产时，应首先了解以下知识内容：

1. 递延所得税资产组成及递延所得税资产确认情况。

关注递延所得税资产组成从而分析其暂时性差异的成因。关注递延所得税资产确认情况，重点分析其确认的时间和动机，分析企业是否存在操纵利润及每股盈余的可能性。

2. 确认递延所得税资产的主要依据及充分性。

区分以下四种情况：（1）业绩稳定且每个会计期末是否均能实现足够超过现有可抵扣暂时性差异的应纳税所得额。（2）业绩稳定但会计期末不能实现足够超过现有可抵扣暂时性差异的应纳税所得额。（3）业绩不稳定且会计期末不能实现足够超过现有可抵扣暂时性差异的应纳税所得额。（4）存在重大的税务亏损。

在判断企业于可抵扣暂时性差异转回的未来期间是否能够产生足够应纳税所得额时，应考虑企业在未来期间通过正常生产经营活动可实现的应纳税所得额及以前期间产生的应纳税暂时性差异在未来期间转回时将增加的应纳税所得额。对于按照税法规定可以结转以后年度的未弥补亏损和税款抵减，应视同可抵扣暂时性差异处理。在有关的亏损或税款抵减金额得到税务部门的认可或预计能够得到税务部门的认可，且预计可利用可弥补亏损或税款抵减的未来期间内能够取得足够的应纳税所得额时，除准则中规定不予确认的情况外，应当以很可能取得的应纳税所得额为限，确认相应的递延所得税资产，同时减少确认当期的所得税费用。

对于本案例设计的思考题，鼓励学员在课外提前阅读和思考，掌握《企业会计准则》和《中国注册会计师审计准则》及相关法律法规中有关递延所得税资产确认以及递延所得税资产审计程序等方面的内容,以保证课堂讨论和案例教学的效果。

开放式讨论:

针对不同类型经济事项形成的递延所得税资产的审计目标和实质性审计程序有哪些?

参考答案:

(1) 递延所得税资产的审计目标。

递延所得税资产的审计目标一般包括:确定资产负债表中记录的递延所得税资产是否存在;确定所有应当记录的递延所得税资产是否均已记录;确定记录的递延所得税资产是否由被审计单位拥有或控制;确定递延所得税资产是否以恰当的金额记录在财务报表中,与之相关的计价调整是否已恰当记录;确定递延所得税资产是否已按照企业会计准则的规定在财务报表中作出恰当列报。

(2) 递延所得税资产审计的实质性程序。

递延所得税资产审计的实质性程序通常包括:

①获取或编制递延所得税资产明细表,复核加计是否正确,并与报表数、总账数和明细账合计数核对是否相符。

②检查被审计单位采用的会计政策是否恰当,前后期是否一致。

③检查被审计单位用于确认递延所得税资产的税率是否正确。

④检查递延所得税资产增减变动记录,以及可抵扣暂时性差异的形成原因,确定是否符合有关规定、计算是否正确,预计转销期是否适当,并特别关注以下事项:

a. 对根据税法规定可用以后年度税前利润弥补的亏损及税款抵减所形成的递延所得税资产,检查其计算及会计处理是否正确。

b. 对非同一控制下企业合并中取得资产、负债的入账价值与其计税基础不同形成的可抵扣暂时性差异，检查其计算及会计处理是否正确。

c. 检查是否存在同时具有下列特征的交易，因资产或负债的初始确认而产生的递延所得税资产不应予以确认而被审计单位予以确认的情况：①该项交易不是企业合并。②交易发生时既不影响会计利润也不影响应纳税所得额（或可抵扣亏损）。

d. 检查被审计单位对子公司、联营企业及合营企业投资相关的可抵扣暂时性差异。在同时满足下列条件时，是否确认相应的递延所得税资产：①暂时性差异在可预见的未来很可能转回。②未来很可能获得用来抵扣可抵扣暂时性差异的应纳税所得额。

⑤检查被审计单位是否在资产负债表日对递延所得税资产的账面价值进行复核，如果预计未来期间很可能无法获得足够的应纳税所得额用以抵扣递延所得税资产，应当减记递延所得税资产的账面价值。

⑥当适用税率发生变化时，检查被审计单位是否对递延所得税资产进行重新计量，对其影响数的会计处理是否正确。

⑦检查递延所得税资产的列报是否恰当。

11 蜀山公司存货监盘审计案例

一、学习目标

1. 掌握注册会计师对存货审计所实施的审计程序
2. 掌握注册会计师对存货进行审计时应获取的审计证据
3. 了解存货审计中利用内部审计结果时应注意的问题

二、案例背景

蜀山股份有限公司（以下简称"蜀山公司"）是一家以农副食品加工业为主，兼营化工行业的上市公司。蜀山公司股权结构较为复杂，母公司蜀山集团有限公司对其持有 55.06% 的股份。蜀山公司同时拥有 66 家全资或控股子公司，且分布广泛，给存货审计带来了很大的挑战。本案例以 2009 年蜀山公司财务报表审计为例，说明存货监盘审计和利用内部审计结果时应注意的问题。

（一）公司情况

蜀山公司的前身是蜀山饲料有限公司，是由蜀山饲料有限公司整体变更并以发起方式成立的股份有限公司，注册地在四川省成都市。

11 蜀山公司存货监盘审计案例

2004年2月，经中国证券监督管理委员会核准，蜀山公司公开发行人民币普通股（A股）股票。

蜀山公司2007－2009年度的主要会计数据和财务指标如表1－32所示。

表1－32 蜀山公司（合并报表）2007－2009年度主要会计数据和财务指标 单位：万元

项　　目	2009－12－31	2008－12－31	2007－12－31
资产合计	561 122	515 564	310 264
其中：存货	101 185	53 230	63 471
负债合计	399 189	366 386	194 005
所有者权益合计	161 933	149 178	116 259
项　　目	2009年度	2008年度	2007年度
营业收入	1 037 818	1 030 255	674 944
其中：主营业务收入	1 029 755	1 019 611	669 443
营业成本	941 834	940 282	618 467
净利润	14 255	14 996	14 959

2009年12月31日，蜀山公司资产总额561 122万元，比上年增加8.84%。其中，存货净额101 185万元，占资产总额的18.03%，比上年增加90.09%。2009年实现营业收入1 037 818万元，比上年增加0.73%；主营业务收入1 029 755万元，比上年增加0.99%；营业成本941 834万元，比上年增加0.2%。

蜀山公司经营范围广泛，公司规模庞大，原所属行业为农副食品加工业，2008年5月31日收购永吉股份有限公司后，增加了化工行业。

在农副食品加工方面，蜀山公司的经营业务包括：生产和销售饲料、饲料添加剂、饲料原料以及农副产品等。在化工方面，蜀山公司的经营业务包括生产、销售和开发聚氯乙烯及其系列产品等。

在财务报表中,蜀山公司将主要业务划分为饲料、食品加工及化工等三大板块,业务主要分布在西南、华东、中南、华北及东北等地区。蜀山公司2009年度主营业务分行业分产品销售情况以及2007—2009年度主营业务分地区销售情况分别如表1-33、表1-34所示。

表1-33　　2009年度蜀山公司主营业务分行业销售情况　　单位:万元

分行业分产品	营业收入	比上年增减(%)	营业成本	比上年增减(%)	营业利润率(%)	比上年增减(%)
饲料	841 321	3.53	762 842	1.94	9.33	1.42
化工及新能源	119 498	26.04	105 791	38.87	11.47	-8.18
食品加工及养殖	67 945	-38.80	67 542	-37.14	0.59	-2.61
动物药品	931	-11.43	395	-31.91	57.57	12.76
其他	60	-47.16	18	-51.56	70.00	2.82
合计	1 029 755	0.99	936 588	0.43	9.05	0.51

由表1-33可知,2009年度饲料收入占营业收入的81.70%,化工及新能源占营业收入的11.60%,食品加工及养殖占营业收入的6.60%。另外,动物药品业务和其他业务规模不大,分别占营业收入的0.09%和0.01%。

表1-34　　2007—2009年度蜀山公司主营业务分地区销售情况　　单位:万元

分地区	2009年度		2008年度		2007年度	
	营业收入	比上年增减(%)	营业收入	比上年增减(%)	营业收入	比上年增减(%)
西南地区	407 434	-1.00	411 535	92.86	213 390	30.24
华东地区	198 063	9.88	180 249	24.18	145 151	12.98
中南地区	387 703	2.11	379 704	33.75	283 897	37.45
华北及东北地区	110 646	-8.03	120 300	1 324.85	8 443	25.43
海外(越南)地区	9 234	1.31	656	14.49	573	
内部抵消	-83 325	14.40	-72 834	225.55	58 011	-30.56
抵消后合计	1 029 755	0.99	1 019 611	52.31	669 443	38.70

11 蜀山公司存货监盘审计案例

教师手册

由表 1-34 可知，蜀山公司的产品主要销往西南和中南地区。2009 年度，蜀山公司西南地区和中南地区的销售收入分别占营业收入的 39.57%、37.65%，华东地区占 19.23%，华北及东北地区占 10.74%。

(二) 蜀山公司存货管理政策

以下是蜀山公司在 2009 年度财务报表中披露的存货会计政策：

1. 存货的分类。

存货分类为：原材料、在产品、库存商品、在途物资、周转材料（含包装物、低值易耗品、施工企业脚手架等）、消耗性生物资产、包装材料、发出商品、委托加工物资等。

2. 发出存货的计价方法。

各种存货按取得时的实际成本入账，领用、发出按加权平均法核算发出成本。

3. 存货可变现净值的确定依据及存货跌价准备的计提方法。

期末时，存货按照成本与可变现净值孰低计量，存货成本高于其可变现净值的差额计提存货跌价准备，计入当期损益。与具有类似目的或最终用途并在同一地区生产和销售的产品系列相关，且难以将其与该产品系列的其他项目区别开来进行估价的存货合并计提；对于数量繁多、单价较低的存货，按存货类别计提。

为生产而持有的材料等，其生产的产成品的可变现净值高于成本的，该材料仍然应当按照成本计量，材料价格的下降表明产成品的可变现净值低于成本的，该材料按照可变现净值计量。

4. 存货的盘存制度。

存货的盘存制度采用永续盘存制度。

5. 低值易耗品和包装物的摊销方法。

(1) 低值易耗品。周转材料在领用时，单位价值 500 元以上的采用五五摊销法，单位价值 500 元以下的一次性摊销。

(2) 包装物。包装物在领用时采用一次摊销法。

表 1-35 为蜀山公司 2009 年度财务报表中存货分类列示情况。

表 1-35　　　　　蜀山公司 2009 年度存货分类列示　　　　　单位：万元

项目	2009-12-31			2009-1-1		
	账面余额	跌价准备	账面价值	账面余额	跌价准备	账面价值
原材料	66 171		66 171	31 474		31 474
在产品	1 523		1 523	3 294		3 294
库存商品	27 010	1 412	25 598	17 885	3 210	14 675
周转材料	1 889		1 889	1 217		1 217
消耗性生物资产	705		705	413		413
包装材料	2 232	94	2 138	1 934		1 934
在途物资	1 904		1 904	142		142
委托加工物资	1 173		1 173	27		27
发出商品	84		84	53		53
合计	102 691	1 506	101 185	56 439	3 210	53 230

2009 年 12 月 31 日，蜀山公司的存货账面价值为 101 185 万元。其中，原材料占存货总额的 65.39%，库存商品占 25.30%，包装材料占 2.11%，周转材料和在途物资分别占 1.87% 和 1.88%，在产品和委托加工物资分别占 1.51%、1.15%，消耗性生物资产占 0.70%，发出商品占 0.83%。

(三) 注册会计师实施的主要审计程序

国信会计师事务所一直承担蜀山公司财务报表审计工作，2009 年度继续接受聘约，对蜀山公司 2009 年度财务报表进行审计。在审计中，注册会计师针对蜀山公司分子公司多、分布地区广的特点，选择了 30% 左右（约 20 家）的分子公司到现场进行预审；并于期末对蜀山公司存货的监盘工作实施了如下程序：

1. 2009 年 12 月 31 日，对蜀山公司的总部及化工板块子公司的存货 9 983 万元（占存货总净额的 9.87%）实施了监盘程序。盘点结束后，注册会计师编写了存货监盘小结，结论为存货账实相符。

2. 对于蜀山公司除总部及化工板块子公司外的其他各分子公司的期末存货的监盘工作，注册会计师考虑利用蜀山公司内部审计工作以确认存货的存在性。注册会计师针对存货 91 201 万元（占存货总净额的 90.13%）的盘点考虑利用内部审计工作结果，并为利用内部审计工作结果实施了如下审计程序：

（1）注册会计师对蜀山公司 2009 年度内部审计机构的设置以及内部审计人员情况进行了解，形成了审计记录，并认为蜀山公司内部审计人员最低都具有中级职称，且有较长实践经验，队伍素质较高。

（2）注册会计师向蜀山公司审计总监和审计部长初步了解了 2009 年度内部审计的计划及执行情况，并获取了《审计部 2009 年度审计工作总结》。注册会计师了解到：

蜀山公司内部审计部年初制订了 2009 年度审计计划，计划的总体原则是每年对所有分、子公司审计不少于一次，在计划的执行过程中，根据管理需要，对计划进行调整；2009 年度（2008 年 11 月 – 2010 年 2 月）审计部以 2 人为一个审计小组、每个分子公司审计时间约为 1 个月左右，共完成了对 66 家分子公司的审计，审计处罚 181 人次，罚款 9 万元。

蜀山公司内部审计部在审计过程中，涉及财务、控制力、执行力、服务等审计，突破了传统的财务审计。其中，实物资产的安全完整是审计的重点，每审计一个公司，原则上都要对实物资产进行全面盘点，公司仓库内的原材料库存量较大，全面盘点确有难度的，进行抽查盘点。

注册会计师认为：蜀山公司内部审计执行力较强，认真履行了职责，可以信赖。因此，注册会计师可以信赖并直接利用饲料及食品加工板块分子公司的年终实物资产的盘点结果，不再进行监盘工作。

注册会计师认为，以上程序，包括直接实施的存货监盘程序结果，证明了存货的存在性与完整性，并最终出具了标准无保留意见的审计报告。

三、思考题

1. 蜀山公司存货认定方面是否存在重大错报风险，可能存在哪方面的错报风险？

2. 在本案例中，注册会计师执行的存货监盘程序是否到位？

3. 注册会计师对蜀山公司 2009 年出具标准无保留意见的审计报告是否合适？为什么？

四、思考题解答

1. 该公司是否存在重大错报风险？可能存在哪方面的错报风险？

解析：

由表 1-32 可知，2009 年 12 月 31 日，蜀山公司存货净额为 101 185 万元，占资产总额的 18.03%，存在重大影响。蜀山公司拥有数量众多的子公司且分布广泛，因而存货不仅数量巨大且分布散乱。

并且，蜀山公司的主要经营范围之一是农副食品加工业，农产品存货在所有存货中占有很大比例，而农产品存货有着易于损坏的特点，故存货项目可能存在重大错报风险。

2. 在本案例中，注册会计师执行的存货监盘程序是否到位？

解析：

注册会计师对存货的监盘不到位。

注册会计师应当充分了解被审计单位存货资产的特点、存货盘存制度和存货内部控制的有效性，在评价被审计单位存货盘点计划的基础上，编制存货监盘计划，对存货监盘作出合理安排。

本案例中，注册会计师对于蜀山公司总部和化工板块分子公司进行存货监盘前未获取蜀山公司的存货盘点计划及盘点表，未编制存货监盘计划。在盘点结束后，也没有观察并记录蜀山公司是否已经恰当区分所有毁损、陈旧、过时及残次的存货，只是简单地说明盘点结果是账实相符。

考虑到农产品存货易于损坏的特点，注册会计师应对蜀山公司该类存货监盘工作给予特别关注，而不能仅仅依靠蜀山公司内部审计工作结果予以确认。

3. 注册会计师对蜀山公司2009年出具标准无保留意见的审计报告是否合适？为什么？

解析：

根据《中国注册会计师审计准则第1311号——存货监盘》的有关规定，实施存货监盘，获取有关期末存货数量和状况的充分、适当的审计证据是注册会计师的责任。

对蜀山公司而言，2009年末，除总部及化工板块子公司外，其余各分子公司的期末存货占蜀山公司存货总净额的90.13%，但注册会计师并未直接参与上述分子公司的期末存货监盘，审计程序不到位。此外，注册会计师利用内部审计工作结果，而内部审计是在2008年至2010年期间完成全部下属公司的审计，审计的时间与注册会计师年度财务报表需要确定存货2009年12月31日状况的要求不符。2009年12

月 31 日，存货占资产总额的 18.03%，存货能否公允反映对蜀山公司财务报表整体的公允性存在重大影响。

综上所述，在 2009 年度财务报表审计过程中，注册会计师实施的存货监盘程序不到位，在考虑利用公司内部审计工作结果时也存在审计缺陷，注册会计师出具标准无保留意见的审计报告不合适。

五、对注册会计师实施的审计程序的评价

1. 注册会计师实施的存货和固定资产监盘程序的适当性

注册会计师应当充分了解被审计单位存货资产的特点、存货盘存制度和存货内部控制的有效性，在评价被审计单位存货盘点计划的基础上，编制存货监盘计划，对存货监盘作出合理安排。固定资产监盘计划亦是如此。

本案例中，注册会计师对于蜀山公司总部和化工板块分子公司存货和固定资产的监盘没有按照审计准则的要求制订周密细致的计划，也没有特别关注存货和固定资产的状况，观察并记录蜀山公司是否已经恰当区分所有毁损、陈旧、过时及残次的存货以及是否存在已报废但仍未核销的固定资产。注册会计师对存货和固定资产的监盘不到位。

2. 利用被审计单位内审工作结果

（1）当计划利用内部审计工作时，注册会计师应当考虑内部审计的工作计划，并尽早与内部审计人员进行讨论。

本案例中，金沙江会计师事务所的注册会计师于 9 月份预审时，已就存货和固定资产的监盘工作计划利用内部审计工作，但注册会计师仅仅停留于简单了解蜀山公司内部审计机构的设置和人员的配备情况，并未与内部审计人员就此计划进行讨论，更未预先就下列事项与内部审计人员协调：

①审计工作的时间；

②审计覆盖的范围；

③重要性水平；

④拟确定的选取样本的方法；

⑤对已实施工作的记录；

⑥复核与报告程序。

（2）注册会计师应当获取相关的内部审计报告，并了解所有引起内部审计人员关注、可能影响注册会计师工作的重大事项。

本案例中，金沙江会计师事务所的注册会计师仅获取《审计部2009年度审计工作总结》，从中知晓蜀山公司审计部2009年所做的一些具体审计工作，并未能获取82家的内部审计报告，更未进一步了解内部审计人员所关注的重大事项以及可能影响注册会计师对实物资产评价内部控制的信赖，从而决定能否将盘点日的结论延伸到资产负债表日。

（3）如果拟利用内部审计的特定工作，注册会计师应当考虑内部审计工作范围和相关方案的适当性，包括内部审计结论是否恰当等，以及注册实施以下主要审计程序：

①检查内部审计人员已检查的项目；

②检查其他类似项目；

③观察内部审计程序的实施情况。

本案例中，蜀山公司内部审计人员并未参与各分子公司年终实物资产的盘点工作或实施监盘工作，所以金沙江会计师事务所的注册会计师没有可以利用的内部审计对年末存货和固定资产监盘工作结果。

注册会计师如果利用2009年度审计部对82家分子公司审计工作中关于存货和固定资产监盘工作，注册会计师应该考虑使用内审工作结果是否适合年末的实际情况，并考虑内部审计工作的适当性和实施上述程序。注册会计师在审计过程中并未实施上述程序,而是基于对 2009 年度以前月份内审工作的威慑力而完全依赖蜀山公司年末实物资产的盘点工作。

综上所述,注册会计师在 2009 年财务报表审计过程,实施的存货和固定资产监盘工作不到位,考虑使用内审工作结果时,存在审计缺陷。

六、案例教学的组织

存货作为企业生产制造及销售过程中的关键,存在于企业生产经营全过程。通常,生产制造型企业的存货占用资金大,在总资产中占有很大比例。和其他类型的资产相比,存货具有流动性强、周转快、可计量性及会计核算复杂等特点。

开放式讨论 1:

存货舞弊的常见方式方法有哪些?存货审计应当注意哪些问题?举例说明存货分析程序应当关注哪些异常迹象?

参考答案:

存货舞弊的常见方式方法主要有:

(1) 通过往来科目挂账,但实质存货已经消耗及价值形态已转化为成本费用,从而虚增利润。

(2) 通过伪造装运单、验收单及虚假的订购单,虚构实际上不存在的存货,从而虚增存货的价值。

(3) 随意变更存货的计价方法,人为调整生产或销售成本,增加当期收益。

(4) 随意计提和转回存货跌价准备,涉及估价售价和估计费用。

(5) 操纵存货盘点,包括对存货的重复盘点、虚假列示存货存在、提供虚假出入库数据等。

在实施存货审计时,应当注意以下几个问题:

(1) 存货的增长是否快于销售收入的增长;

(2) 存货占总资产的百分比是否逐期增加;

(3) 存货周转率是否逐期下降;

(4) 运输成本所占存货成本的比重是否下降;

(5) 存货的增长是否快于总资产的增长;

(6) 销售成本占销售收入的百分比是否逐期下降;

(7) 销售成本的账簿记录是否与税收报告相矛盾;

(8) 是否存在用以增加存货余额的重大调整分录;

(9) 在一个会计期间结束后,是否发现过入存货账户的重要转回分录。

本案例中,由表1-32可知,2009年12月31日,蜀山公司存货科目由2008年12月31日的53 230万元增长到101 185万元,涨幅近一倍。但同期的营业收入、主营业务收入和营业成本却与2008年度基本持平。对此,注册会计师应当考虑实施进一步审计程序,确认上述异常现象是由于原材料与库存商品等价格上涨,还是由于公司年度预算要求销售收入大幅增长所致,确定公司是否存在故意少结转存货成本的问题。

开放式讨论2:

本案例中,在年报过程中,注册会计师利用被审计单位内部审计的工作结果是否合适?需要注意哪些事项?

参考答案:

(1) 当计划利用内部审计工作时,注册会计师应当考虑内部审计的工作计划,并尽早与内部审计人员进行讨论。

本案例中,注册会计师于9月份预审时,已就存货的监盘工作计划利用内部审计工作，但注册会计师仅仅停留于简单了解蜀山公司内部审计机构的设置和人员的配备情况，并未与内部审计人员就此计划进行讨论，更没有预先就下列事项与内部审计人员进行协调：

①审计工作的时间；

②审计覆盖的范围；

③重要性水平；

④拟确定的选取样本的方法；

⑤对已实施工作的记录；

⑥复核与报告程序。

（2）注册会计师应当获取相关的内部审计报告，并了解所有引起内部审计人员关注、可能影响注册会计师工作的重大事项。

本案例中，注册会计师仅获取《审计部2009年度审计工作总结》，从中知晓蜀山公司内部审计部门2009年所作的一些具体审计工作。注册会计师未获取子公司的内部审计报告，更未进一步了解内部审计人员所关注的重大事项以及这些事项对评价和信赖存货内部控制可能产生的影响，却从而决定能否将盘点日的审计结论延伸至资产负债表日。

（3）如果拟利用内部审计的特定工作，注册会计师应当考虑内部审计工作范围和相关方案的适当性，包括内部审计结论是否恰当等，并实施以下主要审计程序：

①检查内部审计人员已检查的项目；

②检查其他类似项目；

③观察内部审计程序的实施情况。

本案例中，蜀山公司内部审计人员并未参与各分子公司年终实物资产的盘点工作或者实施监盘工作，所以，注册会计师没有可以利用的内部审计年末存货监盘工作结果。

如果利用蜀山公司内部审计部门在2009年度子公司审计工作中的

存货监盘工作结果，注册会计师应当考虑使用内部审计工作结果是否适合年末的实际情况，并考虑内部审计工作的适当性。在审计过程中，注册会计师并未实施上述审计程序，而是基于对 2009 年全年的内部审计工作，并完全依赖蜀山公司年末实物资产的盘点结果。

综上所述，注册会计师在 2009 年度财务报表审计过程中，实施的存货监盘程序不到位，在考虑使用内审工作结果时，也存在审计缺陷。

开放式讨论 3：

蜀山公司是否存在其他方面的异常情况（可能的风险），需要引起注册会计师的关注？

参考答案：

从表 1-33 可知，2009 年度蜀山公司饲料收入占营业收入的 81.70%，饲料板块的营业收入比上年增加 3.53%，营业成本比上年增长 1.94%，营业收入涨幅超过成本涨幅。

由表 1-34 可知，2008 年度蜀山公司各地区营业收入均有大幅度增加，2009 年则基本保持稳定。由表 1-35 可知，2009 年资产负债表日，蜀山公司原材料的账面价值为 66 171 万元，占存货总金额的 65.39%。

由表 1-32 可知，2008 年蜀山公司经营规模快速扩大，营业收入大幅增长。2009 年度蜀山公司经营状况稳定，资产负债表日除存货项目外，其他项目与上年基本持平。2007-2009 年，蜀山公司的净利润额保持稳定。

根据对当时国家经济发展及行业发展情况的了解，2008 年，饲料行业原材料价格上升，终端产品价格持续回落，再加上始于奶制品行业的"三聚氰胺"事件给行业带来前所未有的信任危机，整个行业形势严峻，市场持续低迷。2009 年饲料行业开始恢复，出现先抑后扬的走势。另外，众所周知 2008 年四川地区发生汶川大地震，地区经济遭受极大破坏,各行各业均受到波及。而蜀山公司注册地在四川省成都市,也应当受到影响。

而根据对表1-32、表1-33、表1-34的分析,蜀山公司2008年与2009年的营业状况稳定,业绩没有发生显著的波动,公司在西南、中南等地区的经营状况良好,似乎并未受到行业状况和自然灾害的影响,这一点需要引起注册会计师的高度关注。

12 *ST水银山持续经营审计案例

一、学习目标

1. 了解导致持续经营假设产生重大疑虑的事项或情况，以及持续经营审计的特点

2. 掌握注册会计师针对持续经营假设审计时应执行的审计程序及应获取的审计证据

3. 掌握持续经营审计报告意见类型的选择

二、案例背景

（一）公司情况

*ST水银山属于造纸业，无子公司及合营单位。其经营范围包括机制纸浆、机制纸及纸板、粘合剂的生产、销售，造纸技术的咨询、服务；蒸汽、电力生产与供应。2008年度，公司因污染问题被政府部门勒令停产，全年仅正常生产5个月，导致巨额亏损18 851万元。2009年度，公司为保证治污达标，一直没有开足马力生产，产能利用仅为正常水平的70%。在环保调试和金融危机对公司的双重冲击下，

2009年度，公司运营仍较为艰难。2007-2009年度，*ST水银山公司的财务报表审计业务一直由中浩会计师事务所负责。鉴于公司2009年污染问题仍未彻底解决，公司财务方面也存在一定问题，注册会计师应当发表何种审计意见自然就成为一个值得探讨的问题。

公司2007-2009年度主要财务数据及主营业务经营情况如表1-36、表1-37、表1-38所示。

表1-36　　*ST水银山2007-2009年度主要财务数据（合并报表）　　单位：万元

项目	2009年度	2008年度	2007年度
营业收入	42 185	23 074	78 150
利润总额	-13 972	-18 429	7 852
归属于上市公司股东的净利润	-14 401	-18 851	6 573
归属于上市公司股东的扣除非经常性损益净利润	-15 658	-11 318	764
经营活动产生的现金流量净额	1 528	8 018	20 489
项目	2009-12-31	2008-12-31	2007-12-31
总资产	168 204	173 292	175 039
其中：应收账款	15 200	18 000	24 700
所有者权益	510	14 494	33 345

表1-37　　*ST水银山2007-2009年度主营业务经营情况　　单位：万元

项目	2009年度			2008年度			2007年度		
	主营业务收入	主营业务成本	毛利率（%）	主营业务收入	主营业务成本	毛利率（%）	主营业务收入	主营业务成本	毛利率（%）
书写卷筒	21 686	18 824	13.19	12 035	10 245	14.87	34 365	29 171	15.11
书写平板	846	690	18.43	168	139	17.36	4 076	3 396	16.67
胶印卷筒	6 139	5 754	6.27	5 456	4 782	12.35	20 254	17 805	12.09
胶印平板	3 082	2 735	11.26	359	298	17.02	7 377	6 207	15.86
期刊纸	-	-	-	-	-	-	758	622	17.89
损纸	1 176	1 133	3.61	1 123	1 067	4.99	1 302	1 317	-1.13
粘合剂	8 186	3 131	61.76	2 977	1 040	65.04	7 256	2 262	68.82
合计	41 117	32 269	21.52	22 121	17 574	20.56	75 391	60 783	19.38

表1-38　　*ST水银山2007-2009年度主营业务收入及利润　　　　单位：万元

项　目	2009年度	2008年度	2007年度
营业收入	42 185	23 074	78 150
营业成本	32 956	18 024	62 616
营业利润	-15 229	-10 896	2 042

（二）导致对公司持续经营假设产生重大疑虑的事项

*ST水银山2009年末披露的可能导致对公司持续经营假设产生重大疑虑的事项：

1. 逾期未偿还银行借款9 815万元、利息2 285万元（均为固定资产和土地使用权抵押）；

2. 应缴税款15 214万元（为逾期欠税）、欠税滞纳金10 663万元；

3. 应付职工薪酬5 503万元（为拖欠社会保险金）；

4. 因对外担保涉诉，预计的担保损失累计金额为23 398万元；

5. 应收账款中应收宏业公司5 200万元，账龄已超2年，公司已计提20%的坏账准备；

6. 公司营运资金为-88 950万元；未分配利润为-52 344万元；

7. 公司固定资产净额为36 312万元，其中用于借款抵押的固定资产净额为17 116万元；无形资产净额为92 273万元，其中用于抵押的土地使用权净额70 669万元；

8. 因环保问题，公司在2008年停产整顿7个月，导致公司出现巨大亏损，影响了公司的持续经营能力。截至2009年12月31日，国家环保验收能否达标仍未可知，公司限产的可能性依然存在。

（三）注册会计师实施的主要审计程序

在2009年度财务报表审计中，注册会计师实施的主要审计程序如下：

1. 复核了管理层应对计划、分析讨论现金流量、中期财务报表、债务重组协议、董事会决议等，获取了应对计划书面声明等；

2. 在具体审计计划中列示了对持续经营的考虑以及进一步审计程序的内容，包括询问管理层、查阅公司董事会、股东会、管理层会议纪要，分析财务信息或非财务信息，以检查是否存在对公司持续经营能力产生重大影响的事项；

3. 实施了实质性测试，并在相关科目实质性测试底稿中体现了对持续经营假设的关注，在底稿中形成了有关公司持续经营能力分析的书面记录。其他相关程序的执行过程记录分散在相关底稿中；

4. 获取了管理层提供的《*ST水银山公司关于持续经营问题的说明》，反映了公司在持续经营能力方面存在的问题，并且提出了针对巨额亏损、逾期借款、欠缴税款及税款滞纳金、拖欠职工薪酬、预计损失等问题的诸多改善措施。

5. 在与管理层、治理层的沟通会议上讨论了被审计单位的持续经营能力，并在会议纪要中列示了"对公司持续经营能力产生重大影响"的事项。

6. 履行了持续经营审计程序表中所列示的工作内容，并标注了程序的实施情况。

7. 审计小结提及了被审计单位存在逾期借款、欠税及滞纳金、欠付职工薪酬、预计负债巨大、连续两年巨额亏损等情况，认为公司已在财务报告附注中披露了拟采取的改善措施，但可能导致对持续经营能力产生重大疑虑的事项或情况仍然存在重大不确定性，可能无法在正常的经营过程中变现资产、清偿债务；并在"关于对持续经营的关注"中描述了针对持续经营假设疑虑所做的具体工作：

（1）注册会计师检查了*ST水银山的财务报表，发现公司目前净资产尚未出现资不抵债的情形，2009 年末 *ST 水银山净资产 510 万元，注册会计师考虑 *ST 水银山对外担保涉诉预计负债累计计提数超过对外担保本金，认为 *ST 水银山 2009 年末净资产实际上应当大于 510 万元；

（2）注册会计师在审计过程中注意到，在过去一年中，*ST 水银山有过债务重组的成功经验。在地方政府的干预下，银行无法执行 *ST 水银山的抵押财产，被执行庭下调解从而达成和解，该事项给公司带来了较大的债务重组收益，约为 5 200 万元；

（3）注册会计师在审计过程中了解到，*ST 水银山在拉动就业和带动当地上游原材料供应产业等方面影响重大，因而一直能够得到地方政府的强力支持，未出现过已抵押或质押的资产被执行的情况；

（4）注册会计师在审计过程中了解到，*ST 水银山管理层正在推动实现债务重组和税费豁免的一系列措施，但由于涉及商业机密，注册会计师并未取得有关具体计划和安排的书面证据；

（5）注册会计师在审计过程中通过观察发现，*ST 水银山人员稳定，公司生产秩序井然，预计本年产能全面释放后，公司将实现扭亏为盈；

（6）注册会计师取得了管理层关于 *ST 水银山无持续经营疑虑的声明；

（7）据注册会计师了解，上市公司几乎无破产清算的前例。

基于上述审计程序的实施结果，注册会计师得出了"未有迹象表明 *ST 水银山公司按照持续经营假设编制财务报表是不适当的"的审计结论，并就持续经营问题出具了带强调事项段的无保留意见审计报告。强调事项段的内容如下："因公司逾期未偿还借款 9 815 万元、欠缴税款 15 214 万元、欠缴税款滞纳金 10 663 万元、应付职工薪酬中属于拖欠性质的金额 5 503 万元、计提预计担保损失 23 397 万元，2009

年净利润-14 401万元。截至2009年12月31日，未分配利润-52 344万元，连续两年巨额亏损，将被深圳证券交易所ST处理"，"*ST水银山公司已在财务报表附注中披露了拟采取的改善措施，但可能导致对持续经营能力产生重大疑虑的事项或情况仍然存在重大不确定性，可能无法在正常的经营过程中变现资产、清偿债务，为此出具了带强调事项段无保留意见的审计报告"。

（四）公司董事会针对2009年审计报告列示的强调事项提出的解决措施

公司董事会认为，2009年审计报告中所列示的强调事项，反映了公司在持续经营能力方面存在的问题，特提出以下解决措施：

1. 巨额亏损、将被实行"*ST"处理问题。

因环保调试和金融危机影响，公司2009年的生产经营活动受到严重影响，资金周转困难，造成巨额亏损。鉴于公司2008年、2009年连续两个会计年度亏损，根据《深圳证券交易所股票上市规则》等有关规定，公司将被深圳证券交易所实行"退市风险警示"特别处理。

公司董事会认为，2008年，由于公司进行了为期7个月的环保停产整顿，期间没有产量，销售收入大幅下降，造成亏损1.89亿元。自2008年以来，公司加大环境治理力度，污水排放已达到新的国家标准。目前公司正不断巩固环境治理成果，确保环保治理系统稳定运行。2009年度，受环保调试和金融危机影响，公司产品产量减少、销售价格下降，销售收入降低，各项费用摊销困难。同时，由于公司担保涉诉计提大额担保损失及增加坏账计提金额，造成亏损1.44亿元。据此，公司董事会提出以下解决亏损问题的具体措施：

（1）环保治理阶段性收官。在环保治理方面，公司已完成或基本完成了污水处理厂、人工湿地、电厂脱硫等八项环保工程。目前公司正在积极推进湿地工程建设和污水排放 COD 指标达到省级地方标准即 50mg/L，通过环境治理为实现公司可持续发展奠定基础。

（2）强化生产经营管理工作，实现满负荷生产。其核心是增加产品产量，提高产品质量，降低生产成本，实现扭亏为盈。

（3）推进节能、技改、原料结构调整。2010 年，公司将实施节能改造项目、原料及产品结构调整项目、废物利用项目，增创经济效益。

2. 逾期借款问题。

公司逾期负债主要为所欠中国银行 3 000 万元借款本金，以及 1 000 余万元借款利息。目前，公司已与有关方面初步达成债务重组意向，预计 2010 年 5 月此笔欠款将得到解决。其余逾期借款来自于 6 家银行，每笔额度均较小。公司将加大逾期借款偿还力度。

3. 欠缴税款及税款滞纳金问题。

（1）公司将继续协调税务部门，落实政府关于 2006 年以前的欠缴税款实行挂账处理，欠税滞纳金给予豁免的精神。

（2）关注国家税收政策的调整，争取国家税收政策支持，免除历史陈欠。同时，依法按时足额缴税，不新增欠税。

（3）积极协调省市税务部门，达成分期偿还欠税、免除滞纳金的共识。

4. 拖欠职工薪酬问题。

公司拖欠的职工薪酬主要为拖欠职工的养老保险和医疗保险等。在当地政府的大力支持下，养老保险拖欠问题计划于 2010 年 9 月底前彻底解决，欠缴的医疗保险目前已偿还 50%，余额计划逐月偿还。

5. 预计损失问题。

预计损失主要为公司对外担保涉诉计提损失所致，目前公司正积极与当地政府、债权人、第一债务人等方面沟通，取得政府支持，由第一债务人最大限度还款，以降低预计负债、减少公司损失。

（五）其他与经营相关的情况

1. *ST 水银山 2009 年末应收账款中，有应收宏业公司的 5 200 万元往来款，账龄已超过 2 年，*ST 水银山仅计提了 20% 的坏账准备，并没有按应收款项单项金额重大进行单项减值测试。该笔应收款占全部应收账款总额的 1/3 左右，如果进行单项减值测试，将会严重影响公司的净资产。

2. *ST 水银山公司在计提逾期借款利息时，未考虑因未能按时履行法院判决义务而导致的双倍借款利息，注册会计师也未注意到这一情况。

三、思考题

1. 关于资料中以下可能导致 *ST 水银山持续经营能力产生重大疑虑的事项或情况，请逐项判断其是否存在重大错报风险，并说明注册会计师的判断是否恰当。

（1）注册会计师认为 2009 年末公司净资产应超过 510 万元；

（2）注册会计师对"*ST 水银山治理污染排放的效果，以保证新的一年满负荷生产"这一事项表示信任；

（3）在《*ST 水银山公司关于持续经营问题的说明》中，*ST 水银山管理层提出要实现满负荷生产，扩大销售，经营实现盈利；推进节能、技改、原料结构调整，实现开源节流，以改变亏损状况。注册会计师信任了 *ST 水银山未来的盈利能力，并得出产能全面释放后公司将实现扭亏为盈的判断；

（4）关于管理层预期的债务重组和税费豁免能否实现，以及抵押资产是否会因为涉诉而被执行，注册会计师因为获悉了地方政府对 *ST 水银山的支持，消除了对 *ST 水银山持续经营能力的疑虑。

2. 注册会计师了解到，*ST 水银山管理层正在推动实现债务重组和税费豁免的一系列措施，但由于涉及商业机密，并未取得有关具体计划和安排等方面的书面证据。在上述情况下，注册会计师应当如何考虑审计意见类型？

3. 注册会计师在*ST 水银山 2009 年度财务报表审计中，就持续经营执行的审计程序是否到位？审计结论是否恰当？为什么？

四、思考题解答

1. 关于资料中以下可能导致*ST 水银山持续经营能力产生重大疑虑的事项或情况，请逐项判断其是否存在重大错报风险，并说明注册会计师的判断是否恰当？

（1）注册会计师认为 2009 年末公司净资产应超过 510 万元；

（2）注册会计师对"*ST 水银山将治理污染排放，以保证新的一年满负荷生产"这一事项表示信任；

（3）在《*ST 水银山公司关于持续经营问题的说明》中，*ST 水银山管理层提出要实现满负荷生产，扩大销售，经营实现盈利；推进节能、技改、原料结构调整，实现开源节流，以改变亏损状况。注册会计师信任了*ST 水银山未来的盈利能力，并得出产能全面释放后公司将实现扭亏为盈的判断；

（4）关于管理层预期的债务重组和税费豁免能否实现，以及抵押资产是否会因为涉诉而被执行，注册会计师因为获悉了地方政府对*ST 水银山的支持，消除了对*ST 水银山持续经营能力的疑虑。

解析：

（1）事项 1：存在重大错报风险。注册会计师仅基于*ST 水银山对外担保涉诉预计负债累计计提数超过对外担保本金这一点，就判断该公司未发生资不抵债,并且净资产应超过510万元,不符合谨慎性原则。从公司财务报表给出的信息来看,至少存在以下可能影响公司净资产额的情况:

①该公司2009年末应收账款中,有应收宏业公司的5 200万元往来款,账龄已超过2年,*ST水银山仅计提了20%的坏账准备,并没有按应收款项单项金额重大进行单项减值测试。该笔应收款占全部应收账款总额的1/3左右,如果进行单项减值测试,将会严重影响公司的净资产;

②*ST水银山公司在计提逾期借款利息时,未考虑因未能按时履行法院判决义务而导致的双倍借款利息,而注册会计师也未考虑到逾期利息的计提不完整对*ST水银山净资产和负债的影响;

③就*ST水银山的对外担保责任而言,仅考虑担保本金而不考虑法定孳息,不符合谨慎性原则。

综上所述,公司2009年末的账面净资产额并不准确,是否资不抵债还不确定,而注册会计师并未发现其中缺陷,甚至给予更为乐观的判断,有悖谨慎性原则。

(2) 事项2:存在重大错报风险。*ST水银山在年报中披露,公司2009年产能仅释放了70%,为改善持续经营能力,决定新的一年里环保治污进入收官阶段,新的一年公司将满负荷生产。可以推测,2009年*ST水银山将产能限制在正常水平的70%,是因为政府环保部门检测压力的存在,如果超过这个产能规模,公司可能无法保证治污达标。*ST水银山的环保治理已大约过去了两年,但公司对通过环保验收仍然信心不足。在这种巨大的环保政策风险下,*ST水银山当初的环保投入是否足够到位,公司未来能否开足马力生产以尽快达到盈亏平衡点,值得注册会计师关注。

(3) 事项3:存在重大错报风险。注册会计师对管理层提出措施的有效性应当予以全面谨慎的判断和评估。根据*ST水银山的年报披露，2008年度该公司因环保治污问题只开工生产5个月左右，2009年产能释放仅为70%，主营产品毛利率呈持续下降趋势。这些迹象表明，*ST水银山的竞争力并不乐观，在2009年较2008年产能提高的情况下，由于其他市场因素的影响，并未出现预期的向好情况，产品毛利率也未随着固定费用的摊销而提高。注册会计师应当获得公司未来生产经营盈利性等的资料并进行分析评估，关注和评价是否由于客户流失、原材料价格上涨、公司生产技术落后、产品结构缺陷、成本管理水平不高等其他因素造成对*ST水银山盈利能力的负面影响，进而作出能否信任产能释放将会使公司扭亏为盈的判断。

（4）事项4：存在重大错报风险。注册会计师在审计过程中了解到，在地方政府的支持下，*ST水银山有过成功的债务重组经验，也并未出现过已抵押或质押的资产被执行的情况。尽管如此，鉴于本年度*ST水银山逾期未还银行借款、对外担保涉诉累计金额、欠缴税款及欠税滞纳金数额巨大，仅仅凭借地方政府的保护，能否使得*ST水银山再次渡过难关、保证其持续经营能力，仍需注册会计师保持应有的谨慎和充分的职业怀疑态度进行判断。

①2009年，在政府的保护下，银行放弃了执行权而使*ST水银山取得债务重组收益5 200万元，在应对被追讨欠款风险时过多地依靠地方政府的保护，这从侧面反映了*ST水银山的偿债能力和债务重组能力值得怀疑。

②*ST水银山所期望的税费豁免，仅寄希望于地方税务部门帮助其解除全部负担，存在法律权限不当的问题。

③2009年末逾期未偿还的用固定资产和土地使用权抵押的银行借款9 815万元，如此巨额债务使得该公司再度举债融资的难度加大，也严重威胁正常生产经营设施的完整和持续经营能力的保持。

④ *ST水银山对外担保损失预计负债达23 398万元,数额巨大,一旦败诉,将给公司的正常生产经营带来巨大压力。

基于以上几点考虑,面对巨额债务和正常生产经营设施被抵押,*ST水银山能否顺利按预期实现债务重组和税费豁免并持续经营,尚存在较大的不确定性。另外,注册会计师也并未获得政府支持、与税务机关协商及初步结果等与上述事项相关的证据。

综上所述,上述事项均存在重大错报风险,注册会计师没有保持对公司持续经营能力的疑虑,作出谨慎的判断。

2. 注册会计师了解到,*ST水银山管理层正在推动实现债务重组和税费豁免的一系列措施,但由于涉及商业机密,并未取得有关具体计划和安排等书面证据。在上述情况下,注册会计师应当如何考虑审计意见类型?

解析:

由于*ST水银山逾期未还银行借款、对外担保涉诉累计金额、欠缴税款及欠税滞纳金数额巨大,一旦债务重组和税费豁免的一系列措施无法实现,公司很可能无法持续经营。在这样的情况下,注册会计师若没有获取充分、适当的审计证据以消除对公司持续经营的疑虑,是无法发表审计意见的。因此,对于公司管理层声称的相关具体方案因"涉及商业机密"而无法提供,注册会计师应当保持充分的职业怀疑态度,如果经过评估认为无法获得相关的证据构成重大受限情形,应考虑发表无法表示意见的审计报告。

3. 注册会计师在*ST水银山2009年度财务报表审计中,就持续经营执行的审计程序是否充分?审计结论是否恰当?为什么?

解析:

注册会计师虽然识别出了可能导致对被审计单位持续经营能力产生重大疑虑的事项,也对被审计单位管理层依据持续经营能力评估结果提出的应对计划进行了一定程度的复核，但在判断管理层提出的应对计划是否具体可行、考虑管理层提出的应对计划能否改善持续经营能力方面，未能获取充分、适当的审计证据，审计范围受到限制，难以消除对*ST水银山持续经营能力的疑虑，所得出的审计结论是不恰当的。

五、对注册会计师实施的审计程序的评价

在本案例中，注册会计师识别出了可能导致对被审计单位持续经营能力产生重大疑虑的事项，也对被审计单位管理层依据持续经营能力评估结果提出的应对计划进行了一定程度的复核，但在判断管理层提出的应对计划是否具体可行、考虑管理层提出的应对计划能否改善持续经营能力方面，注册会计师未能获取充分、适当的审计证据，以消除对*ST水银山持续经营能力的疑虑。在此情况下，注册会计师出具带强调事项段的无保留意见的审计报告是不恰当的。

六、案例教学的组织

对于本案例设计的思考题，鼓励学员在课外提前阅读和思考，了解《中国注册会计师审计准则第1324号——持续经营》有关财务、经营以及其他方面可能导致对持续经营假设产生重大疑虑的事项或情况，以及注册会计师实施的进一步审计程序、审计结论及审计意见类型等重要内容，以增强课堂讨论和案例教学的效果。

开放式讨论：

注册会计师为了确认持续经营假设运用的适当性，应该实施哪些审计程序？在公司财务状况恶劣的情况下，注册会计师在何种情况下，可以考虑确认持续经营假设运用仍然适当？

参考答案：

（1）关注被审计单位在账务、经营等方面存在的持续经营假设不再合理的各种迹象；

（2）了解被审计单位管理当局对于存在的持续经营假设不再合理的迹象计划采取的应对计划，考虑管理层提出的应对计划和其他缓解措施的效果，以确认是否存在与此类事项或情况相关的重大不确定性；

（3）与管理当局讨论、分析最近的中期财务报表、现金流量预测、盈利预测及其他预测，进一步了解影响持续经营假设合理性的因素以及这些因素本身的变化情况；

（4）检查借款合同及债务契约条款等的履行情况，审核影响持续经营假设的期后事项、财务承诺及或有事项；

（5）查阅股东大会、董事会会议及其他重要会议有关财务困境的讨论记录，检查有无改善措施及账务救助计划，并评估其合法性和可行性；

（6）向被审计单位的法律顾问和律师询问有关诉讼、索赔的情况，并向其询问管理层对诉讼或索赔结果及其财务影响的估计是否合理；

（7）向被审计单位索取关于持续经营假设的管理当局声明；

（8）验明应予披露的持续经营事项是否已作恰当披露。

每个面临财务困境的公司的情况各不相同，注册会计师可能无法获得所需的所有证据，但可以关注的是，公司是否具备持续经营的能力，包括发展战略（市场）的定位、技术力量和管理能力、产品所处的发展阶段、市场的竞争对手及其竞争能力。注册会计师如果能够获得充分、适当的审计证据，确认公司具备上述基本能力，就不一定仅仅因为存在财务困境而质疑公司按照持续经营假设编制财务报表的适当性。

13 SST 秋叶公司审计意见案例

一、学习目标

1. 了解审计意见类型及不同的适用情形
2. 掌握上年度审计意见为非标准审计意见时注册会计师应实施的审计程序
3. 掌握上年度审计意见为非标准审计意见时应获取的审计证据
4. 掌握上年度审计意见为非标准审计意见时应把握的重大错报风险

二、案例背景

此案例中，因与高林中国投资有限公司之间存在未决诉讼，林木市秋叶集团股份有限公司（以下简称"秋叶集团"）形成了或有负债，导致注册会计师在 2006 年和 2007 年年报审计中连续出具了带强调事项段的无保留意见审计报告，2008 年该诉讼尚未结束，但注册会计师却出具了标准无保留意见审计报告，由此产生了对注册会计师变更审计意见恰当性的思考。

(一) 公司情况

秋叶集团是1992年经林木市体改委和中国人民银行林木市分行批准,以秋叶公司为主体,中国工商银行林木市信托投资公司和林木市证券公司共同发起设立的大型商品零售企业,经营范围包括:零售兼批发百货、食品、副食品、纺织品、针织品、节目录像带、五金交电、日用杂品、家具、狩猎用具、工艺美术品等。秋叶集团于1993年6月注册登记,总股本7 510万股。公司第一大股东为林木市奔马实业集团有限公司,持股比例为24.6%。

多年来公司主营业务经营一直比较低迷,由于之前两年连续亏损,2004年秋叶集团被特别处理,股票名称变更为"ST秋叶",后又因种种原因未能按时完成股权分置改革,进一步变更为"SST秋叶"。一直到2007年和2008年,公司的经营状况依然没有改善,每年的净利润不足500万元。2003年以来,枫林会计师事务所一直为SST秋叶提供年报审计服务,近3年的签字注册会计师没有轮换。2006年和2007年,注册会计师对SST秋叶的年度财务报表出具了带强调事项段的无保留意见审计报告(强调事项均为SST秋叶所涉及的未决诉讼),2008年枫林会计师事务所出具了标准无保留意见审计报告。表1-39、表1-40、表1-41、表1-42是SST秋叶2006-2008年的相关财务指标和财务报表。

(二) 公司相关诉讼事项进展

SST秋叶在以前年度向中国建设银行林木市南岗支行借款19 300万元,利息920万元。该借款本息于2004年6月28日从建行林木市南岗支行转入中国风火资产管理公司,又于2004年11月29日从中国风火资产管理公司转入中国林火资产管理公司。2005年11月3日,中国

13 SST秋叶公司审计意见案例

表1-39　　SST秋叶2006-2008年度合并报表资产负债表　　单位：万元

	2008-12-31	2007-12-31	2006-12-31
流动资产：			
货币资金	8 061	1 548	341
应收账款	2	2	2
预付款项	58	65	74
其他应收款	15 794	17 201	21 579
存货	1 408	1 917	2 227
流动资产合计	25 323	20 733	24 223
非流动资产：			
固定资产	40 376	40 563	42 731
无形资产	11 514	11 879	12 245
长期待摊费用	6	14	28
递延所得税资产	2 364	2 182	2 452
非流动资产合计	54 260	54 638	57 456
资产总计	79 583	75 371	81 679
流动负债：			
短期借款	0	0	13 669
应付账款	4 281	3 811	4 030
应付职工薪酬	164	317	1 367
应交税费	180	124	129
应付利息	0	0	3 512
应付股利	79	79	79
其他应付款	50 560	47 864	35 411
一年内到期的非流动负债	0	0	1 980
流动负债合计	55 264	52 195	60 177
非流动负债：			
预计负债	7 094	6 145	4 591
非流动负债合计	7 094	6 145	4 591
负债合计	62 358	58 340	64 768
所有者权益（或股东权益）：			
实收资本（或股本）	24 356	24 356	24 356
资本公积金	4 004	4 212	4 422

续表

	2008-12-31	2007-12-31	2006-12-31
盈余公积金	611	611	610
未分配利润	-12 250	-12 720	-13 101
少数股东权益	504	572	624
归属于母公司所有者权益合计	16 721	16 459	16 287
所有者权益合计	17 225	17 031	16 911
负债和所有者权益总计	79 583	75 371	81 679

表1-40　SST 秋叶 2006-2008 年度利润表（合并报表）　　　　单位：万元

	2008年度	2007年度	2006年度
一、营业总收入	20 483	17 952	17 733
营业收入	20 483	17 952	17 733
二、营业总成本	20 211	22 256	24 329
营业成本	12 611	11 024	11 485
营业税金及附加	402	317	293
销售费用	258	357	473
管理费用	4 860	6 246	6 225
财务费用	1 193	2 730	2 655
资产减值损失	887	1 582	3 198
三、其他经营收益	0	0	0
四、营业利润	272	-4 304	-6 596
加：营业外收入	9	4 909	5
减：营业外支出	31	0	676
五、利润总额	250	605	-7 267
减：所得税	-182	275	-357
六、净利润	432	330	-6 910
减：少数股东损益	-68	-52	-184
归属于母公司所有者净利润	500	382	-6 726
七、每股收益：			
（一）基本每股收益	0.02	0.02	-0.28
（二）稀释每股收益	0.02	0.02	-0.28

13 SST 秋叶公司审计意见案例

表 1-41　SST 秋叶 2006-2008 年度现金流量表（合并报表）　　　　单位：万元

	2008 年度	2007 年度	2006 年度
一、经营活动产生的现金流量：			
销售商品、提供劳务收到的现金	22 848	20 251	19 008
收到其他与经营活动有关的现金	8 531	5 455	7 820
经营活动现金流入小计	31 379	25 706	26 828
购买商品、接受劳务支付的现金	13 343	13 435	17 010
支付给职工以及为职工支付的现金	2 197	3 294	1 813
支付的各项税费	1 080	891	1 206
支付其他与经营活动有关的现金	5 907	3 099	4 696
经营活动现金流出小计	22 527	20 719	24 725
经营活动产生的现金流量净额	8 852	4 987	2 103
二、投资活动产生的现金流量：			
处置固定资产、无形资产和其他长期资产收回的现金净额	0	0	6
投资活动现金流入小计	0	0	6
购建固定资产、无形资产和其他长期资产支付的现金	2 339	781	2 849
投资活动现金流出小计	2 339	781	2 849
投资活动产生的现金流量净额	-2 339	-781	-2 843
三、筹资活动产生的现金流量：			
收到其他与筹资活动有关的现金	0	1	4
筹资活动现金流入小计	0	1	4
偿还债务支付的现金	0	3 000	0
分配股利、利润或偿付利息支付的现金	0	0	1
筹资活动现金流出小计	0	3 000	1
筹资活动产生的现金流量净额	0	-2 999	3
四、汇率变动对现金的影响	0	0	0
五、现金及现金等价物净增加额	6 513	1 207	-737
期初现金及现金等价物余额	1 548	0	0
期末现金及现金等价物余额	8 061	0	0

表 1-42　SST 秋叶 2008 年度财务报表披露的预计负债变动情况　　单位：万元

项目	期初账面余额	本期增加	本期减少	期末账面余额
未决诉讼	1 165	0	0	1 165
预计借款利息	4 277	1 148	0	5 425
预计诉讼费	703	0	200	503
合计	6 145	1 148	200	7 093

林火资产管理公司将上述借款转让给高林中国投资有限公司（以下简称"高林公司"）。

2006 年 4 月，高林公司向江林省高级人民法院（以下简称"省高院"）申请诉前财产保全，冻结或查封 SST 秋叶价值 20 220 万元的资产。2006 年 4 月 30 日，SST 秋叶收到省高院《民事裁定书》裁定，查封 SST 秋叶座落于林木市东大直街的营业楼、商厦营业楼、SST 秋叶的商标以及其他等额财产，冻结或查封期间不得转让、抵押、过户或设定其他权利。

2006 年 5 月，高林公司向省高院提起诉讼，要求 SST 秋叶偿还上述借款本金 19 300 万元及利息 920 万元，2003 年 12 月以后的利息按中国人民银行规定的逾期贷款利率计算到本金付清之日止，并要求判令 SST 秋叶以抵押的房产折价或者变卖，拍卖的价款优先偿还其借款。

2007 年 1 月 19 日，SST 秋叶收到《江林省高级人民法院民事裁决书》，对 SST 秋叶与高林公司诉讼事项一案判决如下：

1. SST 秋叶于本判决生效后十日内偿还高林公司借款本金人民币 19 300 万元；

2. SST 秋叶于本判决生效后十日内偿还高林公司借款利息（2003 年 12 月 31 日前的借款利息 920 万元，2004 年 1 月 1 日起至本判决确定的给付之日止的借款利息按中国人民银行同期逾期贷款利率分段计算）。

3. 驳回高林公司其他诉讼请求。案件受理费 102 万元，财产保全费 101 万元，合计 203 万元，由秋叶集团承担。

对于上述判决，SST 秋叶于 2007 年上诉至中华人民共和国最高人民法院。SST 秋叶对上述借款累计预计利息支出 4 277 万元（含 2003 年 12 月 31 日前的借款利息 920 万元）。至 2007 年报告期末，该诉讼事项尚未作出判决。

SST 秋叶于 2008 年 3 月 4 公告："由于部分设施需进行维修改造及原客户经营期满，本公司所属秋叶商厦自 2008 年 3 月 4 日起正式停业闭店，进行维修改造。闭店至重新开业期限目前无法确定，待重新开业前公司将及时公告。"事实上，秋叶商厦闭店的根本原因是诉讼案件判决后法院将该楼查封。

2008 年 10 月 27 日，就 SST 秋叶与高林公司借款合同纠纷一案，省高院下达《江林省高级人民法院民事裁定书》，裁定如下：

1. 解除对申请人 SST 秋叶坐落于林木市东大直街的秋叶商厦营业楼的查封。

2. 查封 SST 秋叶坐落于林木市东大直街的秋叶商厦的部分楼层，查封期间不得转让、抵押、过户及设定其他权利。

截至 2008 年 12 月 31 日，SST 秋叶对上述借款累计预计利息支出 5 425 万元。至 2008 年报告期末，由于最高人民法院尚未裁决，该诉讼事项尚未解除。

2009 年 5 月 12 日，公司接到《江林省高级人民法院执行裁定书》，裁定如下：

1. 查封被执行人 SST 秋叶拥有的座落于林木市南岗区东大直街的秋叶商厦营业楼。

2. 查封期间不得对被查封房产设定权利负担，不得有妨碍执行的其他行为。

3. 查封期限自2009年5月8日至2011年5月7日止。

2009年11月25日,公司接到《中华人民共和国最高人民法院民事裁决书》,判决如下:

1. 维持2007年江林省高级人民法院民事判决书第1、3项;

2. 撤销2007年江林省高级人民法院民事判决书第2项;

3. SST秋叶向高林公司偿付利息3 800万元。一审案件受理费按原审判决执行;二审案件受理费102万元,由SST秋叶承担。本判决为终审判决。

2010年5月15日,SST秋叶与高林公司签订《执行和解协议》,主要内容如下:

1. SST秋叶知悉并确认以下事实:SST秋叶清偿债务的行为应向高林公司履行。高林公司对SST秋叶所享有债权本金为人民币19 300万元及相应利息。

2. 为清偿SST秋叶所欠高林公司的债务,SST秋叶应向高林公司支付人民币11 000万元。上述还款分两次完成,其中:2010年5月31日之前SST秋叶一次性支付人民币8 000万元;剩余款项人民币3 000万元应于2010年8月15日之前一次性付清。上述所有款项均应通过电汇方式直接打入案件执行法院指定的账户。该电汇的任何银行收费应由SST秋叶负担。

3. SST秋叶按上述约定按期足额支付第一期还款人民币8 000万元,且在高林公司收到上述8 000万元,以及SST秋叶将本协议第五条明确的案件执行费按期支付至案件执行法院后,高林公司将于收到款项的次日向法院递交解除秋叶商厦一楼以外的其余查封资产的申请。依调解笔录的相关内容,法院将于收到高林公司申请的当日解除有关查封。SST秋叶按上述约定按期足额支付第二期还款人民币3 000万元且在高林公司收到上述3 000万元后,高林公司将于收到款项后次日向法院递交解除对秋叶商厦一楼的查封以及对 SST 秋叶其余全部资产的查封申请。依据调解笔录，法院将于收到高林公司申请当日解除有关查封。在 SST 秋叶依上述第二条约定按期足额支付人民币 11 000 万元，且高林公司收到上述款项后，高林公司同意放弃对 SST 秋叶的剩余债权（剩余本金及相应利息）及其他执行请求。在收到上述全部人民币 11 000 万元还款前，高林公司不放弃应由高林享有的任何权利及附属于该权利的一切从属权利，SST 秋叶应承担的义务不因本协议的订立而有任何减免。

4. 案件执行费用共计人民币 30 万元，由 SST 秋叶单方承担，SST 秋叶应在 2010 年 5 月 31 日之前将上述执行费一次性汇入案件执行法院的账户。

2010 年 8 月 12 日，秋叶公司向高林公司支付人民币 11 000 万元，汇入指定账户，至此 SST 秋叶与高林公司签订的《执行和解协议》中约定的还款事项执行完毕。本次《执行和解协议》执行完毕后，预计 SST 秋叶可获得债务重组收益约 15 000 万元［本金 19 300 万元，2008 年之前的累积预计利息支出为 5 425 万元，2009 年预计利息支出 1 560 万元，实际偿还金额为 11 000 万元，案件受理以及执行费用为 360 万元，即 19 300 + 5 425 + 1 560 − 11 000 − 360 = 14 925（万元）］

2010 年 8 月 18 日，SST 秋叶接到关于终结最高人民法院民事判决书执行程序的裁定书，内容为解除 SST 秋叶位于林木市南岗区东大直街被冻结楼层房产以及南岗区东大直街秋叶商厦营业楼一层商用房产的查封。终结最高人民法院民事判决书的执行程序。

至此，SST 秋叶与高林公司的诉讼事项全部解除。

（三）注册会计师实施的主要审计程序

枫林会计师事务所就上述诉讼事项给公司持续经营带来的重大不

确定性，在 2006 和 2007 年度均出具了带强调事项段的无保留意见报告。强调事项的内容为：由于该未决诉讼事项的存在，SST 秋叶能否持续经营存在重大不确定性。

2008 年度审计过程中，项目小组在现场审计中获取了有关诉讼的法律文件，但没有实施其他审计测试程序，就提出了出具标准无保留意见审计报告的初步意见。

枫叶会计师事务所质量监管部在该项目追加复核要点表中提出，"给公司持续经营带来重大不确定性的诉讼情况并未消除，企业持续经营能力需结合各项指标分析。"

根据复核要求，注册会计师实施了进一步审计程序。在工作底稿中记录了如下答复内容：基于以下程序和分析，结合该公司实际情况及审计准则相关内容，运用职业判断，我们认为可以判定该公司持续经营能力不存在重大不确定性：

1. 公司主营业务方面。

获取并检查了财务报表的相关数据，通过分析可知该公司的经营方式主要为联营扣点、保底倒扣、柜台租赁等方式，自营的部分很少（2008 年自营销售老库存收入仅占营业收入总额的 2.25%）。库存商品的减值风险较小，收入的构成较为稳定，库存积压导致资金周转困难的风险较小。且公司管理层在公司经营方面采取了积极有效的措施，使得该公司在金融危机影响及商厦未开始营业的条件下，主营业务收入较上年仍有增长。

2. 偿债能力方面。

获取并检查了资产负债表数据，分析 SST 秋叶的流动负债结构可以看到，流动负债中短期借款为零，不存在无法偿付银行借款的风险；应交税费 180 万元，不存在大额逾期未交税金；其他应付款 50 560 万元，其中大股东的扶持资金为 11 000 万元，该笔款项系 2007 年大股东借给秋叶集团用于偿还工行贷款;大股东在资金上对公司的支持力度很大,在需要时公司容易获得外部资金支持。因此虽然流动资产远小于流动负债,但实际上资金周转困难问题使该公司无法持续经营的风险较小。

3. 现金流方面。

获取并检查了现金流量表,确定 2008 年该公司经营活动产生的现金流量净额为 8 852 万元,上年同期为 4 987 万元,现金流较为稳定,风险较小。

4. 获取并检查了高林公司诉讼案件的相关文件以及法院判决书,了解到在公司与高林公司诉讼案中,SST 秋叶正在就高林公司是否有资格收购国内债权向最高人民法院提起诉讼。同时公司提出,如果败诉,拟采取债务和解方式,与高林公司沟通,商定折扣率后,解除该诉讼事项。

据上,我们判断该公司持续经营能力不存在重大不确定性。

事务所质量监管部门认可了项目小组的上述意见。因此,在 2008 年度,枫叶会计师事务所出具了标准无保留意见的审计报告。

三、思考题

1. 持续经营审计涉及的情况十分复杂,注册会计师在不同情况下表达审计意见所需要收集的证据也各有不同。无法持续经营一般有哪几种情况?注册会计师应当设计哪些专门的审计程序?

2. 根据审计准则的要求,对于上年度被出具非标准意见类型的审计报告,注册会计师应当关注被强调或被保留等导致出具非标意见类型的事项。本案例中,注册会计师在 2006 年和 2007 年出具的带强调事项的无保留意见审计报告中,强调事项的内容为:由于该未决诉讼事项的存在，SST秋叶能否持续经营存在重大不稳定性。针对本案例中，上年度审计报告意见类型为非标准意见类型，你认为注册会计师在2008年度财务报表审计中应当重点关注哪些方面？重点实施哪些程序？

3. 本案中，注册会计师列举的消去强调事项段的理由是否充分？为什么？

四、思考题解答

1. 持续经营审计涉及的情况十分复杂，注册会计师在不同情况下表达审计意见所需要收集的证据也各有不同。无法持续经营一般有哪几种情况？注册会计师应当设计哪些专门的审计程序？

解析：

注册会计师对被审计单位持续经营能力产生怀疑的情况大致有以下三类：

（1）财务状况：无法偿还到期债务；无法偿还即将到期且难以展期的借款；无法继续履行重大借款合同中的有关条款；存在大额的逾期未缴税金；累计经营性亏损数额巨大；过度依赖短期借款筹资；无法获得供应商的正常商业信用；难以获得开发必要新产品或进行必要投资所需资金；资不抵债；营运资金出现负数；经营活动产生的现金流量净额为负数；大股东长期占用巨额资金；重要子公司无法持续经营且未进行处理；存在大量长期未作处理的不良资产；存在因对外巨额担保等或有事项引发的或有负债。

（2）经营活动状况：关键管理人员离职且无人替代；主导产品不符合国家产业政策；失去主要市场、特许权或主要供货商；人力资源或重要原材料短缺。

（3）其他状况：严重违反有关法律、法规或政策；异常原因导致停工、停产；有关法律法规或政策的变化可能造成重大不利影响；经营期限即将到期且无意继续经营；投资者未履行协议、合同、章程规定的义务，并有可能造成重大不利影响；投资者未履行协议、合同、章程规定的义务；因自然灾害、战争等不可抗力遭受严重损失。

本案例中，SST秋叶存在重大未决诉讼事项，公司需要偿还的借款本金及利息、罚息数额巨大。如果被强制清算偿还债务，公司的持续经营肯定会受到严重影响。注册会计师应当设计如下专门的审计程序，检查确认公司继续按照持续经营基础编制财务报表的恰当性：

（1）关注被审计单位在账务、经营等方面存在持续经营假设不再合理的各种迹象；

（2）了解被审计单位管理当局对于存在的持续经营假设不再合理的迹象采取的应对计划，考虑管理层提出的应对计划和其他缓解措施的效果，获取充分、适当的审计证据，以确认是否存在与此类事项或情况相关的重大不确定性；

（3）与管理当局讨论分析最近的中期财务报表、现金流量预测、盈利预测及其他预测，进一步了解影响持续经营假设合理性的因素以及这些因素本身的变化情况；

（4）检查借款合同及债务契约条款等的履行情况，审核影响持续经营假设的期后事项、财务承诺及或有事项；

（5）查阅股东大会、董事会会议及其他重要会议有关财务困境的记录，检查有无改善措施及账务救助计划，并评估其合法性和可行性；

（6）向被审计单位的法律顾问和律师询问有关诉讼、索赔的情况，并向其询问管理层对诉讼或索赔结果及其财务影响的估计是否合理；

（7）向被审计单位索取关于持续经营假设的管理层声明；

（8）对于应予披露的持续经营事项，检查是否已作恰当披露；

（9）检查管理当局是否取得股东的资金支持以及股东提供资金支

持的能力，是否对上年度导致持续经营能力出现重大不确定性的事项采取相应的措施：处置资产、售后回租资产、取得担保贷款、实施资产重组、获得新投资、削减营业开支或延缓开支、获得重要原材料的替代品、开拓新市场等。

2. 根据审计准则的要求，对于上年度被出具非标准意见类型的审计报告，注册会计师应当关注被强调或被保留等导致出具非标意见类型的事项。本案例中，注册会计师在2006年和2007年出具的带强调事项的无保留意见审计报告中，强调事项的内容为：由于该未决诉讼事项的存在，SST秋叶能否持续经营存在重大不稳定性。针对本案例中，上年度审计报告意见类型为非标准意见类型，你认为注册会计师在2008年度财务报表审计中应当重点关注哪些方面？重点实施哪些程序？

解析：

本案例中，SST秋叶持续经营能力出现重大不确定性的原因为未决债务诉讼，公司随时有可能被要求承担相关责任，或被处以大额的违约金及限时归还所欠款项。对此，注册会计师应当关注秋叶就该诉讼事项与债权人之间的关系、上诉的理由及胜诉的可能性，是否存在潜在的有能力的债务支付人（如大股东），是否存在新业务领域，现有业务的国内市场是否发生重大转变等。注册会计师应当重点关注上述问题并实施以下程序：

（1）检查SST秋叶管理层内部决策文件，包括董事会会议纪要、决议等文件，以了解其法律债务诉讼事项；

（2）检查SST秋叶的相关法律资料，对企业的律师发出询证函，以证实企业债权人的法律诉讼事项对财务状况的影响；

（3）观察SST秋叶的生产经营活动，关注其主营业务对企业盈利能力的贡献，关注主营业务的发展空间对企业持续经营能力的影响；

（4）审阅SST秋叶子公司及其他投资单位的财务报告，证实子公司的经营状况及各种投资款项减值状况对企业可持续经营能力的影响；

（5）收集 SST 秋叶近年财务报表及生产经营数据，对相关数据进行多角度、广视野的对比分析，关注财务报告与相关分析指标的匹配程度，对异常的财务指标进行细化和分解，查找相关数据与预期差异的深层次原因，分析未预期差异对企业持续经营能力的影响；分析流动负债超过流动资产原因；

（6）取得管理层有关应对计划的书面声明，复核被审计单位管理层就持续经营能力评估结果提出的应对计划，复核期后事项并考虑被审计单位是否可能改善其持续经营能力；

（7）由于诉讼金额巨大，需了解败诉的可能性，以及还款的资金来源（自身资金可能不能满足还款需求，如果股东提供资金支持，需取得资金支持函并了解股东的财务能力）。

3. 本案中，注册会计师列举的消去强调事项段的理由是否充分？为什么？

解析：

对注册会计师列举的消去强调事项段的理由不充分。分析如下：

（1）公司主营方面：该公司的经营方式主要为联营扣点、保底倒扣、柜台租赁等方式，自营的部分很少（2008 年自营销售老库存收入仅占营业收入总额的 2.25%）。库存商品的减值风险较小，收入的构成较为稳定，库存积压导致资金周转困难的风险较小。且公司管理层在公司经营方面采取了积极有效措施，使得该公司在金融危机影响及商厦未开始营业的条件下，主营业务收入较上年仍有增长。但是，长期以来公司主营业务经营一直比较低迷，2004 年上半年被特别处理，2007 年度和 2008 年度净利润均不足 500 万元。公司 2008 年的主营业务收入较上年虽然有一定增长，收入构成较为稳定，但主营业务收入仅在一个较小的范围内小幅波动，并未形成主营业务收入稳步增长的趋势，公司的经营状况并无明显改善。

（2）偿债能力方面：从该公司的流动负债结构上看，短期借款为零，不存在面临偿付银行借款方面的风险；应交税费 180 万元，不存在大额逾期未交税金；其他应付款 50 560 万元中大股东扶持资金 11 000 万元，该笔款项系 2007 年大股东借给秋叶集团用于偿还工行贷款形成，且大股东对该公司的资金支持力度很大，需要时公司容易获得外部资金支持。因此，虽然流动资产远小于流动负债，但因为资金周转困难问题使该公司无法持续经营的风险较小。实际上，该条理由并不成立。其他应付款 50 560 万元中与大股东关联的资金为 11 000 万元，仅占 SST 秋叶其他应付款的 21.76%，公司的资产负债率高达 78.36%，流动负债与流动资产的比率更是达到了 2.18，公司的偿债能力值得怀疑。即使大股东在资金方面对 SST 秋叶的支持力度很大，也不能证明公司容易获得外部资金支持。注册会计师只有实施进一步审计程序，包括审核公司大股东的财务状况、经营成果及现金流量、检查大股东与 SST 秋叶之间的担保情况等审计程序，以验证大股东在公司出现债务风险的时候是否具有偿还债务的能力和意愿。

（3）现金流方面：该公司本年经营活动产生的现金流量净额为 8 852 万元，上年同期为 4 987 万元，现金流较为稳定，风险较小。但分析 SST 秋叶 2008 年现金流量表可以得知，公司 2008 年较 2007 年经营活动产生现金流量净额的变化主要在"收到其他与经营活动有关的现金"项目中，说明偶发性的非日常经营收入变化较大，并不能证明公司的日常经营活动有明显的增长态势。

（4）对于高林一案，该企业正在就该公司是否有资格收购国内债权向最高人民法院提起诉讼。如果该企业败诉，公司拟采取债务和解方式，与高林公司沟通，商定折扣率后，解除该诉讼事项。实际上，

SST 秋叶在 2009 年被高院执行继续查封、账户被冻结,投资风险大大升高;与此同时,公司并没有与高林公司就和解事宜进行任何实质性的谈判,债务和解的可能结果根本无法得知。随后的事情进展结果告诉我们,直至 2010 年 SST 秋叶与高林公司才达成了协议,在向其如数支付了所欠款项之后,高院的执行程序才予以终止,SST 秋叶的诉讼风险才得以解除。

综上所述,枫林会计师事务所在没有实施相应的进一步审计程序(例如关注 SST 秋叶就该诉讼事项与债权人之间的关系、上诉的理由及其胜诉的可能性,是否存在潜在有能力的债务支付人)的情况下,就直接判断该公司持续经营能力不存在重大不确定性的做法是不恰当的。

五、对注册会计师实施的审计程序的评价

在审计实务中,被审单位的财务状况恶化和公司停产导致注册会计师对公司持续经营能力产生怀疑的情况占绝大多数,超过了 60%。同时,被审单位因存在"对外巨额担保等或有事项引发的或有负债"这一情况而被出具持续经营不确定性意见的案例也是屡见不鲜的。通过对持续经营不确定性审计意见的来源分析,有以下几点值得注意:

1. 注册会计师比较注意分析资产质量,如关注资产获利能力。另外,因存在大量巨额担保或债务诉讼,被审单位的资产冻结质押现象较多,注册会计师对此表示关注也是重视资产质量的表现。

2. 上市公司不仅存在审计准则所提及的大股东长期占用巨额资金的现象,关联方占用资金的现象也较为严重,且存在一部分因应收关联方款项收回的重大不确定性被注册会计师提出持续经营疑虑的审计报告。

3. 被审单位各项资产减值准备在持续经营不确定性审计意见段中被多次提到，说明实务中存在通过减值准备进行利润操纵的现象。

通过 SST 秋叶的案例可以看出，很多上市公司"ST"原因都是源于其持续经营能力受到质疑。企业持续经营能力是影响报表使用者合理决策的一个极为重要的因素，所以注册会计师应将对企业持续经营能力的关注作为重要的审计事项，通过一定的审计方法和程序发现影响被审单位持续经营能力的重大事项，对被审单位的改善持续经营能力的措施进行评价，据以确定发表的审计意见类型，通过审计报告信息的披露，达到促进企业改善经营状况、提醒报表使用者回避风险和减少损失的目的。

因此，审计准则要求注册会计师在审计过程中发现被审单位出现持续经营出现重大不确定性的迹象时，不论被审单位的会计处理与披露如何公允、全面，绝对不可以出具标准无保留意见，至少要加强调事项段，提醒报表使用者注意不可验证和不可控事项。如果不具备持续经营能力的公司坚持采用持续经营假设，注册会计师应该出具更为谨慎保守的审计意见，以确保审计风险在可控的指标内。

本案例中，思诚会计师事务所在 2008 年报告期末重大诉讼事项未决的情况下，为秋叶公司出具了标准无保留的审计意见，显然是不符合审计准则要求的。而期后事项也证明了，SST 秋叶在 2009 年被继续查封公司营业楼层、银行账户被冻结，直至 2010 年向高士通公司支付了所欠款项，诉讼事项才予以解除。这证明，SST 秋叶在 2008 年诉讼事项未决，其持续经营能力仍然存在重大不确定性。在这种情况下出具标准无保留审计意见，是注册会计师的执业水平或者是职业道德出现了一定的问题。

从沪深 A 股上市公司被出具的审计报告来看，ST 公司比非 ST 公司更易被注册会计师出具持续经营不确定性审计意见。原因如下：（1）资产负债率、营业利润率、上年度意见和公司是否被 ST，是影响注册会计师出具持续经营不确定性审计意见的四大显著因素；（2）事务所实际是在寻求一种自我保护，即当公司发生破产时，期望免除诉讼风险、将自身责任降至最低的同时，又能够弥补社会公众对审计的期望差距。对于企业而言，这种趋势也无疑让企业更加注重其资产负债率和利润率的健康度；对于公众而言，报告中对于持续经营假设的审计意见披露能让投资者更早意识到公司的隐患；对于事务所而言，这种做法有助于完善审计体制，增强了审计意见的可信度，同时也增加了注册会计师的独立性，而独立性正是注册会计师的灵魂。但是持续经营不确定性审计意见可能会造成一种独特的效果，就是让本来可以安全渡过危机的企业在被出具持续经营不确定性审计意见之后陷入困境；对事务所而言，也意味着失去了未来的审计费用收入。因此，注册会计师在控制审计风险和保证报告可靠性的同时，在考虑出具持续经营假设的非标审计意见时也要适当权衡利弊。

六、案例教学组织

案例教学应从或有事项入手，分析未决诉讼对 SST 秋叶的影响，结合风险导向审计的要求、以往的审计意见以及相关的财务数据，慎重分析诉讼所带来的风险，分析其对公司的现期经营和现金流量带来的影响，并结合自身的判断，思考出具何种意见类型的报告更为合理。对于本案例设计的思考题，鼓励学员课外提前阅读和思考，掌握《企业会计准则》和《中国注册会计师审计准则》有关或有事项、持续经营、审计意见等方面的内容，以保证课堂讨论和案例教学的效果。另外，可以关注和讨论以下问题，以深化对相关问题的认识。

开放式讨论 1：

我们知道很多上市公司"ST"原因都是源于其持续经营能力受到质疑，企业持续经营能力是影响报表使用者合理决策的一个极为重要的因素，结合本案例分析，相对于非 ST 类公司，哪些因素会导致注册会计师对 ST 类公司出具持续经营不确定性审计意见？

参考答案：

持续经营假设是会计四大基本假设之一。持续经营是指在可以预见的未来，企业将会按当前的规模和状态继续经营下去，不会停产，也不会大规模削减业务。在持续经营假设前提下，会计核算应当以企业持续、正常的生产经营活动为前提。审计中的持续经营与会计中的概念大致相同，但略有区别。我国审计准则对持续经营假设的定义为：被审计单位在编制会计报表时，假定其经营活动在可预见的将来会继续下去，不拟也不必终止经营或破产清算，可以在正常的经营过程中变现资产、清偿债务。审计准则所称可预见的将来，通常是指资产负债表日后 12 个月。在涉及持续经营问题的审计报告中，一些上市公司的持续经营能力及其披露并不存在显著差异的情况下，注册会计师的审计意见类型却差异很大，致使审计报告的鉴证性、有用性受到质疑，甚至对报表使用者产生误导。可见持续经营能力对审计意见的影响是很大的，而且很容易受人为因素的影响。

在审计实务中，被审计单位的财务状况恶化和公司停产导致注册会计师对公司持续经营能力产生怀疑的情况占绝大多数。同时，被审计单位因存在对外巨额担保等或有事项引发的或有负债而被出具持续经营不确定性意见的案例也是屡见不鲜。通过对持续经营不确定性审计意见的来源分析，有以下几点值得注意：

（1）重大诉讼。注册会计师应关注被审计单位的重大诉讼情况，比如本案例中的 SST 秋叶与高林公司的未决诉讼，由于公司存在很大的败诉可能，公司有可能无法持续经营，从而导致注册会计师出具不确定性意见；

（2）资产质量。注册会计师应注意分析资产质量，如关注资产获利能力。另外，因存在大量巨额担保或债务诉讼，被审计单位资产遭到冻结质押的现象较多，注册会计师对此也应当予以关注；

（3）资金占用现象。上市公司不仅存在审计准则所提及的大股东长期占用巨额资金的现象，关联方占用资金的现象也较为严重，且存在一部分因应收关联方款项收回的重大不确定性被注册会计师提出持续经营疑虑的审计报告；

（4）资产减值情况。被审计单位各项资产减值准备在持续经营不确定性审计意见段中被多次提到，说明实务中存在通过减值准备进行利润操纵的现象。

从沪深 A 股上市公司被出具的审计报告来看，ST 公司比非 ST 公司更易被注册会计师出具持续经营不确定性"非标"审计意见。原因如下：

（1）资产负债率、营业利润率、上年度意见和公司是否被 ST，是影响注册会计师出具持续经营不确定性审计意见的四大显著因素；

（2）事务所实际是在寻求一种自我保护，即当公司发生破产时，期望免除诉讼风险、将自身责任降至最低的同时，又能够弥补社会公众对审计的期望差距。对于企业而言，这种趋势也无疑让企业更加注重其资产负债率和利润率的健康度；对于公众而言，报告中对于持续经营假设的审计意见披露能让投资者更早意识到公司存在的隐患；对于事务所而言，这种做法有助于完善审计体制，增强了审计意见的可信度，同时也增加了注册会计师的独立性，而独立性正是注册会计师的灵魂。

开放式讨论 2：

对公司持续经营问题发表审计意见涉及较为复杂的专业判断时，结合审计准则的要求，分析注册会计师应当注意哪些问题？

参考答案：

持续经营不确定性审计意见的出具属于多阶段的决策问题。持续经营不确定性审计意见的出具分为三个过程：（1）判断被审计单位持续经营能力是否存在重大疑虑；（2）判断是否应出具持续经营不确定性审计意见；（3）判断出具何种类型的审计意见。

我国 2006 年颁布的审计准则中，对持续经营不确定情况下审计意见的出具做了较为详细的规定。但在审计实务中，注册会计师的专业判断对于审计意见的出具仍然影响很大。

在我国上市公司审计实务中，就审计意见而言，持续经营不确定性审计意见以带强调事项段的无保留意见最多，其次是保留意见和无法表示意见。同时，在实践中，注册会计师在持续经营不确定性审计意见的出具方面存在以下误区：

（1）将无法表示意见等同于持续经营存在严重不确定性。无法表示意见的出具源自审计师的审计范围严重受限。但注册会计师往往认为，出具无法表示意见的审计报告可以充分表达对被审计单位持续经营能力产生重大疑虑的程度。

（2）用无法表示意见代替否定意见。出具否定意见有两种情形：一是被审计单位运用持续经营假设适当，但可能导致对持续经营能力产生重大疑虑的事项或情况存在重大不确定性，同时财务报表未充分披露，此时应出具保留或否定意见；二是注册会计师已判断出被审计单位将不能持续经营，但报表仍按持续经营假设编制，此时应出具否定意见。在（1）情况下，注册会计师倾向出具保留意见代替否定意见。而在（2）情况下，则倾向以无法表示意见代替否定意见。

注册会计师在决策发表何种意见时,比较普遍的动机是:减少注册会计师的审计风险和诉讼风险。事务所实际是在寻求一种自我保护,即当被审计单位陷入危机时,期望免除诉讼风险、将自身责任降至最低。同时,注册会计师又受到来自于被审计单位和其他利益相关方的压力,需要权衡利弊。因此,注册会计师在控制审计风险和保证审计报告可靠性的同时,在考虑出具持续经营假设的非标审计意见时,应当谋求所出具审计意见能够产生积极的经济与社会后果。

14 盛德立威公司关联交易审计案例

一、学习目标

1. 了解如何识别公司的盈余管理动机，关注其可能带来的财务报表重大错报风险

2. 掌握注册会计师针对关联方及关联方交易审计应当实施的审计程序

3. 了解对股权转让形式的关联方交易进行审计时应当获取的审计证据

二、案例背景

盛德立威股份有限公司（以下简称"盛德立威"）于1998年在上海证券交易所上市，盛德立威2006、2007两年连续亏损，公司股票被标识为"ST立威"，如2008年经营业绩不能改善，则面临退市的风险。2008年盛德立威通过高价向关联方中科机械工业南风公司（以下简称"中科南风"）转让子公司和联营公司股权成功扭亏为盈，后续信息显示交易双方对此交易签署了"地下协议"，盛德立威要在资产负债表日后将上述股权买回。盛德立威通过关联方股权转让成功地操纵了利润，而注册会计师并未发现。

14 盛德立威公司关联交易审计案例

(一) 公司情况

盛德立威聘用金城会计师事务所有限公司(以下简称"金城所")为其提供年报审计服务。上市之初,盛德立威以生产销售内燃机、农用运输车、拖拉机为主,近几年以生产销售载货汽车、内燃机为主。

盛德立威持有荣腾集团地毯有限公司(以下简称"荣腾地毯")73.53%的股权,以及苏东生命科技发展股份有限公司(以下简称"苏东生命科技")25%的股权。2006年度,盛德立威的主营业务收入比上年上升了19.94%,但仍然出现了亏损,合并亏损总额为7 030万元、净亏损8 783万元(其中:荣腾地毯73.53%股权部分亏损960万元、苏东生命科技25%股权部分亏损2 181万元)。2007年度,盛德立威的主营业务收入比上年上升8.69%,但还是出现了巨额亏损,合并亏损总额为17 354万元、净亏损18 044万元(其中:荣腾地毯73.53%股权部分亏损1 739万元、苏东生命科技25%股权部分亏损6 183万元)。

公司2006-2008年度的相关财务数据如表1-43、表1-44、表1-45所示。

表1-43　盛德立威2006-2008年度主要财务数据(合并报表)　　　单位:万元

主要会计数据	2008年度	2007年度	2006年度
营业收入	384 534	347 051	319 289
利润总额	7 341	-17 354	-7 030
归属于上市公司股东的净利润	3 660	-18 044	-8 783

(二) 公司重组资料

根据公开资料,盛德集团是1998年政府与企业脱钩时,由原国家纺织工业局所属的中科机械(集团)有限公司、中国纤维经贸公司和中科国际、华夏轻工总公司、华信物资公司、中远科技发展中心等5家公司组建而成的大型国有独资企业集团。

表1-44　　盛德立威2008年度非经常性损益项目（合并报表）　　单位：万元

非经常性损益项目	金额	说明
非流动资产处置损益	2 797	出售股权等收益
计入当期损益的政府补助，但与公司正常经营业务密切相关，符合国家政策规定、按照一定标准定额或定量持续享受的政府补助除外	226	补贴收入
企业取得子公司、联营企业及合营企业的投资成本小于取得投资时应享有被投资单位可辨认净资产公允价值产生的收益	71	—
债务重组损益	109	—
单独进行减值测试的应收款项减值准备转回	103	—
除上述各项之外的其他营业外收入和支出	-291	—
少数股东权益影响额	-2	
所得税影响额	28	
合计	3 041	

表1-45　　盛德立威2008年度资产构成的重大变动（合并报表）　　单位：万元

项目	年末余额	年初余额	增减额	增减幅度（%）	原因
应收票据	10 126	24 201	-14 075	-58.16	年末已将大量应收票据背书转让
应收账款	30 268	20 011	10 256	51.26	销售量增长及合并报表范围增加
其他应收款	3 789	5 709	-1 920	-33.63	相关款项收回
长期股权投资	1 229	6 538	-5 309	-81.20	出售股权及将苏东荣腾立威发动机公司纳入合并范围

盛德立威原属新海荣腾投资发展有限公司，持有盛德立威16.98%股份（10 000万股），但因债务纠纷被冻结。2008年4月，此10 000万股被强制拍卖，拍卖价格为1.63元/股，中国盛德集团公司（以下简称"盛德集团"）以高出拍卖价0.01元/股的价格顺利拿下股权，成为立威的第一大股东。

2008年5月，盛德集团高层表示，盛德集团对盛德立威的重组得到了国资委的支持。国资委从国有资本预算金中拨款40 000万元支持盛德集团介入。盛德集团接手股权后还有一些附加条件,如解除互相担保等。接盘盛德立威后,盛德集团陆续对其投资,并进行了资产剥离,挂牌出售了荣腾地毯和苏东生命科技这两家公司,盛德立威主业聚焦为机械装备领域。2008年,盛德立威扭亏为盈。2009年一季度归属于上市公司股东的净利润为盈利,并且与2008年同期相比增长300%以上。

盛德集团高层表示,盛德立威的重组是整个盛德集团战略转型中的重要部分。此前,该集团以纺机制造为主业,但纺织业整体发展形势欠佳,生产纺机的企业同样面临着很大的困难。因此,盛德集团希望能够培育新的业务增长点,把装备制造业的领域扩大,重组盛德立威也是希望依托其向汽车整车与汽车零部件产业转型。盛德立威2008年度与实际控制人之间的产权及控制关系如图1-8所示。

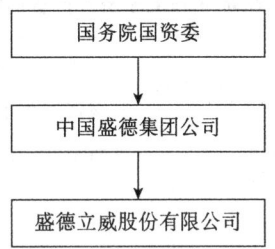

图1-8 盛德立威与实际控制人之间的产权及控制关系

(三) 公司股权转让交易资料

2008年度是盛德立威股票简称被标识为"ST立威"的第三年,盛德立威面临退市的风险。2008年12月,盛德立威通过两笔股权转让交易确认了合并的股权转让净收益2 726万元,使盛德立威当年合并净利润达到3 660万元。

第一笔股权转让交易是2008年11月盛德立威以2 800万元的价格向其非关联方中科南风挂牌转让控股子公司荣腾地毯73.53%的股权。

荣腾地毯净资产评估值为 3 666 万元（盛德立威所持股份评估值 2 696 万元），以 2 800 万元价格向中科南风转让，并将转让价值高于账面价值 336 万元的 2 464 万元确认为合并的股权转让收益。

第二笔股权转让交易是 2008 年 11 月盛德立威以 1 000 万元价格向中科南风挂牌转让联营企业苏东生命科技 25% 的股权。苏东生命科技净资产评估值 2 952 万元（盛德立威所持股份评估值 974 万元），以 1 000 万元价格向中科南风转让，并将转让价值高于账面价值的 262 万元确认为合并的股权转让收益。

从《新海市产权交易合同》、《产权交易凭证（A 类）》显示，两笔股权的买方中科南风的受托经纪组织是盛德立威母公司盛德集团。

年报披露的资产出售事项参见表 1-46，股权转让交易如图 1-9 所示。

表 1-46　　盛德立威 2008 年报关于资产出售的披露事项　　单位：万元

交易对方	被出售资产	出售日	出售价格	本年初至出售日该资产为上市公司贡献的净利润	出售产生损益	是否为关联交易	资产出售定价原则
中科南风	苏东生命科技发展股份有限公司	2008 年 11 月 30 日	1 000	-242	262	否	挂牌拍卖
中科南风	荣腾集团地毯有限公司	2008 年 11 月 30 日	2 800	-190	2 464	否	挂牌拍卖

（四）注册会计师实施的主要审计程序

1. 对于第一笔股权转让交易，注册会计师实施了以下审计程序并获取了相关审计证据：

（1）获取并检查 2008 年 9 月 27 日盛德立威转让荣腾地毯 73.53% 股权的董事会决议；

14 盛德立威公司关联交易审计案例

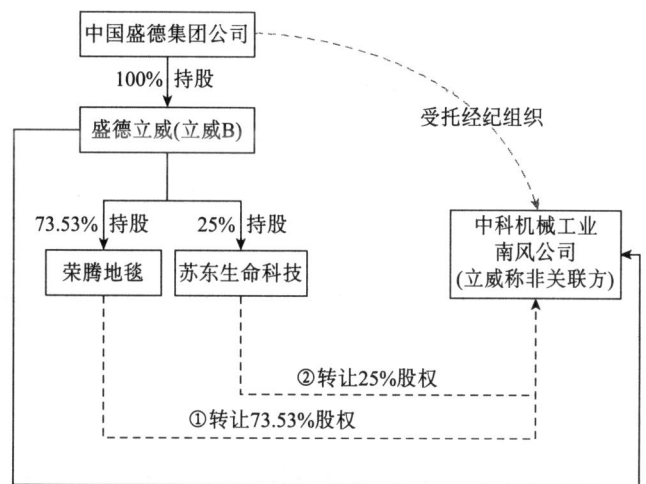

2008年11月签订协议①，转让荣腾地毯73.53%股权，转让价2 800万元
2008年11月签订协议②，转让苏东生命科技25%股权，转让价1 000万元

图 1-9 股权转让交易结构图

（2）获取并检查了盛德立威与中科南风签署的转让荣腾地毯73.53%股权的《新海市产权交易合同》（出让人：盛德立威股份有限公司；受托机构：新海金城中诚产权经纪有限公司。受让人：中科机械工业南风公司；受托机构：中国盛德集团公司）；

（3）获取并检查了新海金城资产评估有限公司为转让荣腾地毯73.53%股权出具的荣腾地毯整体资产评估报告；

（4）获取并检查了转让荣腾地毯73.53%股权有关的《新海市产权交易出让委托合同》，《挂牌交易申请书》，新海联合产权交易所的《网络报价成交结果通知书》、《产权交易凭证（A类）》（出让方：盛德立威股份有限公司；受托机构：新海金城中诚产权经纪有限公司。受让方：中科机械工业南风公司；受托机构：中国盛德集团公司）；

（5）获取并检查了2008年12月2日新海市工商行政管理局普陀区批准的与转让荣腾地毯73.53%股权有关的《准予变更登记通知书》；

（6）获取并检查了2008年11月18日与新股东中科南风有关的荣腾地毯的《股东会决议》、《公司章程修订案》；

(7) 获取并检查了盛德立威关于转让荣腾地毯股权的记账凭证及账务处理（转让荣腾地毯股权的交易，收到转让款 2 800 万元）；

(8) 获取了荣腾地毯 2008 年 11 月资产负债表和利润表。

2. 对于第二笔股权转让交易，注册会计师实施了以下审计程序并获取了相关审计证据：

(1) 获取并检查了 2008 年 9 月 27 日盛德立威转让苏东生命科技 25% 股权的董事会决议；

(2) 获取并检查了盛德立威与中科南风签署的转让苏东生命科技 25% 股权《新海市产权交易合同》（出让人：盛德立威股份有限公司；受托机构：新海金城中诚产权经纪有限公司。受让人：中科机械工业南风公司；受托机构：中国盛德集团公司）；

(3) 获取并检查了新海金城资产评估有限公司为转让苏东生命科技 25% 股权出具的苏东生命科技整体资产评估报告；

(4) 获取并检查了转让苏东生命科技 25% 股权有关的《新海市产权交易出让委托合同》，《挂牌交易申请书》，新海联合产权交易所的《网络报价成交结果通知书》、《产权交易凭证》（出让方：盛德立威股份有限公司；受托机构：新海金城中诚产权经纪有限公司。受让方：中科机械工业南风公司；受托机构：中国盛德集团公司）；

(5) 获取并检查了 2008 年 11 月 20 日江苏省工商行政管理局批准的转让苏东生命科技 25% 股权有关的《公司备案通知书》；

(6) 获取并检查了 2008 年 11 月 19 日与新股东中科南风有关的苏东生命科技的《章程修正案》；

(7) 获取并检查了盛德立威关于转让苏东生命科技股权的记账凭证及账务处理（转让苏东生命科技股权的交易，收到转让款 1 000 万元）；

(8) 获取 2008 年 11 月苏东生命科技的资产负债表、利润表和现金流量表。

基于上述审计程序和相关证据，注册会计师认可了盛德立威在两笔股权交易中确认的股权转让收益，并对盛德立威2008年度财务报表出具了标准无保留意见的审计报告。

但是，2008年资产负债表日后，盛德立威从中科南风手中买回上述两项已出售的股权。根据盛德集团与中科南风签署的"地下协议"约定，在2008年度资产负债表日后，盛德立威要从中科南风手中买回2008年已出售的股权。对此，注册会计师未实施任何审计程序。

三、思考题

1. 在审计过程中，注册会计师应关注的关联方交易常见舞弊手段有哪些？案例中涉及的两笔股权交易是否有操纵利润的嫌疑？请结合案例内容进行判断。

2. 在审计实务中，注册会计师认可被审计单位确认股权转让收益的标准是什么？盛德立威公司关于股权转让收益的会计处理是否正确？

3. 许多公司存在利用关联方交易操纵利润的现象，结合本案例分析盛德立威是否存在操纵利润的动机？

四、思考题解答

1. 在审计过程中，注册会计师应关注的关联方交易常见舞弊手段有哪些？案例中涉及的两笔股权交易是否有操纵利润的嫌疑？请结合案例内容进行判断。

解析：

注册会计师应关注的关联方交易常见舞弊手段有以下几种：

（1）虚增资本。通过关联方之间的相互投资，虚增资本，提高融资信用，损害债权人利益。

（2）粉饰会计报表。在进行关联方交易时，价格时高时低，变动频繁，以蒙骗报表使用者。

（3）反常的购销行为。例如，销售发生后短期内重新购回，低价售给无须经手的中间企业，货款久拖不还，货款未清又赊销等。

（4）转移利润，逃避税负。通过将不享受税收优惠企业的商品或劳务以明显偏低的价格出售给享受税收优惠的企业，再由它对外销售，或者通过把享受税收优惠企业的费用在不享受税收优惠的企业中列支等手段，逃避税负。

（5）反常的资金拆借行为。例如，资金拆借明显低于或高于市场利率；借给不具备偿债能力的企业，后称该企业无力偿还，便分次将此笔借款做坏账注销，其实质是转移资金和利润。

（6）虚增利润。通过不公允价格交易、隐形关联交易虚增利润。

盛德立威的两笔股权交易有虚构无商业实质的资产交易、通过关联方交易虚增利润的嫌疑。

2008年度是盛德立威被特别处理的第三年，面临退市的风险。从取得的《新海市产权交易合同》、《产权交易凭证（A类）》看，两笔股权的买方单位中科南风的受托经纪组织是盛德立威的母公司盛德集团，而中科南风可能与当初盛德集团发起设立的发起人之一中科机械（集团）公司有着关联关系。虽然上述股权交易在形式上是在非关联方之间进行的，但很可能是盛德集团与中科南风签署"地下协议"，让其代表盛德集团参与新海市产权交易市场的公开拍卖，将收购款划入中科南风账上，由其划款支付股权收购款，暗中协助盛德立威渡过退市危机。注册会计师需要关注盛德集团与中科南风的实质关系，应根据《企业会计准则第36号——关联方披露》以及《中国注册会计师审计准则第 1323 号——关联方》的要求实施审计程序，判断股权受让方是否为实质的关联方。

2. 在审计实务中，注册会计师认可被审计单位确认股权转让收益的标准是什么？盛德立威公司关于股权转让收益的会计处理是否正确？

解析：

依据国家的有关规定，注册会计师认可对股权转让收益进行确认的标准包括：

（1）出售协议已获股东大会（或股东会）批准通过；

（2）与购买方已办理了必要的财产交接手续；

（3）已取得购买价款的大部分（一般应超过 50%）；

（4）企业已不能再从所持的股权中获得利益和承担风险等；

（5）如转让还需获得有关部门批准，则还应获得相应批准。

《关于做好执行会计准则企业 2008 年年报工作的通知》（财会函〔2008〕60 号文）规定："企业接受的捐赠和债务豁免。按照会计准则规定符合确认条件的，通常应当确认为当期收益。如果接受控股股东或控股股东的子公司直接或间接的捐赠，从经济实质上判断属于控股股东对企业的资本性投入，应作为权益性交易，相关利得计入所有者权益（资本公积）"。由于交易是基于双方的特殊身份才得以发生，且使得上市公司明显的、单方面的从中获益，应认定为其经济实质具有资本投入性质，形成的利得应计入所有者权益。例如，对于上市公司的控股股东、控股股东控制的其他关联方以及上市公司的实际控制人对上市公司进行直接或间接的捐赠、债务豁免等单方面的利益输送行为，形成的利得应计入所有者权益（资本公积）。因此，即使盛德立威出售两个股权的价格不存在问题，且满足购买日的确认条件，根据相关规定，在 2008 年度，盛德立威也应将实际交易价格超过相关资产账面价值的部分，计入资本公积，而不应当计入投资收益。

3. 许多公司存在利用关联方交易操纵利润的现象，结合本案例分析盛德立威是否存在操纵利润的动机？

解析：

关联方之间由于控制关系，往往以不公平的价格进行交易，操纵利润。有时企业通过秘密控制某个公司进行关联交易操纵利润，而该公司由于在法律上并不具备成为子公司的条件，因而不必纳入合并报表的合并范围，这种情况下的隐蔽性就更深。通过关联方交易，企业管理当局可以操纵利润，造成会计信息的严重失真。关联方交易往往是审计中的重大风险领域。

从盛德立威2008年年报披露情况来看，荣腾地毯和苏东生命科技两笔股权转让交易，表面上看属于盛德立威和中科南风的非关联方交易，实质上为隐性关联方交易。盛德立威和中科南风之间虽然不存在控制关系，但中科南风的委托机构正是盛德立威的控股股东盛德集团，所以盛德立威和中科南风在该项交易中已经事实上同受盛德集团控制。两公司实为关联方，上述股权转让实质上属于关联方交易。盛德立威正是通过这两笔股权交易使公司扭亏为盈，从而避免了被退市的风险。

为了有效降低审计风险，首先，注册会计师应当对管理当局进行操纵利润的可能性进行分析，如查阅企业的债务契约合同、经理人的薪酬方案以及股票上市配股方案等各种文件增加对企业的了解，评定管理当局进行操纵利润的动机。如果动机十分明显，注册会计师应当将其评估为高风险审计领域，制定并实施审计程序以获取充分适当的审计证据。本案例中，结合盛德立威2006年和2007年的经营成果，以及2008年通过股权交易确认的巨额收益，注册会计师有足够的理由怀疑盛德立威通过操纵利润避免退市的风险。

五、对注册会计师实施的审计程序的评价

1. 对于该案例中两笔股权转让交易:

(1) 注册会计师获取并检查了 2008 年 9 月 27 日盛德立威关于转让荣腾地毯 73.53% 的股权和苏东生命科技 25% 的股权的董事会决议,但是未对盛德立威未将该交易提交股东大会审议的事项予以关注。根据《上海证券交易所股票上市规则 (2008 年修订)》10.2.5 条及 10.2.10 条规定,上市公司与关联人发生的交易金额在 3 000 万元以上,且占上市公司最近一期经审计净资产绝对值 5% 以上的关联交易,除应当及时披露外,还应将该交易提交股东大会审议。在该事项的审计过程中,注册会计师工作存在明显失误。

(2) 注册会计师获取并检查了盛德立威与中科南风签署的转让荣腾地毯 73.53% 股权《新海市产权交易合同》,以及新海金城资产评估有限公司为转让荣腾地毯 73.53% 股权及苏东生命科技 25% 股权出具的荣腾地毯整体资产评估报告。但注册会计师未对资产评估机构的公正性和专业胜任能力进行进一步的确认,也未在审计工作底稿中详细记录有关交易价格真实性和公允性的分析判断过程。

(3) 注册会计师获取并检查了转让荣腾地毯 73.53% 股权和转让苏东生命科技 25% 股权的《网络报价成交结果通知书》和《产权交易凭证》,并从中得知受让方中科机械工业南风公司的受托机构盛德集团是盛德立威的母公司。但是注册会计师并未进一步取得并复核盛德立威的关联方清单,未实施查阅上期审计工作底稿、查阅主要股东和关键管理人员名单、询问与主要投资者个人和关键管理人员相关的其他单位关系、检查所得税申报资料及报送其他部门的相关资料等进一步审计程序,以识别可能存在的关联方。

(4) 获取并检查了盛德立威关于转让荣腾地毯股权和苏东生命科技股权的记账凭证及账务处理（分别收到转让款 2 800 万元和 1 000 万元），但未对这两笔接近报告期末确认的交易实施重点关注，未考虑确认股权转让收益的恰当性。

(5) 基于上述审计程序和相关证据，注册会计师认可了盛德立威在两笔股权交易中确认的股权转让收益，并对盛德立威 2008 年度财务报表出具了标准无保留意见的审计报告。根据盛德集团与中科南风签署的"地下协议"约定，2008 年 12 月 31 日之前，盛德集团先将股权转让款打到中科南风的账户上，由中科南风购买盛德立威两项子公司的股权；在资产负债表日后，盛德立威再从中科南风手中将 2008 年已出售股权买回。对此资产负债表日后事项，注册会计师未实施任何审计程序，也未关注此日后事项对盛德立威 2008 年财务报表及审计意见的影响。

注册会计师应根据《企业会计准则第 29 号——资产负债表日后事项》以及《中国注册会计师审计准则第 1332 号——期后事项》的要求，关注两个股权转让事项是否已经实际发生，实施相应的审计程序，判断出售的股权是否为实质的出售。又根据《中国注册会计师审计准则第 1323 号——关联方》准则，注册会计师在审计过程中应对异常交易保持警惕。其中第四条及第七条规定，注册会计师应当实施审计程序，就管理层是否按照适用的会计准则和相关会计制度的规定识别、披露关联方和关联方交易，以获取充分、适当的审计证据。注册会计师并未关注盛德集团与中科南风之间是否存在"地下协议"，未对这一重大资产负债表日后事项保持应有的职业谨慎、实施必要的审计程序，其工作存在重大失误。

综上，本案例中，注册会计师对识别、认定关联方关系及交易所实施的审计程序不到位，获取的相关审计证据不充分。由于本案例中注册会计师并未有效识别出隐性关联方交易实质,未能意识到关联方交易带来的高审计风险,所以出具标准审计意见报告是不恰当的。

六、案例教学的组织

关联方审计准则特别强调:注册会计师应对舞弊风险的因素保持警觉。这说明,在审计工作中,注册会计师既要在项目组内部讨论时考虑被审单位关联方舞弊的可能性,还要考虑被审单位的内部控制环境在防止舞弊或产生舞弊方面所起的作用,以及管理层有意不披露关联方关系或关联方交易是否表明存在舞弊。对于超出正常经营范围的关联方交易,注册会计师应当评价该交易的商业理由是否正当。关联方关系及交易审计,要求注册会计师不仅要按企业会计准则及注册会计师执业准则的相关规定识别关联方,还需按风险导向的审计要求时刻关注其最新变化,认真规范关联方关系及交易的审计程序,完善审计工作底稿,真正把风险导向的审计理念落实到实际工作当中。

学员应在课外事先充分准备,包括搜集与本案例相关的会计、审计准则和其他有关制度的规定及其演进,了解一定数量的上市公司的股权转让收益确认实务。同时,鼓励学员在课外提前阅读和思考,以保证课堂讨论的效果。

开放式讨论 1:

注册会计师如何针对识别关联方交易事项实施审计程序?

参考答案:

注册会计师应当实施以下专门审计程序,以识别有关交易是否为关联方交易:

(1)对被审单位关联方交易内部控制进行审查和评价,判断其是否存在、健全并得到有效执行。

（2）查阅股东大会、董事会会议及其他重要会议记录，询问管理当局有关重大交易的授权情况，审阅被审计单位管理当局声明书。

（3）了解被审计单位与其主要顾客、供应商和债权人、债务人的交易性质与范围，这样可以发现在商品购销及资金借贷中形成的但却未予披露的关联方交易。

（4）了解被审单位是否存在已发生但未进行会计处理的交易，判断其是否属于关联方交易。

（5）查阅会计报表记录中数额较大的、异常的及不经常发生的交易或余额，尤其是资产负债表中确认的交易。

（6）审阅有关存款、借款的询证函，检查是否存在担保关系，若存在，则应进一步检查抵押品、质押品的价值是否与实际价值相符。

开放式讨论2：

注册会计师如何确定关联方交易是否已做适当的记录和披露？

参考答案：

（1）询问管理当局，了解关联方交易的目的及定价政策，确定关联方交易对被审计单位生产经营活动的影响程度。

（2）确定有关交易是否已获得股东大会、董事会或相关机构及管理人员的批准。若未获批准，一方面说明该交易的合法性、合理性有问题，另一方面也反映了被审计单位相关内部控制存在薄弱环节。在此情况下，注册会计师不仅要审核该笔交易的披露情况，而且要重新评价相关的内部控制，扩大实质性测试的范围。

（3）检查有关发票、协议、合同以及其他有关文件，确认关联方交易的实质与形式是否相符；核对关联方之间同一时点的账户余额，必要时与审计关联方的注册会计师沟通，核实关联方某些特殊的、重要的、有代表性的交易，确认被审计单位是否存在虚假关联方交易。

（4）检查会计报表中关联方交易的披露。根据企业会计制度的规定，在企业与关联方发生交易的情况下，企业应当在会计报表附注中披露关联方关系的性质、交易类型、交易的金额或相应比例、未结算项目的金额或相应比例、定价政策。注册会计师应注意审查被审计单位对关联方及其交易的披露是否合规和充分。

（5）判断股权转让行为是否真实发生，公司会计处理是否正确。

对购买方：检查本期增加的长期股权投资，追查至原始凭证及相关的文件或决议及被投资单位验资报告或财务资料等，确认长期股权投资是否符合投资合同、协议的规定，会计处理是否正确（根据企业合并形成、企业合并以外其他方式取得的长期股权投资分别确定初始投资成本）。

对转让方：检查公司本期用于转让的长期股权投资，追查至原始凭证，确认长期股权投资的会计处理有合理的理由及授权批准手续，会计处理是否正确，从而判断股权的控制权是否转移。

15 黄建公司持续经营审计案例

一、学习目标

1. 了解重大资产重组所依据的财务会计及相关法律法规
2. 掌握重大资产重组情况下的持续经营审计应实施的审计程序
3. 掌握重大资产重组情况下的持续经营审计应获取的审计证据

二、案例背景

黄山建设机械股份有限公司（以下简称"黄建公司"）是一家具有国企背景的上市公司。公司连续9年由中运会计师事务所提供审计服务。2010年4月，中运会计师事务所在黄建公司2009年度财务报表审计中，仅实施了极为简单的审计程序，就认定黄建公司在发生重大资产重组的情况下持续经营能力不具有重大不确定性，并出具了标准无保留意见审计报告，本案例主要针对这一事项，对重大资产重组下的持续经营审计问题进行探讨。

（一）公司情况

黄建公司是2001年由黄山建设机械（集团）有限责任公司（以下

简称"黄山建设")实施债转股后改制设立的股份有限公司,公司控股股东黄山建设机械(集团)有限责任公司的持股比例为25%,实际控制人为黄山煤业化工集团有限责任公司(以下简称"煤业化工")。公司所属行业为道路工程机械。其关系图如图1-10所示。

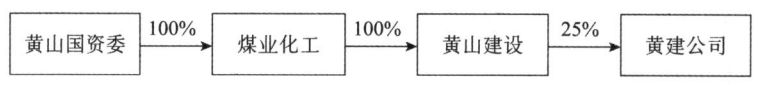

图1-10 公司与实际控制人之间的产权及控制关系图

公司近三年的主要财务数据如表1-47所示。

表1-47 黄建公司2007-2009年度主要会计数据与财务指标(合并报表) 单位:万元

项 目	2009-12-31	2008-12-31	2007-12-31
资产总额	75 945	75 352	72 402
负债总额	48 983	46 532	37 431
其中:短期借款	16 089	9 750	24 900
其中:担保借款	14 750	9 750	10 500
抵押借款	—	—	900
质押借款	1 339	—	2 500
委托贷款	—	—	11 000
所有者权益	26 962	28 820	34 971
项 目	2009年度	2008年度	2007年度
营业收入	47 846	42 415	41 593
利润总额	-2 092	-6 794	27
归属于上市公司股东的净利润	-1 858	-6 151	103
归属于上市公司股东的扣除非经常性损益净利润	-2 328	-5 737	90
经营活动产生的现金流量净额	-2 832	822	5 053

(二)公司资产重组相关资料

1. 2009年11月9日,黄建公司董事会发布公告称,煤业化工拟对公司实施重大资产重组,重组的主要内容包括:

(1)资产置换。黄建公司以其拥有的全部资产与负债(以下简称"置出资产")与煤业化工持有的黄山建设部分股权进行置换,置出资产的预估值为2.8亿元,置入资产为黄山建设100%股权,预估值为

8.6亿元,以预估值为基础,黄建公司将以2.8亿元的置出资产与煤业化工持有的2.8亿元黄山建设股权进行等额置换。

(2)发行股份购买资产。黄建公司拟向煤业化工及其一致行动人非公开发行境内上市人民币普通股(A股),购买其持有的黄山建设剩余5.8亿元的股权。本次发行价格7.22元/股,预计发行股份的上限为8 035万股。

2. 本次重大资产重组尚需满足多项交易条件方可完成,存在不确定性。重组完成后,黄建公司主营业务由机械制造转变为矿山工程施工、工业及民用建筑施工。

3. 公司2008年度出现经营亏损,根据交易所的有关规定,如果黄建公司2009年度继续亏损,其股票将在2009年年报公告之日起将被实施特别处理、甚至暂停上市。

4. 截至审计报告日(2010年4月12日),黄建公司的重大资产重组事项已获得黄山省国资委《关于重组黄山建设机械股份有限公司的可行性报告》原则同意。2010年5月11日,黄建公司获得黄山省国资委的正式批复。截至2010年底,该重大资产重组尚未获得中国证监会的批准。

(三)公司披露的关联方与关联方交易资料

1. 控股股东及实际控制人情况。

黄山建设为黄建公司控股股东,持有公司股份3 531万股,占公司总股本的25%。

煤业化工为黄建公司实际控制人,黄建公司控股股东黄山建设为其全资子公司。煤业化工是隶属于省国资委的国有独资公司,注册资本36亿元。

2. 2009年公司披露的前五大股东(参见表1-48)。

表1-48　　　　　　　　　2009年黄建公司前五大股东

	股东名称	股东性质	持股比例
前五大股东	黄山建设	国有法人	25%
	天建银行股份有限公司	国家	17%
	华胜资产管理公司	国家	13%
	张磊	其他	1%
	马明	其他	1%
上述股东关联方关系或一致行动的说明	本公司前五名股东中，发起人股东相互之间及与其他股东无关联方关系，亦不存在一致行动的情况。公司未知其他社会股东之间是否存在关联关系，也未知其他社会股东是否属于《上市公司股东持股变动信息披露管理办法》规定的一致行动人。		

3. 公司2009年披露的关联方借款事项。

（1）向实际控制人——煤业化工借款。黄建公司2008年度第二次临时股东大会审议通过《关于向黄山煤业化工集团有限公司借款的议案》，将2007年度煤业化工通过委托贷款借给黄建公司的11 000万元到期后转为直接借款，借款期限为2008年7月7日至2009年7月6日，借款利率以同期银行贷款基准利率确定。2009年7月借款合同到期后直接续期，未签订续期合同。

2008年度，黄建公司向实际控制人煤业化工借款3 000万元，借款期限为2008年4月23日至2009年4月22日，借款利率以银行同期贷款基准利率确定。截至2008年12月31日，黄建公司已将上述借款中的500万元归还实际控制人。2009年4月借款合同到期后直接续期，未签订续期合同。2008年度支付煤业化工借款利息523万元。

2009年度，黄建公司向实际控制人煤业化工借款5 000万元，借款期限为2009年3月26日至2010年3月25日，借款利率以同期人民银行基准利率确定。截至2009年12月31日，向煤业化工借款余额18 500万元。2009年度支付煤业化工借款利息473万元。

(2) 向控股股东——黄山建设借款。黄建公司向控股股东黄山建设借款 2 000 万元，借款期限为 2009 年 1 月 21 日至 2009 年 2 月 20 日，借款利率参照商业银行同期贷款基准利率。黄建公司第三届董事会第三次会议审议通过《关于向黄山建设机械（集团）有限责任公司融资 1 000 万元的议案》，黄建公司向控股股东黄山建设借款 1 000 万元，借款期限为 2009 年 3 月 4 日至 2009 年 9 月 4 日，借款利率参照商业银行同期基准利率确定。截至 2009 年 12 月 31 日，应支付黄山建设借款利息 35 万元。

黄建公司 2005 年至 2008 年的净利润分别为 -4 964 万元、-5 967 万元、103 万元、-6 151 万元，由于 2005 年、2006 年连续亏损，2007 年公司股票被标志为"ST 黄建"。2009 年黄山证监局核查发现，2007 年度公司提前确认收入，延期确认成本费用，虚增利润 568 万元，2007 年度更正后的净利润为 103 万元。2010 年 3 月 3 日被上海证券交易所实施"退市风险提示"特别处理，股票简称由"ST 黄建"变为"*ST 黄建"。

经审计，2009 年，黄建公司净利润为 -1 858 万元，经营活动产生的现金流量净额为 -2 832 万元，对外担保 7 600 万元，短期借款 16 089 万元，向实际控制人煤业化工借款 18 500 万元。截至审计报告日，黄建公司正在进行的重大资产重组仅通过黄山省国资委的预审核。

(四) 注册会计师实施的主要审计程序

注册会计师关注到，黄建公司持续经营能力方面存在问题，编制了持续经营能力实质性程序表，在特殊项目审计工作底稿中记录的持续经营程序表内关注事项为："累计经营性亏损巨大、过度依赖短期借款筹资、难以获得开发必要新产品或进行必要投资所需资金"。但是，注册会计师没有实施进一步审计程序。

为了解决公司在持续经营方面存在的问题,正在积极策划资产重组,但黄建公司管理层并未在财务报表附注中详细披露重大资产重组事项的进展情况及相关影响。注册会计师在公司重大错报风险评估以及进一步审计程序中均未提及该重大资产重组事项。

三、思考题

1. 黄建公司管理层并未在财务报表附注中详细披露重大资产重组事项的进展情况及相关影响,且审计工作底稿显示,注册会计师在重大错报风险评估及进一步审计程序中均未提及该重大重组事项。该重大资产重组事项是否应当披露?注册会计师对此的反应是否合适?

2. 针对注册会计师在特殊项目审计中的持续经营程序表内关注的事项"累计经营性亏损数额巨大、过度依赖短期借款筹资、难以获得开发必要新产品或进行必要投资所需资金",结合公司今年主要财务数据,分析注册会计师得出的"持续经营能力不存在问题"这一结论是否恰当?

3. 本案例中,注册会计师已经识别出可能导致公司持续经营能力重大不确定性的事项,那么,注册会计师应当如何实施进一步审计程序?

4. 本案例中,实际控制人参与的重大资产重组能否使黄建公司的持续经营能力得到保证?

四、思考题解答

1. 黄建公司管理层并未在财务报表附注中详细披露重大资产重组

事项的进展情况及相关影响,且审计工作底稿显示,注册会计师在重大错报风险评估及进一步审计程序中均未提及该重大重组事项。该重大资产重组事项是否应当披露?注册会计师对此的反应是否合适?

解析:

黄建公司是否披露正在实施的重大资产重组,关系到其信息披露是否合规的问题;该项资产重组是否成功,关系到其未来持续经营能力能否得到基本改善、经营成果是否会发生实质性改变等问题。公司的做法严重损害了中小投资者的利益,违反了上市公司信息披露的基本要求。因此,注册会计师应提请黄建公司管理层在财务报表附注中详细披露这一重大资产重组事项的进展情况及相关影响,提示财务报表使用者予以充分关注。

该资产重组事项对判断黄建公司持续经营能力具有重大影响,然而注册会计师却未提请管理层在 2009 年度审定的财务报表附注中披露该事项且未形成任何审计记录,缺乏应有的职业谨慎。

2. 针对注册会计师在特殊项目审计中的持续经营程序表内关注的事项"累计经营性亏损数额巨大、过度依赖短期借款筹资、难以获得开发必要新产品或进行必要投资所需资金",结合公司 2009 年主要财务数据,分析注册会计师得出的"持续经营能力不存在问题"这一结论是否恰当?

解析:

黄建公司 2009 年度财务状况如下:

(1) 累计经营性亏损数额巨大。2005 年至 2009 年的净利润分别为: -4 964 万元、-5 967 万元、103 万元、-6 151 万元、-1 858 万元,除 2007 年度微利外,其余年度均为亏损。长期亏损意味着公司缺乏基本盈利能力,表明其持续经营能力存在着重大的不确定性。

(2) 经营活动产生的现金流量净额为负数。2009 年经营活动产生

的现金流量净额为 -2 832 万元,表明公司主要经营活动产生的现金流量不能有效维持正常的生产经营,从而影响盈利能力和偿债能力,降低其在市场竞争中的信用等级,最终可能因资金周转困难而陷入困境。

(3) 难以获得开发必要新产品或进行必要投资所需资金。难以获得必需的资金,则没有能力在盈利前景良好的项目上进行投资并获取未来收益。黄建公司的重大资产重组若被批准,其主营业务将由机械制造转变为矿山工程施工和工业与民用建筑施工。这一方面表明,其现有产品已失去市场竞争力并将直接影响到盈利能力;另一方面意味着,相关的固定资产已经无法产生足够的现金流量以恢复其成本。这些都对公司持续经营能力产生重大影响。

(4) 过度依赖短期借款筹资。黄建公司长期占用实际控制人煤业化工巨额资金(2009 年末借款余额 18 500 万元,需要支付利息 473 万元),将长期面临巨大的短期偿债压力,如果无法及时偿还到期债务,将陷入财务困境。

综上不难发现,注册会计师应当能够识别出黄建公司在生产经营和财务方面所存在的重大问题,这些迹象可能导致对持续经营假设产生重大疑虑的情况并不是孤立存在的,往往可能连同其他事项或情况,导致黄建公司出现重大经营风险。因此,注册会计师在未实施进一步审计程序的情况下直接得出"持续经营能力不存在问题"的结论是不恰当的,缺乏应有的职业谨慎。

3. 本案例中,注册会计师已经识别出可能导致公司持续经营能力重大不确定性的事项,那么,注册会计师应当如何实施进一步审计程序?

解析:

结合黄建公司的基本情况,注册会计师应当实施的进一步审计程序如表 1-49 所示。

表 1-49　识别出持续经营重大疑虑事项的进一步审计程序

审计程序	具体内容
1. 取得、复核应对计划	询问管理层的应对计划,包括是否准备变卖资产、借款或债务重组、削减或延缓开支以及获得新的投资等。注册会计师还应当对管理层作出持续经营能力评估后发生的事实或可获得的信息予以考虑。
2. 实施相关审计程序	(1) 与管理层分析和讨论现金流量预测、盈利预测以及其他相关预测; (2) 复核债券和借款协议条款并确定是否存在违约情况; (3) 阅读股东会会议、董事会会议以及相关委员会会议有关财务困境的记录; (4) 确认财务支持协议的存在性、合法性和可行性,并对提供财务支持的关联方或第三方的财务能力作出评价; (5) 复核期后事项并考虑其是否可能改善或影响持续经营能力。
3. 取得管理层声明	如果合理预期不存在其他充分、适当的审计证据,注册会计师应当就对财务报表有重大影响的事项向管理层获取书面声明。

4. 本案例中,实际控制人参与的重大资产重组能否使黄建公司的持续经营能力得到保证?

解析:

在我国证券市场的发展过程中,存在很多由于实际控制人或大股东的进入而使濒临退市的上市公司重获新生的案例,但不能就此认定,只要有实力较强的实际控制人或大股东加入就可以使上市公司的持续经营能力得到保证。本案例中,黄建公司的重大资产重组在审计报告日仅仅获得黄山省国资委的预审核,各项重组计划尚未制定完毕,更未得到实质性履行(截至 2010 年底,该重大资产重组尚未获得中国证监会的批准),一旦该重组难以执行,黄建公司的持续经营能力能否得到实质性改善便会出现很大风险。因此在审计报告签发时点,注册会计师应当考虑该风险对审计意见的影响,应当对资产重组计划的内容进行审核,确定其是否能够使公司财务状况得到实质性改善。本案例中,注册会计师只实施了极为简单的审计程序,没有取得重大资产重组方案,也不可能了解和判断此次资产重组能否实质性改善黄建公司的持续经营能力。

五、对注册会计师实施的审计程序的评价

案例中,注册会计师针对被审计单位持续经营能力实施的审计程序存在以下问题:

1. 关于持续经营能力问题得出的审计结论不恰当。

注册会计师编制了持续经营能力实质性程序表,关注的事项为"累计经营性亏损巨大、过度依赖短期借款筹资、难以获得开发必要新产品或进行必要投资所需资金",得出的审计结论为"持续经营能力不存在问题"。然而,注册会计师未获取管理层对持续经营作出评估的资料或依据、未获取管理层有关应对计划的书面声明,也未实施相应的审计程序,未获取充分、适当的审计证据以消除对公司持续经营能力的疑虑。

2. 未提请黄建公司在财务报表附注中将重大资产重组事项予以披露。

案例中的重大资产重组事项简况为:2009年10月9日黄建公司的实际控制人煤业化工拟对黄建公司实施重大资产重组,评估基准日为2009年12月31日。黄建公司预估置出资产价值为2.8亿元,置入资产价值为8.6亿元,差额5.8亿元采用非公开发行股份补足。置入资产主体为煤业化工控制的黄山建设100%股权。截至审计报告日黄建公司这一重大资产重组事项获得黄山省国资委《关于重组黄山建设机械股份有限公司的可行性报告》原则同意,截至2010年底尚未获得中国证监会的批复。

注册会计师未获取关于此次重大资产重组事项的有关资料，黄建公司财务报表附注中也未对上述重大资产重组事项进行披露，且注册会计师未提请黄建公司在财务报表附注中将该事项予以披露。

六、案例教学的组织

公司一旦出现影响持续经营能力的重大事项，注册会计师掌握的信息将在很大程度上决定其是否应承担及在何种程度上承担审计失败的法律责任。注册会计师应综合考虑执行审计、收集审计证据、完成审计过程得到的结果，来判断是否存在使审计师对公司持续经营能力产生实质性疑虑的情况和事项，并且对于这些情况和事项应获得更多信息，以及获得能够减轻审计师该种疑虑的证据。然而，随着经济全球化的深度发展，公司间经营活动愈加复杂，影响公司持续经营的因素也越来越多，一旦公司经营出现问题，注册会计师往往成为公众指责的对象。对此，会计职业界应完善审计准则体系，一方面尽可能详细地列举被审计单位可能存在的"导致对其持续经营能力产生重大疑虑的事项或情况"以提示注册会计师，另一方面明确界定范围，保护注册会计师免受来自"后验优势"的责难。

对于本案例设计的思考题，应鼓励学员在课外提前阅读和思考，了解《审计准则1324号——持续经营》中可能导致对持续经营假设产生重大影响的事项或情况，并引导学员结合自身经验思考下列问题，以加深对持续经营审计的了解。

开放式讨论：

审计过程中，注册会计师能从被审计单位的哪些方面识别存在可能导致对持续经营能力产生质疑的事项？

参考答案：

（1）财务方面。

①债务违约，包括无法偿还到期债务和即将到期且难以展期的借款以及存在大额的逾期未缴税金；

②无法继续履行重大借款合同中的有关条款；

③累计经营性亏损数额巨大；

④过度依赖短期借款筹资；

⑤无法获得供应商的正常商业信用；

⑥难以获得开发必要新产品或进行必要投资所需资金；

⑦资不抵债；

⑧营运资金出现负数；

⑨大股东长期占用巨额资金；

⑩重要子公司无法持续经营且未进行处理；

⑪存在大量长期未作处理的不良资产；

⑫存在因对外巨额担保等或有事项引发的或有负债。

（2）经营方面。

①关键管理人员离职且无人替代；

②主导产品不符合国家产业政策；

③失去主要市场、特许权或主要供应商；

④人力资源或重要原材料短缺。

此外，越来越多的企业倾向于通过并购来达到快速扩张的目的。如果管理层的经营管理方式与公司规模的快速扩张不相适应，或是对并购企业缺乏管理经验，未实施有效的监控，则很可能使公司整体管理陷入瘫痪，从而导致企业持续经营能力存在重大不确定性。

（3）其他方面。

①严重违反有关法律、法规或政策；

②异常原因导致停工、停产；

③有关法律、法规或政策的变化可能造成重大不利影响；

④经营期限即将到期且无意继续经营；

⑤投资者未履行协议、合同、章程规定的义务，并有可能造成重大不利影响；

⑥因自然灾害、战争等不可抗力因素遭受严重损失。

此外，企业股东之间产生纠纷、股权频繁转让等情况，也可能意味着企业经营业绩达不到股东预期，从而导致股东对企业失去信心。在此情况下，企业有可能被清算，持续经营能力存在重大不确定性。

但是，上述所列情况不可能涵盖所有可能导致对被审计单位持续经营假设产生重大不确定性的事项，同时，注册会计师也不能认为当存在一项或多项上述情况时，就必然会导致被审计单位无法持续经营，对此注册会计师应作出职业判断。例如，被审计单位可能无法按期归还到期债务，管理层可通过处置资产、债务重组或采取其他方式进行融资，以保证企业正常经营所需的现金流量。在这种情况下，注册会计师不一定会得出被审计单位无法持续经营的结论。

16 南岭公司持续经营审计案例

一、学习目标

1. 了解被审计单位管理层在评估公司持续经营能力方面的责任和注册会计师在考虑被审计单位运用持续经营假设方面的责任

2. 了解导致对持续经营假设产生重大疑虑的事项或情况,尤其是破产重整事项对持续经营假设的影响

3. 掌握持续经营的审计程序

4. 掌握持续经营面临不同问题情况下审计报告意见类型的选择

二、案例背景

(一) 公司情况

1. 公司基本情况。

南岭科技股份有限公司(以下简称"南岭公司")成立于1993年12月,注册资本6 550万元,第一大股东为穗佳集团。南岭公司经营范围包括:计算机新产品开发、研制及相关技术的系统集成、技术引进以及技术服务、批发和零售贸易(国家专营专控项目除外)。2009年,华律会计师事务所首次接受南岭公司委托,对南岭公司2008年度

财务报表进行审计。

2. 公司2008年度主营业务及经营状况。

2008年度,南岭公司主要业务为:电信增值业务平台、语音增值业务系统、系统的软件开发与集成等。2008年度,南岭公司实现营业收入10 492万元,比2007年度减少5 841万元,降幅为36%,这主要是由以下两方面的原因造成的:第一,2008年5月四川发生严重地震灾害,各地电信部门积极参与抗震救灾,导致部分投资项目滞后,主营业务收入大幅降低;第二,2008年上半年国家发展和改革委员会公布电信业重组方案,对各大运营商进行调整,调整后运营商各方面工作急待整合,业务层面规划进度推后。由于上述两方面因素的共同作用,2008年上半年,南岭公司经营业务在一定程度上受到影响,致使主营业务收入较2007年度同期出现较大幅度的减少。

2008年度,南岭公司实现营业利润-4 169万元,实现净利润1 625万元,经营活动的现金净流量净额为259万元。2008年12月31日,穗州市中级人民法院(以下简称"穗中院")下发民事裁定书,大发银行执信支行(以下简称"大发银行")与南岭公司借款合同纠纷一案,依据穗州市公证处作出的执行书,南岭公司归还大发银行5 900万元贷款,产生的一次性重组利得4 931万元,这是2008年度南岭公司最终实现盈利的主要原因。

不过,由于2008年度南岭公司的其他银行债务及担保问题尚未解决,南岭公司仍背负着巨额逾期贷款利息、罚息,以及担保责任及其利息、罚息等,并为此支付了大量诉讼费用,上述非正常因素使得南岭公司的持续经营能力存在不确定性。

另外,南岭公司各子公司均已在2004年至2007年间停业,2006年成立的南新公司也暂无业务经营。因存在未决诉讼,南岭公司的股权被司法冻结,目前无法对已停业的控股子公司进行工商注销。

(二) 对公司持续经营能力产生重大影响的事项

1. 公司 2009 年破产重整情况。

自 2007 年新的控股股东入主以来，南岭公司一直被债权人追偿债务。2009 年 3 月 11 日，因南岭公司无法清偿到期债务且其资产不足以清偿全部债务，南岭公司债权人天地银行股份有限公司东园支行（以下简称"天地银行"）向穗中院申请宣告公司破产还债，穗中院已指定穗州市穗新区人民法院（以下简称"穗区院"）受理。同日，穗中院指定南岭公司清算组担任管理人。2009 年 3 月 17 日，南岭公司第二大股东穗州市新区建设投资有限公司（以下简称"穗新投资"）向穗区院递交了《重整申请书》，申请对南岭公司进行破产重整。穗区院于 2009 年 3 月 17 日作出同意南岭公司实施重整的裁定，南岭公司清算组继续履行管理人职责，南岭公司进入破产重整程序。南岭公司于 2009 年 3 月 17 日发布退市风险警示，提示存在被暂停上市或终止上市的风险，2009 年 4 月 15 日起公司股票停牌。为了维持南岭公司现有生产经营，管理人委托南岭公司原经营团队负责管理南岭公司的生产经营事务，南岭公司日常经营照常进行。但截至 2008 年年报审计报告日，南岭公司尚未提出明确的重整方案，其持续经营能力受到普遍关注。

2. 公司 2008 年年报对持续经营能力的披露。

南岭公司管理层在 2008 年年报中对持续经营能力进行了如下披露：南岭公司承担巨额逾期借款尚未偿还，承担的巨额对外担保尚未解除。为改善目前经营和财务方面的不良状况，南岭公司有意向通过破产重整以扭转局面。南岭公司第一大股东穗佳集团及第二大股东穗新投资将对公司破产重整全力支持，公司原有经营性资产也将保留，在继续发展电信语音增值业务和市场的同时，加强企业呼叫中心业务的推广，建立外包呼叫中心产业园，大力发展数字家庭产业和视频监控系统业务等措施。南岭公司管理层对破产重整解决债务及担保问题有信心，但尚未形成明确的和解或重整方案，持续经营能力仍存在重大不确定性。

（三）公司 2007－2009 年度主要财务数据

南岭公司以前年度曾向原控股股东及其关联方违规提供巨额资金 16 300 万元和担保 12 300 万元。尽管新控股股东于 2007 年入主南岭公司后采取了一系列措施，但南岭公司仍然处于累计亏损巨大、资不抵债、营运资金严重短缺、大部分银行存款账户和主要经营性资产以及所持有重要子公司股权因涉诉而被法院依法冻结或查封等严峻局面。2008 年 12 月 31 日，南岭公司净资产－15 173 万元，净流动资产－14 997 万元，2008 年度营业亏损 4 169 万元，2008 年度经营性现金净流入 259 万元。

同时，南岭公司的业务收入也日渐下滑，2008 年度营业收入 10 492 万元，较 2007 年度下降 36%；2009 年度一季度营业收入 1 755 万元，较 2008 年同期下降 45%。南岭公司的现金流量状况也日渐恶化，2007 年度经营活动产生的净现金流入 2 212 万元，2008 年度则降至 259 万元，2009 年度一季度出现净流出 3 740 万元。南岭公司 2007－2008 年度主要财务数据如表 1－50 所示。

（四）注册会计师实施的主要审计程序

针对南岭公司持续经营能力存在重大不确定性问题，注册会计师实施了以下审计程序：

1. 向前任注册会计师及南岭公司管理层了解南岭公司 2007 年度资产负债状况、资产质押和抵押情况，以及其他财务事项。

表1-50 南岭公司2007-2008年度主要财务数据（合并财务报表） 单位：万元

项目	2008年度	2007年度	变动（%）
营业收入	10 492	163 34	-35.76
利润总额	1 616	-5 276	-130.63
归属于上市公司股东的净利润	1 628	-5 320	-130.61
归属于上市公司股东的扣除非经常性损益的净利润	-3 883	-5 746	-32.42
基本每股收益（元/股）	0.0782	-0.2556	-130.59
稀释每股收益（元/股）	0.0782	-0.2556	-130.59
扣除非经常性损益后的基本每股收益（元/股）	-0.187	-0.276	-32.25
经营活动产生的现金流量净额	259	2 212	-88.28
每股经营活动产生的现金流量净额（元/股）	0.012	0.106	-88.68
项目	2008-12-31	2007-12-31	
总资产	24 954	32 612	-23.48
所有者权益（或股东权益）	-15 173	-16 802	-9.69
归属于上市公司股东的每股净资产（元/股）	-0.729	-0.807	-9.67

2. 向南岭公司管理层及律师索取了南岭公司对外担保、诉讼事项及其进展的所有相关资料；获取了企业破产及债务重整的相关法律资料。

3. 与南岭公司的独立董事、审计委员会、公司管理层、破产管理人、律师、当地证券监督管理局等就南岭公司持续经营能力存在重大不确定性进行了沟通并形成沟通备忘录。备忘录称，上述人员均表示对南岭公司破产重整成功充满信心。

4. 与上海证券交易所进行沟通。上海证券交易所认为：基于南岭公司已停牌交易，审计报告类型对上市公司的影响并不大；同时上海证券交易所建议,注册会计师在确定审计意见类型时应考虑取得有关免责申明,如获取南岭公司债权人对破产重组支持、南岭公司控股股东在债权人不支持破产重组时的财务支持承诺等书面证明。

5. 就南岭公司持续经营的不确定性获取了以下资料:

(1) 南岭公司控股股东穗佳集团出具的《关于支持南岭公司持续发展的承诺》(以下简称"《承诺》")。该承诺书的收件人是华律会计师事务所,而非南岭公司。穗佳集团在《承诺》中表示,将全力支持南岭公司破产重整,并将和公司第二大股东穗新投资一起配合重整程序的各个环节。同时,《承诺》还表示:为确保破产重整获得成功,两大股东保证在必要时对南岭公司提供大力支持,使债权人所获得的清偿比例高于按破产清算程序所能得到的清偿比例。

(2) 南岭公司管理层出具的《关于公司重整与持续经营的说明》(简称《说明》)以及《持续经营能力分析报告》(简称《报告》)。南岭公司在《说明》中强调了地方政府及大股东对南岭公司债务重整的支持。同时《说明》指出,2008年度南岭公司处于正常经营阶段,且扭亏为盈,这是解除持续经营重大不确定性疑虑的一个有力证据。《说明》列举了多家上市公司破产重整成功案例,并认为:鉴于破产重整已有多例成功案例,南岭公司有理由相信破产重整将彻底解决债务问题,重整期间和重整完成后南岭公司都将正常进行生产经营,并尽快走上快速发展的轨道。在《报告》中,南岭公司在假定破产重整成功情况下对公司正常生产经营及盈利能力进行了预测。依据该预测,南岭公司认为:公司不存在持续经营疑虑。

(3) 破产管理人出具的《关于破产重整的说明》(简称《破产说明》)。破产管理人在《破产说明》中对破产重整计划的制定、表决等法律程序如何实施进行了介绍,并表示南岭公司的破产重整计划草案由破产管理人制定,管理人将综合考虑债权人、股东、职工等各方利益，制定最大限度保护各方利益且有利于南岭公司长远发展的重整计划草案。

（4）律师出具的《关于南岭公司破产重整的法律意见书》（简称《法律意见》）。律师在《法律意见》中解释了破产重整的含义、相关的法律程序及条款，并称"实践中上市公司的重整计划草案基本都能获得债权人会议通过，即使未能通过也有人民法院在依法进行审查后作出强制批准的裁定"。据此，律师认为：基于南岭公司大股东的承诺、地方政府的支持及以往的成功案例等，公众可对南岭公司的成功重整充满信心。

基于上述审计程序获取的相关审计证据，注册会计师认为：南岭公司在编制财务报表时运用持续经营假设是适当的。公司应当已经制订了重整方案，但出于保密原因的考虑，公司未能提供给注册会计师。

虽然注册会计师认为南岭公司按照持续经营假设编制财务报表是适当的，但基于破产重整是否成功尚存在重大不确定性，注册会计师于2009年4月28日出具了带强调事项段无保留意见的报告。强调事项段称：2009年3月，因面临债务危机，南岭公司被债权人向法院申请破产并被法院宣告进入破产重整程序。虽然尚未形成明确的和解或重整方案，但南岭公司对通过破产重整解决债务及担保问题有信心，并表示如果破产重整顺利进行，公司的债务危机将解除。南岭公司已在财务报表附注中披露了拟采取的改善措施，但持续经营能力仍存在重大不确定性，可能无法在正常的经营过程中变现资产、清偿债务。

（五）公司董事会对非标准审计报告的说明

南岭公司董事会认为：因2008年度大额到期银行贷款与担保债务暂无力偿还，公司存在银行账户被冻结、部分资产被查封事项的风险，该风险对公司的持续经营产生了一定影响。但从2008年至今，在公司上下一致努力下，公司保持了正常经营，主营业务持续发展。2009年3月，穗区院已受理本公司破产重整事宜，公司进入破产重整程序。鉴于公司生产经营一直保持正常运作，法院指定的管理人已委托公司在重整期间继续自行管理，管理人对公司进行监控。公司希望破产重整能够解决公司债务问题，重整期间和重整完成后公司自身都将正常进行生产经营业务，并尽快走上快速发展的轨道。

1. 公司主营业务在2008年度保持了良好的发展。

2008年度，公司在增值信息服务行业继续发挥传统优势，在移动网络建设业务网全国IVR声讯平台建设工程中获得28个省平台项目、续签全国电话信息服务平台合同、获得穗州省2008年声讯平台扩容项目等一系列电信增值业务，实现了公司主营业务持续正常地发展。

2. 公司债务诉讼相关的法律风险受到控制。

目前公司已进入破产重整程序，按照《破产法》的规定，破产重整期间暂停一切执行，并逐步解除查封、冻结措施。因此，董事会认为，公司具备持续经营和发展能力。

综上，公司认为，尽管目前公司处于破产重整阶段，但公司仍正常经营，并具备良好的持续经营和未来发展前景。

三、思考题

1. 如果不考虑特殊原因，在公司进入破产清算程序并被置于清算组监管之下时，公司继续按照持续经营假设编制财务报表是否合适？

2. 依据南岭公司的实际情况，决定公司能否持续经营的关键因素是什么？是重整成功、改善经营还是两者兼具？

3. 重整成功取决于什么？是债权人支持，还是公司控股股东对重整的支持？如果取决于两者的共同作用，则两者之间的关系是什么？

4. 南岭公司管理层是否制订了有效的重整方案？注册会计师应如何看待公司管理层作出的"重组一定成功"的判断？

5. 假定南岭公司制订了明确的破产重整方案，但出于保密原因未能提供给注册会计师，则注册会计师对南岭公司2008年度财务报告出具的"带强调事项段的无保留意见"是否恰当？

四、思考题解答

1. 如果不考虑特殊原因，在公司进入破产清算程序并被置于清算组监管之下时，公司继续按照持续经营假设编制财务报表是否合适？

解析：

公司一旦进入破产清算程序，表明公司将进入非正常状态。公司将在清算组的领导下，开始对所有资产进行清理，并提请公司债权人在一定期限内进行债权申报；同时由清算组定期或不定期地召集债权人会议，公布财产清理的进展情况，讨论资产清偿方案及预计的清偿率；最后，在清偿职工个人债务、国家债务的前提下，对剩余可变现资产采用统一的清偿率，对所有已申报的债权额予以清偿。清偿完成后，由清算组发布清算公告，宣布公司清算完毕并办理工商、税务的注销。

因此，一般情况下，公司一旦进入破产清算程序，公司资产就不可能完全按照账面价值变现，继续以持续经营假设为基础编制财务报表是不恰当的，应当按照清算基础编制财务报表。

2. 依据南岭公司的实际情况，决定公司能否持续经营的关键因素是什么？是重整成功、改善经营还是两者兼具？

解析：

一方面，南岭公司之所以仍按照持续经营假设编制财务报表，一个重要原因是拟通过破产重整,达到有效解决债务及担保问题的目的,使公司的主要资产从冻结状态中释放出来。因此,重组成功与否是南岭公司能否持续经营的关键,对公司的未来发展至关重要。

另一方面,南岭公司财务报表及期后事项显示,南岭公司 2008 年度出现经营亏损,且业绩日趋下滑,如果没有优质资产注入,破产重整仅仅是解决现实负债及潜在负债问题,公司的持续经营能力仍然存在重大不确定性。

综上所述,南岭公司持续经营能力存在重大不确定性。公司若要持续经营,不仅需要成功重整,解冻主要经营性资产、解除现实负债和潜在负债,更需要注入优质资产,以期改善经营,两者缺一不可,但重整成功是前提条件。

3. 重整成功取决于什么?是债权人支持,还是公司控股股东对重整的支持?如果取决于两者的共同作用,则两者之间的关系是什么?

解析:

一方面,南岭公司无力偿债,债权人(主要是借款银行)已遭受严重损失,这也是其申请公司破产的主要原因。如果主要债权人之间无法达成一致,或不接受重整方案,公司破产清算将难以避免。

另一方面,重整方案主要由公司控股股东及其他股东制定。重整方案对债权人越有利,越容易获得债权人的通过。反之,如果控股股东仅是拟通过重整来解决债务问题,则制订的重整方案必将失去对债权人的吸引力,重整成功的可能性就较小。

综上所述,重整成功既取决于主要债权人的支持,也取决于控股股东的支持,两者相辅相成。一旦缺少任何一方的支持,破产重整的成功几乎不可能实现。

4. 本案例中,南岭公司管理层是否制订了有效的重整方案?注册会计师应如何看待公司管理层作出的"重组一定成功"的判断?

16 南岭公司持续经营审计案例

解析

在本案例中，南岭公司管理层并未制定有效的重整方案，仅在财务报表中对管理层重组成功的信心进行披露；注册会计师也未向公司管理层索取重整方案，仅获取了公司控股股东的重整承诺、律师的意见书、管理层的持续经营能力说明、破产管理人的重整说明等一系列的关于"对公司重整的成功充满信心"的意见。但是，上述资料的获得并不能说明注册会计师对公司的持续经营能力实施了判断。即便债权人有强烈的重组意图，但如果公司最终没有制定出行之有效的重整方案，债权人仍有可能作出不支持重整的决定。此外，上市公司重大重组还需要政府有关部门的审核批准。因此，在公司制定出明确的重整方案前，公司管理层作出"重组一定成功"的判断为时过早，注册会计师根据上述取得的证据认可南岭公司关于重组一定成功的判断，并据此形成对南岭公司继续按照持续经营基础编制财务报表做法的认可，是不恰当的。

5. 本案例中，假定南岭公司制订了明确的破产重整方案，但出于保密的原因未能提供给注册会计师，则注册会计师对南岭公司2008年度财务报告出具的"带强调事项段的无保留意见"是否恰当？

解析：

破产重整方案及其可实现性是判断公司能否持续经营的重要证据。假定公司债权人有支持公司破产重整的强烈意图，且公司制订了明确的重整方案，但出于保密原因未能提供给注册会计师，则构成了审计范围重大受限情形，注册会计师应当考虑发表无法表示意见的审计报告。在南岭公司大部分资产已经被冻结且已进入破产清算程序这一极端情况下，注册会计师如果无法获知公司的破产重整方案，进而无法判断其实现的可能性及其效果，就无法消除对南岭公司持续经营的疑虑，无法发表审计意见。因此，注册会计师对南岭公司2008年度财务报告出具的"带强调事项段的无保留意见"是不恰当的。

五、对注册会计师实施的审计程序的评价

结合上述已讨论、评价的内容,进一步作出以下分析:

1. 关于注册会计师将南岭公司管理层在《关于公司重整与持续经营的说明》中列举的其他上市公司破产重整成功的案例以及律师的《法律意见书》作为南岭公司持续经营能力无重大不确定性的审计证据。

注册会计师的这种做法不恰当。每个上市公司均是独立的个体,影响其持续经营的事项及解决方案也不尽相同。仅仅以其他上市公司重整成功的案例作为判断公司持续经营能力的审计证据不具有说服力,注册会计师没有通过相应的审计程序获取有说服力的审计证据。同时,在没有明确的重整方案情况下,律师关于"基于公司大股东的承诺、地方政府的支持及过往的成功案例等,公众可以对公司的成功重整充满信心"的意见,并没有提供实质性有说服力的证据,律师的意见至多只是关于南岭公司破产重整行为的一种意愿表述,而并非充分、适当的审计证据,不能代替注册会计师的专业判断。所以,注册会计师在通过相应的审计程序未获取有说服力的审计证据的情况下,就认为南岭公司在编制财务报表时运用持续经营假设是适当的,是缺乏应有职业谨慎的表现。

2. 关于注册会计师针对持续经营疑虑实施的审计程序及得出的审计结论。

《审计准则1324号——持续经营》规定,注册会计师应当实施必要的审计程序,获取充分、适当的审计证据,以判断管理层提出的应对计划是否可行,以及应对计划的结果是否能够改善持续经营能力。

本案例中，注册会计师并未取得南岭公司管理层针对已识别的持续经营问题制定的应对计划，更未与管理层对该计划的充分性合理性进行讨论并复核，未对应对计划是否可行作出判断，也未关注实施应对计划可能带来的结果。因此，注册会计师实施的审计程序是不充分的，未能获取形成审计判断所需要的有说服力的审计证据。

《审计准则 1324 号——持续经营》规定，如果管理层已充分描述导致对持续经营能力产生重大疑虑的主要事项或情况，以及针对这些事项或情况提出的应对计划，注册会计师应当出具无保留意见的审计报告，并在审计意见段之后增加强调事项段，强调可能导致对持续经营能力产生重大疑虑的事项或情况存在重大不确定性的事实，并提醒财务报表使用者注意财务报表附注中对有关事项的披露。本案例中，公司没有提供具有实质意义的应对计划，即破产重整方案。因此，注册会计师得出的审计结论和出具的审计意见也是不恰当的。

六、案例教学的组织

1. 对于本案例设计的思考题，鼓励学员在课外提前阅读和思考，了解《审计准则 1324 号——持续经营》有关财务方面、经营方面、其他方面可能导致对持续经营假设产生重大疑虑的事项或情况；注册会计师实施的进一步审计程序、审计结论及审计意见类型等重要内容。同时，学员还需要在课外事先搜集并阅读与本案例相关的会计准则、审计准则和破产重整有关法律制度等参考资料。

2. 由于持续经营假设的审计较为复杂，需要注册会计师结合中国的具体国情和公司的具体情况进行职业判断，因此建议教师在讲解准则、分析案例的基础上，组织学员进行开放式讨论，结合案例对实务中可能遇到的复杂问题进行更深入的思考与剖析。

开放式讨论1：

《审计准则1324号——持续经营》规定，在极端情况下，如持续经营能力同时存在多项重大不确定性，注册会计师应当考虑出具无法表示意见的审计报告，而不是在审计意见段之后增加强调事项段。结合本案例，请考虑南岭公司申请破产是否属于极端情况？

参考答案：

南岭公司累计亏损巨大，资不抵债且营运资金严重短缺，大部分银行存款账户、主要经营性资产和持有的重要子公司股权因涉诉而被法院依法冻结或查封。另外，南岭公司营业收入日渐下滑，现金流状况也日渐恶化。2009年3月，第二大股东向法院提出了重整申请，法院依法受理。但截至审计报告日，南岭公司尚未形成明确的重整方案。由于公司进入破产重整程序，南岭公司股票自2009年3月17日起实行退市风险警示，2009年4月15日起公司股票停牌，并存在被暂停上市或终止上市的风险。实际上，南岭公司已经属同时存在多项重大不确定性的极端情况。

在南岭公司处于上述极端情况并且注册会计师未获取充分审计证据的情况下，注册会计师应当考虑出具无法表示意见的审计报告。但在确定审计意见类型时，注册会计师可以考虑取得相关的免责申明，如公司债权人对破产重组支持、公司控股股东在债权人不支持破产重组时的财务支持承诺等方面的证据，以及公司主营业务能够保持正常经营的证据，评估确定审计范围受限的影响范围及其结果。

开放式讨论2：

结合中国国情，特别是政府参与公司重组的情况下，请讨论：在何种情况下，公司不能够按照持续经营假设编制财务报表？

参考答案：

该公司持续经营的不确定性是企业利益各方最关心的问题。当企业不能持续经营时，应采用清算基础编制财务报表，并在报表附注中对影响企业持续经营的重大事项加以充分披露，相关利益人可以尽早采取措施，避免重大损失或者降低损失的程度。不过从目前我国公司治理情况来看，管理层仍缺乏披露公司无法持续经营的动机，甚至恶意掩盖无法持续经营的重大事项。而注册会计师的职责就是评价被审单位按照持续经营假设编制财务报表的合理性，即只有当注册会计师对被审单位持续经营能力进行评价后，才能判断被审单位财务报告编制基础的合理性。另外，地方政府出于种种原因对濒临破产上市公司的保护，也增加了注册会计师对企业持续经营不确定性的审计难度，导致了该领域较高的审计风险。

通常，公司存在以下严重问题且未采取有效应对措施而导致公司无法持续经营时，不能按照持续经营假设编制财务报表：

（1）财务方面。

①债务违约，包括无法偿还到期债务和即将到期且难以展期的借款以及存在大额的逾期未缴税金。②无法继续履行重大借款合同中的有关条款。③累计经营性亏损数额巨大。④过度依赖短期借款筹资。⑤无法获得供应商的正常商业信用。⑥难以获得开发必要新产品或进行必要投资所需资金。⑦资不抵债。⑧营运资金出现负数。⑨大股东长期占用巨额资金。⑩重要子公司无法持续经营且未进行处理。⑪存在大量长期未作处理的不良资产。⑫存在因对外巨额担保等或有事项引发的或有负债。

（2）经营方面。

①关键管理人员离职且无人替代。②主导产品不符合国家产业政策。③失去主要市场、特许权或主要供应商。④人力资源或重要原材料短缺。

（3）其他方面。

①严重违反有关法律、法规或政策。②异常原因导致停工、停产。③有关法律、法规或政策的变化可能造成重大不利影响。④经营期限即将到期且无意继续经营。⑤投资者未履行协议、合同、章程规定的义务,并有可能造成重大不利影响。⑥因自然灾害、战争等不可抗力因素遭受严重损失。

此外,企业股东之间产生纠纷、股权频繁转让等情况,严重情况下,企业有可能被清算,也不能继续按照持续经营假设编制财务报表。

企业处于非持续经营状态时,应采用其他基础编制财务报表。比如,破产企业的资产采用可变现净值计量、负债按照其预计结算金额计量等。

当存在政府支持的公司重整计划时,注册会计师应该根据重整计划的内容及其实现的可能性加以判断。由于国家规定,上市公司的重大重组需要有关政府部门审批,而审批的主要关注内容之一,是重组是否能够带来公司可持续经营能力的实质性改善以及重整方是否真正有能力和相应的优质资产可以注入公司。如果注册会计师对这方面的评估无法得到肯定性判断,仍然不应该仅仅根据存在重整计划而认可公司的持续经营能力。

从实质上讲,公司现有资产与企业未来(计划或实际)的经营领域不相关时,至少对这些资产组考虑计提减值准备,如果涉及的资产组对企业经营具有广泛影响,则注册会计师就应当对企业继续按照持续经营假设编制财务报表的恰当性提出质疑。

二、质量控制体系检查案例

二 西藏文学的发展历程

1 质量控制体系检查案例一

一、学习目标

1. 学会从审计项目存在的问题入手,分析事务所在质量控制体系的设计和运行方面是否存在问题与缺陷

2. 掌握在财务报表审计中,注册会计师如何识别、评估和应对舞弊导致的重大错报风险

二、案例背景

(一) 会计师事务所概况

C 会计师事务所北方分所前身是北方会计师事务所,成立于 1981 年,是省财政厅下属事业单位。1992 年取得证券期货业务资格,是国内首批取得证券期货业务资格的事务所之一;1998 年,按照财政部的要求进行脱钩改制;2000 年,与北京一家会计师事务所合并;2006 年,更名为 C 会计师事务所北方分所(以下简称北方分所)。

C 会计师事务所另设 C 会计师事务所北方业务部(以下简称北方业务部),该业务部系 2000 年事务所合并时成立,原北方会计师事务

所注册会计师转入总所,执行总所在省内的业务。北方业务部负责人为路畅。

北方分所设立审计业务部、综合管理部及财务管理部;北方业务部设审计业务部、质量标准管理部,其他部门与北方分所合并管理。尽管对外有分所与业务部之分,但在实际工作中,分所与业务部合署办公、不分彼此。截至2010年12月31日,北方分所现有员工95人,其中注册会计师37人,其他执业人员58人;北方业务部现有人员30人,全部为注册会计师,其他审计执业人员与北方分所合并管理。

北方业务部2010年收入为2 132万元(主要来自19家上市公司),审计客户数为125户,验资客户数为33户。北方分所2010年收入为132万元,审计客户数为13户,验资客户数5户。北方分所和北方业务部现有总所出资人10名,工商登记注册股东10名,出资人出资合计120万元,出资比例为24%。

(二)Z公司的年报审计情况

Z公司成立于2000年,是一家生产、销售中药产品的高科技股份制企业。该公司于2007年在深交所挂牌上市。2010年度,Z公司实现营业收入7.11亿元,年末总资产为27.26亿元。自2000年起,C会计师事务所一直担任Z公司的年报审计机构(北方分所审计业务部为Z公司年报审计业务的具体执行部门)。

1. 北方分所签字注册会计师鲁某在《审计人员关于独立性的声明》和《注册会计师独立性确认函》上均已签字。从Z公司2007年首次公开发行股票担任签字注册会计师至今,鲁某已连续4年为Z公司提供年报审计服务。

2. "业务保持时初步了解客户经营信息记录"底稿显示,没有迹象表明管理层不够诚信,客户诚信信息良好。Z公司2008年收购S1公司审计工作底稿显示，S1 公司系 Z 公司母公司的子公司，Z 公司在 IPO 招股说明书中未将其作为关联方加以披露。

3. Z 公司从 2010 年 9 月开始新增中草药三七的采购、加工、销售业务，在短短四个月内实现销售收入 4.19 亿元，毛利 1.61 亿元（毛利率 38.42%），占 Z 公司 2010 年度毛利总额的 39.15%。

"舞弊风险评估与应对"底稿显示，"通过了解我们发现公司本年销售收入与去年销售增长较大，应作为重点关注，但是通过对销售合同与销售发票等的核对未发现舞弊现象。故并不能将其列为舞弊导致重大错报的风险领域"。

4. "项目组讨论纪要—风险评估"底稿显示，"通过风险评估、控制测试结果，我们认为公司不存在重大错报风险，但通过了解，公司本年经营的业务范围较以前年度有了新的变化，新增三七研发、加工业务，且本年三七收入占全年收入的比重较大，我们对此应当充分予以关注。对相关业务的供、产、销涉及的科目，要作为审计的重点领域。……公司的供应商、销售客户相对较集中，在审计时，要对那些重点客户予以关注。在具体执行审计过程中，应当关注营业收入、成本、存货和应收、预付账款的审计。"

"具体审计计划"底稿显示，"……项目小组认为报表层次的预付账款、应付款项、存货、营业收入、营业成本等账户的相关认定层次可能存在重大错报风险，由于采购、销售客户集中，应关注公司与重要供应商、客户，是否涉及关联交易……。"

在审计工作底稿中，未见注册会计师针对重大错报风险拟实施进一步审计程序的相关记录。

5. 在控制测试环节，注册会计师对 Z 公司的非三七业务内部控制进行了了解、评价和测试，未对与三七相关的采购与付款、仓储与生产、销售与收款等业务循环，以及供应商资格确认、预付账款控制

(2010年末，Z公司预付鲜三七采购款余额3.16亿元）、供应商档案维护、发票开具及入账、收入确认等关键控制点进行了解、评价和测试，以证实其是否得到有效实施。此外，控制测试由孙某负责，孙某为项目审计助理，未取得注册会计师执业资格，刚大学毕业参加工作不满一年。

6. 在实质性程序阶段，注册会计师针对三七业务实施了常规的实质性程序。比如，获取采购合同、发票、入库单，对期末应付材料款进行函证；采取详查的方法对全部的销售合同、出库单、销售发票进行了核对。

但实质性程序工作底稿显示，Z公司的三七采购、加工及销售等业务环节存在异常。比如，5家鲜三七供应商出具给Z公司货款收据中的收款人为同一人；鲜三七入库日期为12月30日，但公司在9月份即开始加工鲜三七并有产成品入库；三七的销售发票日期、出库单日期和收款日期集中在12月底，公司集中出库、集中开票、集中收款、集中确认收入的特征明显。对上述现象，未见注册会计师在审计工作底稿中实施有针对性的进一步审计程序或特别审计程序。

此外，"存货"科目审计由贺某负责，贺某为项目审计助理，未取得注册会计师执业资格。

7. 在Z公司审计项目的总体审计策略、重大事项讨论、审计总结等重要审计工作底稿中，未见事务所项目质量控制复核人赵某的复核记录。

8. 2011年7月份以来，国内多家媒体质疑Z公司的上下游客户为公司关联方，新增三七业务可能为虚假交易。2011年8月至10月，Z公司股票一直处于停盘状态。Z公司于2011年10月24日收到中国证监会的立案稽查通知。根据监管部门要求，Z公司于10月27日发布关于媒体报道相关情况的自查报告。Z公司在自查报告中承认，上市时隐瞒了与 S1 公司之间存在的关联方关系；公司与一些三七上游供应商之间的确存在关联方关系。公司股票自 2011 年 11 月 4 日开市起复牌。

（三）事务所质量控制体系相关情况

1. C 会计师事务所主任会计师全权授权北方分所负责人暨北方业务部总经理、C 会计师事务所副主任会计师路畅对外签发分所及业务部各类业务报告，委派路畅为北方分所主任会计师，全权负责分所全面管理工作。总所与分所的合伙人未在同一利润池中进行分配，北方分所在财务上实行独立核算，除每年向总所上缴管理费外，只有当需要总所开具发票时，审计服务收入才划至总所。

2. 1995 至 2010 年度，在北方分所其他 18 家上市公司客户中，有 14 家客户的 16 名注册会计师为同一家客户提供审计服务的年限超过 5 年，2 名注册会计师连续签字年限达到了 12 年。

3. Z 公司年报审计项目签字注册会计师鲁某，还担任另外 9 家上市公司和 2 家商业银行的年报审计业务的签字注册会计师，此外，鲁某还负责事务所的部分 IPO 业务。

4. 在北方分所执行的美景、蓝天、白云山等其他上市公司年报审计项目上，也不同程度存在高风险领域和重要审计项目由经验及能力不足的助理人员负责的情况，同时，未见项目负责人对助理人员工作进行督导与复核的相关书面记录。

5. 北方分所的所有 A 类业务（包括上市公司）均由赵某 1 人实施项目质量控制复核，另有张某 1 人协助赵某。赵某为 C 会计师事务所副主任会计师，负责 C 事务所的质量控制工作。

美景、蓝天、白云山等其他上市公司年报审计项目的项目质量控制复核记录显示，复核内容主要涉及报告哪个字错了、报告排版问题、报表勾稽关系是否正确、报表数据与附注数据是否一致等。

三、思考题

（一）关于 Z 公司年报审计项目

请结合上述资料，全面评价事务所及注册会计师在 Z 公司年报审计项目上存在的主要缺陷与不足。

（二）关于事务所的质量控制体系

请结合上述资料，评价 C 事务所在总分所一体化管理、客户关系和具体业务的接受与保持及业务执行等方面的质量控制政策和程序。

四、思考题解答

（一）关于 Z 公司年报审计项目

解析：

针对 Z 公司年报审计项目思考题，教师应组织学员开展开放式讨论，并从以下几个方面加以引导：

1. 自 Z 公司 2007 年 IPO 以来，鲁某一直担任其签字注册会计师，违反了财政部、中国证监会《关于证券期货审计业务签字注册会计师定期轮换的规定》第五条的规定和《中国注册会计师职业道德守则第 4 号——审计和审阅业务对独立性的要求》第九十一条的要求，在审计过程中没有保持应有的独立性。

2. 注册会计师已发现 Z 公司管理层在以前年度隐瞒关联方关系及其交易。在 2010 年度决定是否保持客户关系时，事务所未充分考虑 Z

公司管理层存在的诚信问题，并制定相应的应对措施，注册会计师有关"无迹象表明管理层不够诚信"的结论不恰当。

3. 对财务信息作出虚假报告导致的重大错报通常源于多计或少计收入，注册会计师应当假定被审计单位在收入确认方面存在舞弊风险，并应当考虑哪些收入类别以及与收入有关的交易或认定可能导致舞弊风险。项目组仅通过核对销售合同和销售发票这一程序即推翻舞弊准则规定的对收入确认方面的舞弊假定，依据不够充分，不符合《中国注册会计师审计准则第1141号——财务报表审计中对舞弊的考虑》第五十条的相关规定。

项目组未遵循《中国注册会计师审计准则第1141号——财务报表审计中对舞弊的考虑》第十条、十七条和五十九条的相关规定，对管理层凌驾于控制之上的风险保持应有的关注，对异常的重大交易，未充分关注其商业理由的合理性。三七业务属于"异常的重大交易"，应作为特别风险，实施特别的审计程序，对其商业理由的合理性进行分析、取证，包括：是否有足够数量的鲜三七供Z公司采购；Z公司为何能在短时间内建立起较大规模的鲜三七采购渠道；期末为何要预付大额鲜三七采购款，Z公司如何保证该等预付款的安全性；采购运费是否与采购数量相匹配；加工费用（包括人工费用、场地租赁费用、设备购置费等）与三七产量是否匹配；Z公司三七业务主要是将采购的鲜三七加工成干三七和三七生粉，属于初加工业务，为何能获得高达38.42%的毛利率；市场需求是否足以支撑Z公司4亿多元的三七产品销售；为何Z公司能在短时间内建立起支持4亿多元销售规模的销售网络。

4. 注册会计师对识别出的重大错报风险，未计划并记录拟实施的进一步审计程序，不符合《中国注册会计师审计准则第1201号——计划审计工作》第十四条和《中国注册会计师审计准则第1231号——针对评估的重大错报风险实施的程序》第八十二条的相关规定。

5. 对特别风险，注册会计师应当评价相关控制的设计情况，并确定其是否已经得到执行。鲜三七的采购、加工、销售业务是 Z 公司 2010 年的新增业务，且涉及金额较大，应当被评估为具有特别风险的领域。注册会计师虽然对 Z 公司的非三七业务内部控制进行了了解、评价和测试，但未制定有针对性的程序，对三七业务的相关内部控制进行了解、评价和测试，不符合《中国注册会计师审计准则第 1211 号——了解被审计单位及其环境并评估重大错报风险》第一百零九条的相关规定。

6. 注册会计师对 Z 公司在以前年度隐瞒关联方的情况未予以高度重视，对 Z 公司在预付鲜三七采购款、采购鲜三七、销售三七等环节存在的诸多异常现象，注册会计师并未保持应有的职业谨慎，实施任何有针对性的特别审计程序（比如，查阅 Z 公司股东特别是控股股东，以及主要销售客户和供应商的工商资料；借助律师的工作），以确定 Z 公司是否存在未披露的关联方及其交易。获取的审计证据不足以证实 Z 公司鲜三七采购和预付采购款的真实性。注册会计师有关关联方的审计程序实施不到位，不符合《中国注册会计师审计准则第 1323 号——关联方》第十一条的相关规定。

（二）关于事务所的质量控制体系

解析：

针对事务所的质量控制体系思考题，教师应组织学员开展开放式讨论，并从以下几个方面加以引导：

1. 总所对北方分所的管控存在缺陷。

北方业务部和北方分所是一套人马、两个牌子。从形式上来看，北方业务部的注册会计师注册地均在北京，名义上受总所的控制。但实际上，它是在独立运作，并未与总所实现一体化。表现在：北方业务部的注册会计师工作地点都在当地，主要接受分所主任会计师的日常管理与控制，总所对北方分所的控制主要通过"授权"进行；总所与分所的合伙人未在同一利润池中进行利润分配，北方分所在财务上独立核算，除每年向总所上缴管理费外，需总所开具发票的审计服务收入才划至总所，合伙人不能共享收益。

路畅既是北方分所负责人也是北方业务部总经理，经 C 事务所主任会计师授权，对外签发分所及业务部的各类业务报告，全权负责北方分所和北方业务部的全面管理工作，事务所的各类业务从承接至最终签发报告均由路畅负责审批，总所对其缺乏有效的控制。

2. 未充分考虑签字注册会计师的独立性。

从 Z 公司 2007 年首次公开发行股票担任签字注册会计师至今，鲁某已连续 4 年为 Z 公司提供年报审计服务。另外，1995 至 2010 年度，在北方分所其他 18 家上市公司客户中，有 14 家客户的 16 名注册会计师为同一家客户提供审计服务的年限超过 5 年，2 名注册会计师连续签字年限达到了 12 年。上述情况不符合财政部和证监会关于证券期货审计业务签字注册会计师定期轮换的相关规定以及中国注册会计师职业道德守则关于对独立性的相关要求，事务所在委派合伙人时，没有充分考虑合伙人的独立性以及由此可能带来的后果与影响。

3. 未充分考虑项目负责合伙人的时间和精力。

签字注册会计师鲁某除负责 Z 公司项目外，还作为签字注册会计师负责另外 9 家上市公司的年报审计业务、2 家商业银行的年报审计业务以及部分 IPO 业务。因国内企业的年报审计业务服务时间比较集中，很难保证合伙人具有足够的时间和精力去完成负责的所有业务并识别项目的重大风险。比如，从 Z 公司项目情况看，该公司 2010 年 9 月开始从事三七业务，在短短四个月内实现销售收入 4.19 亿元，毛利 1.61 亿元（毛利率 38.42%），针对此异常的重大交易，项目组并未将其作为特别风险予以应对。

4. 项目组人员委派及持续督导存在问题。

事务所在项目组人员委派上，存在未充分考虑项目组人员专业胜任能力的情况。Z公司等一些上市公司的高风险领域和重要审计项目（如存货）由缺乏审计工作经验和专业胜任能力不足的助理人员负责，项目负责人也未对其工作进行有效的督导与复核，在一定程度上影响了审计工作质量。

5. 项目复核和项目质量控制复核存在缺陷。

在Z公司审计项目的总体审计策略、重大事项讨论、审计总结等重要审计工作底稿中，未见事务所项目质量控制复核人的复核记录。底稿中已有的项目质量控制复核记录多为形式上的复核，未见对识别的特别风险以及采取的应对措施等相关事项进行复核的记录。

事务所所有的A类业务（包括上市公司）均由1人（赵某）实施项目质量控制复核，另外1人（张某）协助赵某。事务所现有的人员安排，不能充分保证项目质量控制复核人有充足的时间和精力去复核项目所存在的特别风险并采取及时有效的应对措施。

五、案例教学的组织

对于本案例设计的思考题，学员需要在课外提前阅读和思考，包括搜集相关的审计准则、会计准则和制度的规定，收集最新发生的关联方审计案例，以深化课堂案例讨论的效果。

要在组织学生对Z公司审计项目讨论的基础上，引导学生举一反三，深入思考Z公司审计项目存在问题的深层次原因，关注事务所是否有可能存在系统风险，查找事务所在质量控制体系的设计和运行方面是否存在问题与缺陷。

2 质量控制体系检查案例二

一、学习目标

学会分析事务所在质量控制体系设计和运行方面存在的问题与缺陷。

二、案例背景

(一) 会计师事务所概况

B会计师事务所有限公司（以下简称B事务所）成立于二十世纪八十年代，1999年经财政部批准改制，2010年事务所发生重大重组，吸收合并了M会计师事务所。M事务所创立于九十年代初，其主要业务来源于证券市场审计及相关业务。两所合并后，B事务所在全国证券所中位列前20名。

事务所设立了股东会、董事会、监事会等内部治理机构。股东会由全体股东组成，是公司的最高权力机构，股东按照出资比例行使表决权；董事会是公司的决策机构，下设发展战略委员会、风险管理及质量控制委员会、专业技术委员会及人力资源委员会等四个专门委员会,为公司的执行机构;监事会为公司的监督机构。在深圳、沈阳、大连、四川、山西、湖南、山东、河南、福建、天津、江西、上海等省市设有分所。事务所设二个审计部、五个职能部门,共七个部门。

现有股东18名,注册资本800万元。现有员工873人,其中注册会计师385人。总部拥有员工86名,其中注册会计师55名。分所员工787名,其中注册会计师330名。

B事务所2010年业务收入2.5亿元。其中:鉴证业务(财务报表审计、验资、工程预决算审核等)2.3亿元,相关服务业务(资产评估、代理记账和会计服务、税务咨询、管理咨询、其他专业服务等)0.2亿元。其中:来自高端审计客户收入7 900万元(包括上市公司客户、中央企业客户)。总部业务收入5 000万元,分所业务收入2亿元,分所业务收入占事务所总收入的80%。

具有证券、期货相关业务审计资格、建设工程造价审计咨询甲级资格、房地产估价资格、国有资产评估资格。

(二)事务所质量控制体系的相关情况

1. 除正式注册的18名股东外,事务所总所及分所还存在16名隐性股东。

2. 事务所按以下原则和方式进行分配:

(1)总部的收入包括各分所上缴的管理费用及业务收入,用于总部的日常经营管理,总部与各分所独立核算,各合伙人均在各自分所发放工资及进行利润分配。

两个或两个以上的经营分部共同完成一个项目,合作项目收入总额的30%分配给承接业务的经营分部,合作项目收入总额的70%分配给承做业务的经营分部。

(2)股东和员工承揽业务时,都按该项业务收入的20%获取业务开发奖励，第二年以后按该项业务收入的15%获取业务开发奖励。

（3）合伙人按承揽业务、监管业务、管理、股权比例四项内容以及4:4:1:1的比例进行利润分配。根据以上制度规定及检查过程中发现，总所及各分所合伙人未在同一利润池中分配。除上述条款外，未制定其他的合伙人薪酬标准。

3. 关于业务承接作如下规定：

（1）《事务所分所审计报告质量控制细则》规定：

①分所应于签署业务约定书或进入客户现场工作3个工作日内，由项目负责人向总所质量控制部报备项目风险评估情况；

②分所在首次执行特定审计业务时应进行风险评估，报总所质量控制部批准方可与客户签署业务约定书。

③制度规定一般项目的承接或保持由主任会计师或其授权的副主任会计师批准。

（2）《事务所质量控制制度》规定：对特定业务的接受与保持需经本所风险管理和控制委员会或其授权的质量控制部批准。

在实际执行中，事务所有些项目的承接程序滞后于业务约定书签订日期和业务承做日期。总所风险管理及质量控制委员会针对2010年度特定业务审计工作的承接和保持召开的会议共有两次，召开日期分别为2011年1月27日和2011年2月22日，而事务所承做的特定项目基本在2010年12月份已经承揽甚至已签订业务约定书，并已开始预审。

制度中对业务承接评价表和业务保持评价表中最终结论的签字人没有明确规定，导致不同分所有不同级别的签字人。例如，深圳分所由主任会计师兼深圳分所所长签字，湖南分所无签字人，只写结论"根据本所风控委2011年度第二次会议，同意承接"。同时，还存在部分承接或保持评价表无各级审核、审批的情况。

4. 在人力资源方面有如下规定：

（1）人员招聘：事务所设定了统一的招聘流程，即人事负责人在了解人员需求后制定招聘计划，发布招聘信息，在进行初步筛选后，由部门合伙人面试决定是否聘用。

（2）考核评价和晋升：事务所执行年度考核的制度，考核结果作为晋升的依据，一般是员工在自我评价的基础上，由部门负责考核人给予评价，并给出总体考评结果作出晋升建议，由各分所合伙人会议决定晋升。

针对上述两项工作，除此原则性流程规定外，没有制定进一步的操作细则。在实际执行中，存在以下情况：A分所在面试时记录了面试内容；B分所通过打分来决定是否合格录用；C分所只向检查组提供了已录用人员的员工登记表、试用人员转正审批表及相关劳动合同，未见面试评价等资料。同时，在考核指标方面的执行标准也不一致。A分所使用了制度设计中的《人员考核报告》中的自我评价和总体考评结果两部分；A分所和B分所未按总所发布的形式而是自行设计考核标准，其中A分所考核中未考虑职业道德要素；总部业务部门只有员工考核汇总表却没有原始的考核资料。

（3）薪酬：根据《事务所员工薪酬管理暂行办法》，员工工资一般由固定工资、效益工资、年终奖金、签字费等组成，但是没有对上述构成项目所占比例进行相应规定。

效益工资，按项目到账收入扣除信息费及差旅费后（简称：净收入）的8%计算，合伙人不参与项目奖金分配，效益工资按参与人员的有效工时与系数计算；IPO及上市公司按净收入4%计发签字费，其他公司按2%计发签字费。

5. 监控部门的设置。

按《事务所质量控制制度》的要求，事务所在董事会下设立专业技术委员会,负责监控工作,专业技术委员会由15人组成,由所内高级经理以上人员担任。同时,设立了专业技术部,作为监控工作的常设机构,负责监控的具体工作并负责受理投诉和指控事项,由合伙人刘某任专业技术部主任。目前,专业技术部工作人员只有专业技术部主任1人。

6. 职业道德。

(1) 事务所独立性声明的模板全部内容为"风险管理与质量控制委员会:本人作为B会计师事务所的职员,本人知道本人所从事的工作应遵守中国注册会计师执业准则,该准则要求相关人员保持职业道德规范要求的独立性,为使此项要求得到更好的贯彻,本人声明如下:本人将恪守独立、客观、公正的原则,保持应有的关注,并对审计过程中获知的信息保密。特此声明"。

(2) 事务所只建立了申报本所审计的上市公司股票登记制度。

(3) 审计项目组成员最近曾担任审计客户的董事、高级管理人员和特定员工。

(4) 事务所在员工签署的《承诺书》后附有2011年审计的上市公司目录。事务所在《关于规范员工买卖本所审计上市公司股票的通知》中规定"本所审计的上市公司名单将及时更新并在本所网站公告。"通过对其网站的了解,没有发现包括上市公司客户的具体名单。

(5) 事务所建立了《关于规范员工买卖本所审计上市公司股票的通知》,其中第七条规定"任何期间:本所禁止参与该上市公司审计的或能获取该公司相关信息的人员在任何期间内买卖该上市公司的股票。本所禁止参与拟IPO项目的审计人员对该公司进行风险投资。敏感期间:本所禁止全体员工于敏感期间内买卖本所审计的上市公司股票。登记备案制度:本所员工及其主要近亲属拥有本所审计的上市公司股票,必须如实报告,并记录在案,禁止利用内幕信息买卖公司股票,禁止在《证券法》第四十五条规定的期间买卖本所审计的上市公司股票的行为。"

员工《承诺书》的内容为"本人承诺如下：一、本所为公司首次公开发行股票出具审计报告（即IPO审计）的，自接受该公司委托之日起至该股票承销期满后六个月内，不买卖该公司股票；二、本所为上市公司出具审计报告的，自接受上市公司委托之日起至上述文件公开后五日内，不买卖该种股票。"

（6）《事务所职业道德规范》第六条规定："本所对所有的上市公司财务报表审计，按照法律法规的规定每五年轮换项目负责人和签字注册会计师。"注册会计师陈某在某上市公司年审报告上连续签字7年。《事务所职业道德规范》第八条规定："本所合伙人或员工不得兼任审计客户的董事或高级管理人员"。《事务所职业道德规范》第二十一条规定："如果审计项目组成员与审计客户的员工存在密切关系，并且该员工是审计客户的董事、高级管理人员或特定员工，即使该员工不是审计项目组成员的近亲属，本所也将拥有该经济利益的审计项目组成员调离审计项目组"。

三、思考题

请评价B事务所在质量控制体系方面存在的主要缺陷与不足。

四、思考题解答

解析：

B事务所在质量控制体系方面存在以下主要缺陷与不足：

1. 隐性股东的存在，给事务所治理层、管理层架构的设置以及各层次人员权利义务的界定造成很大的法律障碍,同时也带来了事务所在合伙人责权利的划分上不够公开、透明的情况,妨碍了事务所的正常运作和管理。

2. 通过对事务所业务收入构成的分析可以看出,分所业务收入占事务所总收入的80%,即事务所的经营主体是各分所,因此事务所的主要风险控制点在于对分所的控制与管理。

然而,事务所实际采用的管理模式却是总部与各分所独立核算,各分所各自为政、自负盈亏,各合伙人均在各自分所发放工资及进行利润分配,总部仅对各分所收取一定的管理费用于总部的日常经营管理。如果合伙人没有相同或相似的经营理念,极有可能影响合伙人团队的稳定和和谐,最终造成事务所的分崩离析。因此,为了避免给事务所的经营和管理造成不良影响,《会计师事务所分所管理暂行办法》要求,会计师事务所及其分所应当在人事、财务、业务、技术标准和信息管理等方面做到实质性的统一。

另一方面,从事务所的分配原则和方式可以看出,事务所管理层的经营理念是偏重于市场开发。由于无论是合伙人还是员工,主要的收益来源于业务开发,因此,从根本上为事务所的经营带来较大的职业风险,当质量和风险与业务承接产生矛盾时,事务所最终的选择更大的可能是保证业务量而放弃执业质量,从而带来潜在的执业风险。

3. 不同制度对同一事项的规定表述不严谨,以及对于承接的具体流程规定不明确,导致具体执行中存在不同的操作和理解,最终适当的制度没有得到有效地贯彻执行。

(1)《分所审计报告质量控制细则》和《质量控制制度》中对于业务的承接与保持事项的审批规定没有保持一致,致使执行中存在差异。

例如,事务所有些项目的承接程序滞后于业务约定书签订日期和业务承做日期。总所风险管理及质量控制委员会针对2010年度特定业务审计工作的承接和保持召开的会议共有两次，召开日期分别为2011年1月27日和2011年2月22日，而事务所承做的特定项目基本在2010年12月份已经承揽甚至已签订业务约定书，并已开始预审。

（2）制度中对业务承接评价表和业务保持评价表中最终结论的签字人没有明确规定，导致不同分所有不同级别的签字人。例如，深圳分所由主任会计师兼深圳分所所长签字，湖南分所无签字人，只写结论"根据本所风控委2011年度第二次会议，同意承接"。同时，还存在部分承接或保持评价表无各级审核、审批的情况。

（3）制度规定一般项目的承接或保持由主任会计师或其授权的副主任会计师批准，该制度可能会造成执行业务合伙人和承接项目合伙人不分离的情况。

4. 由于只有原则性流程没有相应的实施细则，带来了各分所在实际执行中做法不一。

例如，A所在面试时记录了面试内容；B所通过打分来决定是否合格录用；C所只向检查组提供了已录用人员的员工登记表、试用人员转正审批表及相关劳动合同，未见面试评价等资料。

同时，在考核指标方面的执行标准也不一致。A所使用了制度设计中的《人员考核报告》中的自我评价和总体考评结果两部分；A所和B所未按总所发布的形式而是自行设计考核标准，其中A所考核中未考虑职业道德要素；总部业务部门只有员工考核汇总表却没有原始的考核资料。

5. 监控人员力量较为薄弱，如专业技术部工作人员只有1名，不利于监控工作的开展。

6. 职业道德。

（1）事务所独立性声明模板需要确认的内容和事项没有涵盖《职

业道德守则》和事务所职业道德政策规定的所有相关方面（具体要求参考《中国注册会计师职业道德守则第 4 号——审计和审阅业务对独立性的要求》和《中国注册会计师职业道德守则第 5 号——其他鉴证业务对独立性的要求》），没有承诺具体的事项，只是简单地声明恪守、客观、公正的原则；对上市实体等重要审计项目，事务所要求执业人员签署专门的独立性声明。

（2）事务所制定《关于规范员工买卖本所审计上市公司股票的通知》，只规定了申报本所审计的上市公司股票登记制度，没有规定对执业人员其他投资的申报制度，不符合中国证监会有关业务人员持有股票的登记备案规定（中国证券监督管理委员会公告［2010］37 号）。

建立了审计项目组成员对其服务的审计业务的独立性确认制度，但其确认书中没有包括家庭和私人关系的内容；事务所员工年度独立性确认书中没有包含家庭与私人关系的内容，没有建立家庭成员及其工作单位和职责的申报制度。

（3）事务所没有制定有关审计项目组成员最近曾担任审计客户的董事、高级管理人员和特定员工方面的政策。

《事务所职业道德规范》第八条规定："本所合伙人或员工不得兼任审计客户的董事或高级管理人员"。第二十一条规定："如果审计项目组成员与审计客户的员工存在密切关系，并且该员工是审计客户的董事、高级管理人员或特定员工，即使该员工不是审计项目组成员的近亲属，本所也将拥有该经济利益的审计项目组成员调离审计项目组"。

（4）事务所在《关于规范员工买卖本所审计上市公司股票的通知》中规定"本所审计的上市公司名单将及时更新并在本所网站公告"，但是没有制定如何披露上市公司审计客户清单以及如何持续更新具体的实施细则和要求，制度不具有可操作性，没有能有效规避可能影响独立性的情况。

（5）承诺书的要求明显轻于公司制定的制度要求，即关于独立性的制度没有在实际执行中得到有效执行。

（6）事务所实际执行的签字方法没有遵守《事务所职业道德规范》的规定，也不符合中国证监会和财政部2003年10月联合发布的《关于证券期货审计业务签字注册会计师定期轮换的规定》。同时，对此事项事务所在具体的审核与监控程序中也没有制定相应的审核、监控措施，造成制度没有得到有效执行。

《关于证券期货审计业务签字注册会计师定期轮换的规定》第三条内容为："除本规定第七条外，签字注册会计师连续为某一相关机构提供审计服务，不得超过五年"。第七条内容为："两名签字注册会计师为同一相关机构连续提供审计服务的期限在同一年度达到五年的，可以由一名签字注册会计师延期为该相关机构提供审计服务，但延期不得超过一年"。第八条内容为："签字注册会计师已连续为同一相关机构提供五年审计服务并被轮换后，在两年以内，不得重新为该相关机构提供审计服务"。

五、案例教学的组织

对于本案例设计的思考题，学员需要在课外提前阅读和思考，包括搜集相关的审计准则、会计准则和制度的规定，收集最新发生的关联方审计案例，以深化课堂案例讨论的效果。

要在组织学生对B事务所质量控制体系缺陷与不足讨论的基础上，引导学生举一反三，深入思考B事务所质量控制体系存在问题的深层次原因，思考如何完善事务所的质量控制体系，并使其得到有效执行。

3 质量控制体系检查案例三

一、学习目标

1. 分析事务所在质量控制体系的设计和运行方面是否存在问题与缺陷

2. 掌握建立健全事务所质量控制体系的方法

二、案例背景

（一）会计师事务所概况

A 会计师事务所有限责任公司（以下简称"A 事务所"或"事务所"）成立于 1999 年 7 月。A 事务所的注册地在北京（也是总部所在地），并在 3 个省设有 4 家分所，其中 B1 分所和 B2 分所的前身是最早合并成立 A 事务所时三家事务所中的两家，B3 分所于 2001 年新设成立，B4 分所于 2009 年新设成立。

A 事务所现有工商登记注册股东 7 名，注册资本 200 万元。第一大股东王某出资 43.6 万元，持股比例 21.8%；第二大股东张某出资 40 万元，持股比例为 20%；其余 5 名股东持股比例在 15% 至 5% 之间。

截至 2010 年 12 月 31 日，A 事务所拥有员工 356 名，其中注册会计师 196 名。总所员工 116 名，其中注册会计师 78 名；分所员工 240 名，其中注册会计师 118 名。

A 事务所 2010 年度业务收入约为人民币 7 300 万元，其中审计业务收入 7 090 万元（含验资业务收入 140 万元），咨询及其他业务收入 210 万元。总所业务收入 3 800 万元，各分所业务收入合计 3 500 万元。A 事务所在 2010 年度共出具业务报告 2 304 份，其中审计报告 2 274 份（含验资报告 264 份），咨询及其他报告 30 份。总所出具业务报告 1 318 份，分所出具业务报告 986 份。

A 事务所具有证券期货相关业务审计资格，2011 年共出具上市公司 2010 年年报审计报告 21 份，其中标准无保留意见的审计报告 18 份，非标准意见审计报告 3 份。此外，A 事务所还有 5 家在审的 IPO 客户。

（二）会计师事务所的治理结构与组织结构

按照 A 事务所的章程规定，股东会审议批准董事会的报告，董事会执行股东会的决议。同时，A 事务所的章程规定，事务所设经理，经理对董事会负责。A 事务所尚未规定股东或董事的任职条件和遴选标准，新股东或新董事人选的产生主要由董事长提议，由股东会开会商议决定。

目前 A 事务所的董事会有 7 名成员，包括了 A 事务所全部 7 位股东。A 事务所的第二大股东张某担任主任会计师、董事长，第一大股东王某担任副主任会计师、董事、总经理，其余 5 位股东担任副主任会计师、董事、副总经理。2008 年，A 事务所还新任命了 15 名注册会计师为授薪合伙人，授权其签署上市公司审计报告。这些授薪合伙人均未担任 A 事务所的副主任会计师或副总经理，也未成为董事会成员。

根据 A 事务所制定的《职务级别与职责管理规定》，事务所的业务职务级别分为十四个等级：主任会计师、总经理、副主任会计师、部门经理、部门副经理（经理助理、高级项目经理）、一级项目经理、二级项目经理、一级审计员、二级审计员、三级审计员、一级助理审计员、二级助理审计员、三级助理审计员、见习助理审计员。

A事务所设置了质量控制委员会、执业标准委员会与行政分所管理委员会等3个委员会。其中，质量控制委员会与执业标准委员会的组成人员完全重合。质量控制委员会有议事规则，另2个委员会尚未制订议事规则。主任会计师负责质量控制委员会和执业标准委员会的管理，总经理负责行政分所管理委员会的管理。A事务所总所内设4个审计业务部、1个咨询业务部、1个质量控制部（兼培训部）、1个行政部（兼人力资源部）、以及1个财务部。

（三）客户关系和具体业务的接受与保持

1. 业务分类。

A事务所在《业务分类管理制度》中规定了A、B、C三类业务的划分原则。A类业务为上市公司（包括拟上市公司）及其重大子公司[①]、金融企业[②]、国家国资委监管的企业、高风险行业（包括但不限于房地产开发企业）以及初步业务活动的风险评估结果为高风险的企业等的鉴证业务；B类业务为上市公司非重大子公司、金融企业分支机构、地方国资委监管企业、初步评价中等风险项目的鉴证业务；C类业务为国资委监管企业三级以下子公司、规模很小的公司、初步评价低风险的项目鉴证业务。

A事务所在《业务分类管理制度》中还规定，项目负责合伙人应

---

① 指资产或收入占合并总资产或合并总收入20%以上的子公司。
② 包括银行、保险公司、证券公司、信托投资公司、期货公司、基金管理公司、租赁公司等。

在项目承接立项阶段，根据上述标准准确划分项目类别，并在业务管理系统中准确录入项目信息，确保项目分类结果的正确性。质量控制委员会对项目类别持不同意见的，有权对项目类别进行修改。

2. 业务承接与委派。

A事务所制定了《审计业务承接制度》，对业务承接的程序、业务承接过程中的初步业务活动、批准原则、不同风险级别审批的要求、时间、首次承接和连续审计的考虑因素等做了规定。其中规定：事务所实行业务统一承接制，行政部负责对客户及业务进行统一管理。A类项目的承接除需项目承接合伙人批准外，必须同时经过主任会计师或总经理的批准；对于存在重大风险的审计业务，原则上不予承接；如欲承接的，必须提交质量控制委员会，经质量控制委员会决议通过后方能承接。

在实际执行中，主要是7个股东在承揽业务。股东承揽业务后，交由该股东分管的业务部门承做。如果是由股东以外的事务所人员（如业务部门经理）承揽的业务，当业务规模较大时，须口头上报给总经理后决定是否承接，决定承接后由承揽人所在的业务部门承做；对于承接的较小业务，则由部门经理直接委派本部门人员承做。如果承揽人处于非业务部门，则由主任会计师指派某业务部门承做。常年客户由原来的部门直接进行委派。行政部在业务承接后对业务约定书进行编号备查。

A事务所的业务接受/保持评价表模板中，"客户情况评价"栏目包括了对客户的诚信、经营风险、财务状况等事项的考虑，"事务所情况评估"栏目包括了对时间和资源、专业胜任能力、独立性、自我评价等方面的考虑。对于大部分连续审计业务，业务接受/保持评价表只有项目承接合伙人、质量控制合伙人、（副）主任会计师的签字及签署日期。

A事务所于2010年度共承接了4家特别处理（ST）的上市公司年

审业务。其中1家ST公司为A事务所的某省分所B1承接并承做，业务接受/保持评价表显示经过了B1分所副所长齐某（系A事务所股东、副主任会计师）签署批准承接。

A事务所现有5家审计客户正在申报股票发行上市。与这些客户签订的审计业务约定书显示，在审计初始阶段，客户先预付20%的审计费用；待项目组完成主要的审计工作并出具审计报告时，再支付30%；其余费用则待公司发行股票并上市后五个工作日内一并结算；如果公司未能上市成功，公司有权不向A事务所支付其余费用（即50%的审计费用）。

（四）业务标准和程序以及业务执行

A事务所的《业务委派暂行办法》规定，事务所业务报告由两名注册会计师签章，其中一名是主任会计师或由本所认定的授薪合伙人，代主任会计师在业务报告上履行签字职责并承担相应责任的执业注册会计师；另一名则是负责该项目的项目现场负责人或部门经理。

A事务所出具审计报告的流程是：由项目组填制报告签发单，上面须有项目经理复核（一级复核）、部门经理复核（二级复核）、质量控制部复核（三级复核）以及主任（或副主任）会计师的批准签发意见，然后提请行政部负责人审核后加盖公章，出具报告；行政部则留存报告签发单与报告页。对于由7名股东承接的审计业务，通常由该股东作为项目总负责人，并作为审计报告的批准签发人。

A事务所在其制定的《业务咨询暂行办法》和《业务质量控制制度》中设置了对疑难问题或争议事项的咨询政策和程序，以及对重大分歧事项的处理政策和程序。对于咨询事项及结果，以及重大分歧事项及处理过程与结果一般不在底稿中记录，只有上报质量控制委员会的重大问题才会在质量控制部留存。

上市公司 X 系 A 事务所的一家审计客户，要求事务所于 2011 年 3 月下旬出具合并财务报表的审计报告，并为其控制的一家重要子公司单独出具审计报告（且要求子公司审计报告的提交时间为 2011 年 1 月上旬）。A 事务所行政部留存的审计报告签发单显示，该上市公司的审计报告日为 2011 年 3 月 29 日，其单独出具报告的子公司审计报告日为 2011 年 1 月 8 日，上市公司及该子公司的审计报告签发日为 2011 年 3 月 28 日。

上市公司 Y 系 A 事务所的一家审计客户，并于 2011 年 3 月 26 日公开披露了 2010 年度报告。负责 Y 公司 2010 年度财务报表审计的签字注册会计师黄某于 2011 年 3 月 23 日将拟出具的审计报告（以及后附财务报表及其附注）发到质量控制部复核人孙某的邮箱进行项目质量控制复核；4 月 25 日向孙某邮箱提交了整套审计工作底稿进行复核，以便工作底稿的归档；5 月 17 日收到质量控制复核的意见反馈，并于 5 月 29 日将整套审计工作底稿正式归档。

（五）人力资源

1. 人力资源总体状况。

A 事务所目前面临着人力资源不足的问题，尤其是基本业务人员流失严重，而且制订的招聘计划常常难以完成。

人力资源部仅能了解事务所员工的基本信息（如姓名、性别、年龄），人员信息表中缺少业务级别和进所时间信息。财务部需要的人员岗位级别信息由各业务部门自行整理上报。

2. 考核与评价。

A 事务所制定的《考核晋升制度》规定，事务所对每位员工进行定期考核；总经理办公会考核部门经理、经理助理；部门经理考核高级项目经理、项目经理；项目经理考核审计员、试用见习人员。考核内容包括综合素质及专业能力的测评与考核。在实际执行中，事务所仅对项目经理进行考核。总经理办公会每年并未对部门经理、经理助理进行考核;部门经理对本部门员工的考核主要依据员工一年来所做工作的主观评价,没有书面考评资料和具体考评指标;项目经理也没有对审计员、试用见习人员进行考核评价。

3. 薪酬管理。

根据A事务所制定的《薪酬管理制度》,正式员工的薪酬构成,主要有以下内容:(1)基本生活费;(2)岗位工资;(3)津贴;(4)效益工资;(5)奖励与处罚。

基本生活费,即基本生活保障费,每人每月按600元计发。

对于岗位工资,按工作内容不同划分工作岗位,并根据责任大小制定岗位系数,业务部门从主任会计师到见习助理审计员共分14个级别,系数由2.3到0.9;岗位系数标准暂定为600元/月,以后视效益情况在300—1 000元之间调整;岗位工资=系数标准×岗位系数。对非业务部门的员工,按月岗位工资标准发放(其中质量控制部经理为4 000元/月,质量控制部副经理为3 800元/月)。

津贴分为执业资格补贴和风险补贴。执业资格补贴的标准为,具有注册会计师执业资格者100元/月。风险补贴是指对事务所出具正式业务报告的签字人员的风险补贴,具体标准为:每份业务报告取得的实际业务收入的1%/人。

效益工资包括管理效益工资和执业效益工资两部分。管理效益工资以业务收入为基数提取,主要适用于主任会计师和副主任会计师。比如,主任会计师按本所业务收入的0.8%计提,总经理、分所所长按0.78%计提,分所副所长按0.76%计提。

执业效益工资主要适用于执业业务的人员。其中,部门经理的执业效益工资由二部分构成:基本部分50 000元/年;浮动部分则按本部门业务收入的1%计提。如果部门业务收入低于前三年平均数,同比例扣减部门经理的效益工资基本部分。部门经理的效益工资由事务所负担并发放；部门副经理和经理助理每月发放职务津贴分别为800元、600元，并由本部门负担。对于部门经理以外的本部门业务人员，发放的执业效益工资总额按本部门业务收入的17%计提，由各业务部门的部门经理制定本部门的具体分配办法在本部门全体人员（含临时聘用人员，不含部门经理）间分配。具体分配办法由各业务部门制定报所长办公会批准后执行。

除了管理效益工资和执业效益工资，A事务所的B1分所还设置了业务承揽效益工资。该分所的薪酬管理办法规定，对承揽新客户业务的全所员工，按业务收入实际到账金额的五个档次为基数提取承揽效益工资，提取比例由15%到30%；老客户及与老客户关联的非常年业务，按以上标准减半计提；提供信息并协助所长和副所长承揽成功的，按收入的5%计提；业务部门经理承揽的业务按5%计提；所长和副所长承揽业务不提取承揽效益工资。业务部门经理承揽的业务每年不低于10万元，10万元以内部分不提取承揽效益工资；对于特殊业务，如涉及某些整个政府部门或行业或企业集团等，由所长专门批准承揽效益工资的金额。

在实际执行中，除了基本生活费、岗位工资和津贴之外，A事务所总所员工的主要薪酬形式为奖金。部门的奖金总额和部门经理以上人员（含部门经理）的奖金经主任会计师和副主任会计师会议讨论，主任会计师口头通知财务部发放，其他员工奖金由业务部门经理根据对员工的考核结果，口头通知财务部不定期发放。综合部门的奖金由主任会计师和总经理口头通知财务部发放。财务部每年给主任会计师上报一次各业务部门实际发放奖金的数额。奖金的发放主要通过发票报销（平时奖金和年终奖金由部门经理以发票报销的形式从财务部领取现金，然后发放给部门员工），少部分奖金以工资形式发放。

此外，事务所的薪酬情况表显示，主任会计师和副主任会计师的薪酬基本为固定年薪，主任会计师和副主任会计师（共7人）的年薪总额为150万元。由于事务所的财务报表常年仅有微薄利润，事务所多年来未向股东发放股利。

4. 晋升。

在员工晋升方面，A事务所的《考核晋升制度》规定，每年年末组织一次对项目经理以下员工、项目经理和部门经理考核晋升。

每位员工由两名项目经理同时考核打分，并填写《年度考核表》，报行政部。员工经三个年度考核均为合格者经总经理办公会批准后，其岗位级别和工资系数在原来的基础上晋升一级。

项目经理考核由质量控制部根据项目经理执业情况进行考核打分，分别填写《项目经理执业质量考评表》、《项目质量控制检查记录》、《审计项目执业质量考评结果汇总表》、《审计项目执业质量考评结果明细表》，报行政部。连续两年度经考核合格者经总经理办公会研究批准后在原岗位工资系数基础上晋升一级（0.1个点）。

各部门经理每年年末向总经理办公会提交当年工作总结一份，总经理办公会结合各部门综合管理及业绩情况予以考评打分，填写《部门经理年度考核表》。年度考核合格者予以连任资格，考核不合格者予以降级处理，在原有岗位系数基础上降低一级（0.1个点）；连续两年考核不合格者予以降职处理，在原职务级别基础上降低一级。

在实际执行中，每年年末由部门经理将本部门需要晋升的员工名单口头提交给人事部经理，人事部经理汇总上报事务所领导批准，随后由人事部经理口头通知财务部和部门经理，部门经理再通知被晋升人员。各部门经理每年年末向人事部提交当年工作总结一份，总经理办公会未对各部门经理在综合管理以及业绩方面考评打分，也未编制《部门经理年度考核表》。

（六）总分所管理

A事务所的《分所管理暂行办法》要求B3分所和B4分所自求平衡、自负盈亏。A事务所向B3分所按其业务收入的一定比例收取管理费，而对其他三家分所不收取管理费。

在四家分所中，各分所的负责人均由总所董事会决议确定，其中B1、B2、B4分所的所长为A事务所的股东，B3分所的负责人不是A事务所的股东。

A事务所的《分所管理暂行办法》规定："各分所应积极向外开拓市场，承揽业务，对承揽的业务按照谁承揽谁执业、收入归谁、费用由谁负担的原则分配业务"。在此基础上，A事务所在相关的具体内部制度中提出了项目授权管理的要求，比如在事务所的《业务承接管理办法》中规定，"事务所对分所实施项目授权管理制度。分所应在总所授权范围内承接项目，未授权的项目不得独立承接并承办"，以及"除本所特别授权，分所不得独立承接并承办A类项目"。

在2010年，B3分所承接了所在省份某市商业银行股份有限公司的2010年度财务报表审计业务，该业务的业务接受/保持评价表显示，B3分所负责人白某签署了同意承接的意见及签名。

（七）信息系统

A事务所目前使用某财务软件进行会计核算，使用某辅助审计软件进行客户财务数据的采集和审计工作底稿的编制，使用某人事档案管理系统进行总分所人员管理（目前仅能提供基本的人员信息管理功能），并建立了事务所官方网站。

（八）监控

A事务所制定的《业务质量控制制度》规定，质量控制部负责本所业务质量的日常监控工作。A 事务所质量控制部对总所的内部检查主要是通过作为业务的第三级复核加以实现；对各分所的内部检查主要是通过抽查业务项目底稿和检查分所是否越权承接业务。质量控制部的内部检查记录散见于被抽查的业务工作底稿（包括三级复核记录）。

在 2010 年 10 月，A 事务所对 B1 分所进行了业务质量的检查，并要求 B1 分所负责人向总所提交 B1 分所 2009 年度业务质量检查报告，并交由 A 事务所质量控制部留存。

三、思考题

1. 请评价 A 事务所的治理结构与组织结构。
2. 请评价 A 事务所在客户关系和具体业务的接受与保持方面的质量控制政策和程序。
3. 请评价 A 事务所在业务标准和程序以及业务执行方面的质量控制政策和程序。
4. 请评价 A 事务所在人力资源方面的质量控制政策和程序。
5. 请评价 A 事务所在总分所管理方面的质量控制政策和程序。
6. 请评价 A 事务所在信息系统方面的质量控制政策和程序。
7. 请评价 A 事务所在监控方面的质量控制政策和程序。

四、思考题解答

（一）会计师事务所的治理结构与组织结构

解析：

教师应组织学员开放式讨论，并从以下几个方面引导学员展开讨论：

1. A事务所的董事会与股东会人员完全重合，意味着董事会即为股东会，缺少职能上的明显分工。在公司制的治理结构中，股东会与董事会的独立存在是出于所有权和经营权分离的内在需求。而会计师事务所这样的专业服务组织中，所有权和经营权的分离程度较低（同时法律上要求专业人员拥有所有权，并负责事务所的日常运营）。该现象需要我们思考，事务所是否适用于公司制（股份制）的治理结构，还是更适合采取合伙制的治理结构。

2. A事务所没有制定进入管理层或成为股东的条件和遴选标准（而主要依靠董事长的提名），意味着该事务所对现任管理层缺少明确的、基于工作业绩的考评机制、（违规）惩戒机制以及退出机制，也不利于员工形成明确、积极的晋升预期并作出相应的努力，从而影响事务所的内部管理效率与效果，且不利于事务所建立具有良好价值观并符合事务所良性发展需求的中高层管理团队。

3. "主任会计师—副主任会计师"属于传统的事务所内部职级划分，更多地体现了事务所内部管理的权限和级别差异。在公司制的治理结构中，很多事务所采用了"董事长—总经理"这样的管理架构，同样延续体现了事务所内部管理的权限和级别差异。但后一种管理架构应当与前一种管理架构在职能权限方面加以统一、协调和明确。

既然事务所采用了公司制的治理结构和相应的管理架构，却又引入了"授薪合伙人"（该职级是相对于"合伙人"或"权益合伙人"的一个概念，建立在合伙制的治理结构基础上），这就导致公司内部治理和管理架构的混乱和不协调，不利于事务所向员工传递明晰的治理和管理架构。

此外，A事务所内部制度中设置的业务职务级别并无"副总经理"或"授薪合伙人"的级别。

4. A事务所设置的内部专业委员会中,仅质量控制委员会有议事规则,说明另两个委员会的设置尚流于形式,还没有开始真正运作。尽管质量控制委员会与执业标准委员会在专业内容上存在高度相关,但仍有不同的侧重(质量控制委员会侧重标准的执行环节,执业标准委员会侧重标准的制定环节),如果人员完全重叠,在人员精力保障和委员会职能独立性等方面都不很有利。

在总所的部门设置上,虽然质量控制部与培训部存在专业内容上的高度相关,但职能还是有所不同。质量控制部侧重于对业务报告的独立复核,而培训部则需统筹考虑事务所内部员工的后续教育需求(质量控制方面的后续教育只是其中一部分内容)。因此可考虑将这两个部门分别设置。

(二)客户关系和具体业务的接受与保持

解析:

教师应组织学员开放式讨论,并从以下几个方面引导学员展开讨论:

1. A事务所的《审计业务承接制度》虽然提出实行业务统一承接制,并由行政部负责对客户及业务进行统一管理,但在实际运作中是由各个股东各自承揽,行政部只是在业务承接后对业务约定书进行编号备查,难以实现对不同股东之间在客户和业务的承揽标准、风险评估、承接程序(如业务约定条款)等方面的差异加以统一管理和控制。

2. A事务所即使名义上设置了"统一的"审计业务承接制度,但仍然缺少专门、统一的业务委派制度。实际工作中,A事务所主要采取了业务承揽人主导业务委派的模式(比如股东承接业务后安排自己分管的部门经理承做,以及部门经理承接业务后安排本部门业务人员承做），这不利于审计业务执行过程中的独立性保持。

3. 业务接受/保持评价表是客户和业务承接与保持环节的质量控制的重要控制工具。在编制业务接受/保持评价表时，即使是连续审计业务，项目负责合伙人仍应在模板所列的各项因素下写明了解的情况（特别是连续客户在拟审计期间发生的、相对于上期的重大经营与财务情况变动），并对各项因素作出相应的判断，以便为继续保持（或不再保持）该项业务提供充分、适当的证据。否则，业务接受/保持评价表的控制便流于形式，失去控制效力。

4. A事务所2010年度承接的1家ST公司仅有分所副所长签字。按照事务所内部的业务承接制度，A类审计业务应当有A事务所主任会计师或总经理签字。同时，对于ST公司这样的高风险审计业务，即使考虑承接，也应当经过事务所质量控制委员会讨论并决议通过。A事务所在2010年度有4家ST上市客户，也反映出该事务所在高风险审计客户的承接上，并没有实质性地执行事务所在审计业务承接方面的风险管理和质量控制政策。[①]

5. A事务所与IPO审计客户签订的业务约定书中，审计收费的条款属于或有收费条款，即事务所在提供审计服务过程中，收费与否或收费多少以能否实现特定目的（即公司成功发行股票并上市）为条件。上述约定的存在可能影响审计的独立性，违反了中国注册会计师职业道德规范。比如，《中国注册会计师职业道德守则》"职业道德守则第3号——提供专业服务的具体要求"第5章第三十条规定，除法律法规允许外，注册会计师不得以或有收费方式提供鉴证服务，收费与否或

[①] 在总结此项参考提示时，教师可进一步说明案例实际背景，即在检查过程中（通过访谈程序），A事务所的主任会计师提出自己对事务所内部制定的质量控制政策中有关重大风险审计业务须经质量控制委员会决议通过的规定不清楚。这进一步反映出该事务所薄弱的质量控制环境（制定的质量控制政策缺乏事务所最高管理层的重视），以及质量控制政策缺乏有效执行的事实。

收费多少不得以鉴证工作结果或实现特定目的为条件。

（三）业务标准和程序以及业务执行

解析：

教师应组织学员开放式讨论，并从以下几个方面引导学员展开讨论：

1. 根据《关于注册会计师在审计报告上签名盖章有关问题的通知》（财会〔2001〕1035号）的规定，"有限责任会计师事务所出具的审计报告，应当由会计师事务所主任会计师或其授权的副主任会计师和一名负责该项目的注册会计师签名盖章。"而在签字注册会计师的委派上，A事务所规定了两名签字注册会计师中的一名是主任会计师或由事务所认定的授薪合伙人。A事务所于2008年新认定的15名授薪合伙人均非副主任会计师。因此A事务所主任会计师授权授薪合伙人签署审计报告的做法并不能取代主任会计师或副主任会计师的签字要求，该内部制度不符合我国注册会计师行业的管理规范。

2. A事务所在管理制度上规定由承接项目的主任会计师或副主任会计师担任审计报告的批准签发人，而签字注册会计师则有可能只是授薪合伙人以及部门经理或项目经理，从而可能导致最终对审计报告及审计业务质量承担法律责任的人员（签字注册会计师）与实际控制审计报告出具的人员（审计报告的批准签发人）不一致，不利于审计业务质量的保障和维护，也不利于事务所执业人员的权利与责任匹配。

3. 根据《会计师事务所质量控制准则第5101号——业务质量控制》以及《中国注册会计师审计准则第1121号——历史财务信息审计的质量控制》，对于执业过程中遇到的疑难问题或争议事项，会计师事务所应当合理保证咨询的性质、范围以及形成的结论得到记录；对于项目组内部、项目组与被咨询者之间以及项目负责人与项目质量控制复核人员之间的意见分歧，形成的结论也应当得以记录。上述咨询事项或意见分歧事项的记录不应仅限于上报质量控制委员会的重大问题。尽管没有强制性的规定，但通常将咨询事项或意见分歧事项的性质、范围以及形成的结论记录于对应业务事项的审计工作底稿，能够实现良好的质量控制效果。此外，事务所指派专门的部门对咨询事项或意见分歧事项加以记录，并监督其执行情况，也能够起到较好的质量控制效果。

4. 对于某上市公司 X 的重要子公司，A 事务所的审计报告签发日（2011 年 3 月 28 日）晚于该子公司的审计报告日（2011 年 1 月 8 日）。这意味着审计报告签发人很可能没有对该子公司审计报告的出具进行充分的复核，而只是到了为上市公司合并财务报表出具审计报告时才履行了签发手续。

5. 根据《会计师事务所质量控制准则第 5101 号——业务质量控制》以及《中国注册会计师审计准则第 1121 号——历史财务信息审计的质量控制》，项目质量控制复核指的是会计师事务所安排项目组之外的专业人员，在出具报告前，对项目组作出的重大判断和在准备报告时形成的结论作出客观评价的过程。会计师事务所应当对所有上市公司财务报表审计实施项目质量控制复核。

对于上市公司 Y 的 2010 年度财务报表审计，A 事务所的有关项目签字注册会计师在上市公司年报披露前三天才将部分业务资料（审计报告拟定稿、后附财务报表及报表附注）发给项目质量控制复核人员，不仅时间非常紧张，而且缺少可供项目质量控制复核人员进行实质性审核的审计工作底稿（这些底稿应当含有项目组作出的重大判断、主要审计结论以及作出判断和结论的重要证据基础）。这些底稿在 4 月 25 日才完整地提交给项目质量控制复核人员，即使随后的项目质量控制复核发现并要求项目组纠正审计工作底稿中的重大问题，上市公司的审计报告和财务报告也已经对外披露了。

此外，根据《会计师事务所质量控制准则第 5101 号——业务质量控制》，对于历史财务信息审计，业务工作底稿的归档期限为业务报告日后六十天内。上市公司 Y 的 2010 年度报告于 2011 年 3 月 26 日公开披露，意味着审计报告日不会晚于 2011 年 3 月 26 日，该业务的审计工作底稿归档时间不应迟于 2011 年 5 月 25 日，而实际归档日为 2011 年 5 月 29 日。

（四）人力资源

解析：

教师应组织学员开放式讨论，并从以下几个方面引导学员展开讨论：

1. 人力资源总体状况。

（1）开放式讨论在 A 事务所目前的业务量情况下，什么样的人力资源规模和结构是比较合适的。换言之，如何结合事务所的业务规模和结构确定适当的人力资源规模和结构。

（2）A 事务所业务人员的业务职务级别信息仅由各业务部门掌握，而人力资源部缺少此类信息，从事务所层面不利于事务所根据业务发展需要规划人力资源的需求，从业务层面不利于根据业务的特定需求在全所范围内统筹调配各个级别和具有不同业务专长和资质的专业人员，因此不符合事务所层面和业务层面的质量控制要求。

2. 考核与评价。

（1）A 事务所虽然制订了《考核晋升制度》，但在实际工作中并未严格执行有关业绩考评的规则，未对所有员工进行考核，这不利于提升员工个人素质和专业胜任能力，限制了员工在事务所的职业发展空间，也就无法充分调动全体员工的主动性和积极性。

（2）制度对各级别人员的考核指标未予细化，导致考核制度缺乏可操作性。比如，仅凭部门经理对本部门员工一年来工作的主观判断，缺乏透明性和说服力，难以起到良好的员工激励效果。这种不规范的考评方式会进一步恶化事务所的人力资源供给，尤其导致基层业务人员的流失。

3. 薪酬管理。

（1）A事务所的薪酬管理制度中，设置了多项与审计业务收入水平相关的浮动薪酬项目，比如在主任会计师和副主任会计师层面，设置有管理效益工资（按照全所业务收入的0.76%－0.8%计提）；在业务部门的部门经理层面，设置有执业效益工资（按照本部门业务收入的1%计提）；在业务部门的其他员工层面，设置有执业效益工资（总额按照本部门业务收入的17%计提，并按照各部门具体分配办法进行分配）。尽管这些浮动薪酬项目的计提基础是全所（或分所、或各业务部门）的业务收入总额，而不是特定的某一项业务收入，但这从根本上仍然构成了事务所管理层及业务人员的重大财务利益与审计业务收入实现程度的较密切相关关系。

（2）A事务所的B1分所还进一步针对分所所长和副所长之外的员工设置了业务承揽的效益工资（基于成功承揽业务的收入提成），这就进一步增加了事务所人员个人利益中来自于浮动的客户收入的比重，从而进一步引导该分所全员向重市场收入的导向发展，并有可能为了实现个人短期利益而漠视客户的潜在风险。与管理效益工资和执业效益工资相比，基于业务承揽的浮动薪酬模式伴随着业务人员利益与特定客户收入的更高的相关性，因此对事务所人员具有更强的利益驱动。同时，由于A事务所及其分所普遍采用承接业务后由承接者主导业务委派的模式，这就进一步弱化了承做业务者在业务存在较高风险情况下坚持执业质量的能力①和动机②。

（3）由于 A 事务所每年未对各级人员实施系统的考核评价，奖金的发放缺乏具体、透明的分配标准，不利于充分调动全体员工的主动性和积极性。奖金以发票报销的形式发放，也违反了国家相关法规。A 事务所应当严格执行制定的考核制度，根据考核情况对奖金进行分配和审批，并形成书面资料；对奖金的发放应当遵守国家的相关法规。

（4）A 事务所的薪酬管理制度设置了风险补贴。一种观点认为，风险补贴的金额与业务收入相关，且占个人薪酬的比例可能较大，不利于项目负责人客观、有效地控制项目风险。另一种观点认为，该事务所设置的签字风险补贴占实现收入的比例较低，不会对签字注册会计师的独立性产生影响。

（5）此外，事务所薪酬情况表显示的主任会计师和副主任会计师的年度薪酬总额只有150万元（平均每人年薪约22万元），对于一家具有证券期货执业资格的会计师事务所的高管而言，明显低于同业水平。A 事务所可能存在涉税风险。

4. 晋升。

A 事务所虽然制订了《考核晋升制度》，但在实际工作中并未严格执行有关晋升方面的规则。在员工晋升方面，部门经理晋升下级员工的方式缺乏透明、具体的评价基础，仅以非正式方式开展晋升工作，从而难以向员工提供良好的示范作用。

在部门经理的晋升方面，事务所领导层未对各部门经理在综合管理以及业绩方面考评打分，也不编制《部门经理年度考核表》，意味着事务所领导层并没有真正考评部门经理，这看上去是减轻了对部门经

---

① 因为很可能由承接业务者承做，或受到承接业务者的干预和压力。
② 在由承接业务者承做业务的情况下，业务承接者可能为了获取持续的业务承揽效益薪酬而牺牲执业质量。

理的压力，但反过来也使得各个部门经理均难以通过正常的业绩表现和考评途径晋升至副主任会计师，难以有效激励事务所的中层骨干人员，也容易导致中层骨干人员的流失。

（五）总分所管理

解析：

教师应组织学员开放式讨论，并从以下几个方面引导学员展开讨论：

1. A事务所的《分所管理暂行办法》要求B3分所和B4分所自求平衡、自负盈亏。这意味着在财务上（会计核算、利益分配和资金调度）乃至业务收支上都采用了松散的管理模式，不利于总所对分所实施有效的质量控制。

根据财政部发布的《会计师事务所分所管理暂行办法》（财会[2010] 2号，2010年7月1日起执行）第三条，"会计师事务所对分所的执业行为和债务承担法律责任"，可见事务所不可能单方面要求分所"自求平衡、自负盈亏"。

再比如，《会计师事务所分所管理暂行办法》第四条要求"会计师事务所及其分所应当在人事、财务、业务、技术标准和信息管理等方面做到实质性的统一"，以及第八条要求"会计师事务所应当制定统一的财务政策和分配制度，对全所的业务收支、会计核算、利益分配、资金调度等进行统一管理与集中控制"。这也意味着事务所应当在财务管理上承担对分所的管理职责。

此外，A事务所还对B3分所收取管理费，使B3分所在"自负盈亏"的基础上承担了进一步的财务压力，更加容易导致其以市场收入（而非业务质量）为导向。

2. 根据《会计师事务所审批和监督暂行办法》（财政部第24号

令，2005年3月1日起施行）第二十四条规定，会计师事务所设立的分所，分所负责人应当为会计师事务所的股东。而A事务所中，B3分所的负责人不是事务所的股东，不符合国家有关部门的相关规定。

除了法律法规遵循层面之外，如果分所负责人不是事务所股东，分所负责人的利益函数与事务所股东没有捆绑在一起，将增加事务所的代理成本；再结合A事务所的松散管理分所模式，以及B3分所需要向总所上交管理费的要求，将使得B3分所的质量控制存在更大的潜在风险。

3. A事务所《分所管理暂行办法》中规定的"各分所应积极向外开拓市场，承揽业务，对承揽的业务按照谁承揽谁执业、收入归谁、费用由谁负担的原则分配业务"体现了明显的业务承接的市场收入导向和分散管理导向，不符合会计师事务所统一业务管理的基本原则（比如财政部发布的《会计师事务所分所管理暂行办法》）。尽管A事务所在《业务承接管理办法》中规定了事务所对分所实施项目授权管理制度，但同一事务所内部的制度存在理念上的差异，在实际的实施效力上也很可能是《分所管理暂行办法》这样的内部制度对分所更具有影响力。

4. B3分所承接的所在省份某市商业银行股份有限公司的2010年度财务报表审计业务属于A事务所划分的A类审计项目，原则上不应独立承接并承办，除非取得总所的授权。B3分所负责人白某并不是A事务所的主任会计师或总经理，无权单方面批准和签署该业务的承接和承办。这也说明A事务所总所并没有对分所的实际业务承接活动进行严格管理和监控。

（六）信息系统

解析：

教师应组织学员开放式讨论，并从以下几个方面引导学员展开讨论：

1. A 事务所目前使用的人事档案管理系统只能提供基本的总分所人员信息管理功能，无法提供更加深入的人力资源管理功能（如员工业绩评价、人员素质和专业胜任能力、职业发展和晋升、薪酬、人员需求预测、招聘等功能），不利于事务所的人力资源管理和事务所质量控制。

2. 从 A 事务所现在使用的信息系统来看，尚未启用任何业务管理系统，意味着事务所难以便捷、高效地管理其业务信息，从而也就难以有效实现事务所的质量控制目标，比如其《业务分类管理制度》规定的"项目负责合伙人应在项目承接立项阶段，根据上述标准准确划分项目类别，并在业务管理系统中准确录入项目信息，确保项目分类结果的正确性"。

（七）监控

解析：

教师应组织学员开放式讨论，并从以下几个方面引导学员展开讨论：

1. 根据《会计师事务所质量控制准则第 5101 号——业务质量控制》以及《中国注册会计师审计准则第 1121 号——历史财务信息审计的质量控制》，会计师事务所应当制定监控政策和程序，以合理保证质量控制制度中的政策和程序是相关、适当的。监控包括持续考虑和评价会计师事务所的质量控制制度。A 事务所质量控制部的监控措施主要局限于抽查业务项目底稿（对分所的内部检查还涉及是否越权承接业务这一项具体控制内容），而缺少对事务所层面质量控制各个要素的完备性以及这些要素的遵循情况实施全面、系统的检查和评价。

2. 监控主要是从事后的角度对质量控制系统进行持续评价，包括定期选取已完成的业务进行检查。因此质量控制部对总所业务实施的、出具审计报告前进行的第三级复核不属于监控层面的程序。

3. A 事务所的质量控制部如果实施了监控措施，应当保留系统、完整的记录，而非零散分布。监控作为质量控制体系的一个独立要素，事务所应当记录制定的监控程序、对监控程序实施情况的评价、识别出的缺陷及其潜在影响以及后续行动建议等。A 事务所无法形成一套完整、系统的监控记录，意味着其监控政策和程序可能流于形式。

4. A 事务所对 B1 分所进行的业务质量内部检查可以视为一次监控活动，但由 B1 分所负责人提交检查报告，缺少监控的独立性。检查报告仅由事务所质量控制部留存，而缺少评价、反馈、奖惩、整改、验收等环节，使得此次监控活动流于形式。

五、案例教学的组织

本案例要求学员讨论案例涉及的会计师事务所的内部治理与质量控制各个方面的潜在问题与缺陷，并思考会计师事务所为实现良好的事务所质量控制效果，应当如何在内部治理和质量控制的各个方面进行适当的设计和实施。

对于本案例的背景和思考题，鼓励学员在课外提前阅读和思考，以保证课堂讨论的效果。

后　记

随着审计案例第一辑、第二辑的陆续出版，审计系列案例已经逐渐成为注册会计师继续教育和审计实务学习的重要途径与有效参考。

本辑审计案例（第三辑）由中注协依据2009年至2011年证券资格事务所执业质量检查工作积累的相关材料开发而成。旨在通过深入剖析，有针对性地解答注册会计师执业过程中遇到的难点和疑惑，引导事务所和注册会计师遵循风险导向理念，不断强化质量控制体系建设，防范系统风险，切实提高执业水平和执业质量。

参加2009年至2011年证券资格事务所执业质量检查的各位检查人员，在案例资料的搜集、整理以及案例初稿的编写方面做了大量基础性工作。中注协在检查组案例初稿的基础上，多次组织专家修改、完善，确保案例选题的针对性、结构的合理性以及内容的科学性。

陈毓圭秘书长和杨志国副秘书长对本辑案例编撰工作给予了指导，梁立群副书记具体组织了案例的设计与编写。北京交通大学张立民教授负责整个案例集的统纂，复旦大学李若山教授负责整个案例集的审校，罗梅、齐飞、张文丽、谭小青、李茂龙、蒲红霞、程宇冉、周萍、高涛等参加了案例集的编写和修改。

下一步，中注协将紧密结合会计师事务所执业质量检查制度改革的具体要求和系统风险检查工作的实际需要，继续推进审计案例开发工作，为注册会计师的继续教育和专业学习提供更丰富、更鲜活的实务案例。同时，希望广大注册会计师和专家学者继续大力支持审计案例开发工作，不断提出富有建设性的意见与建议，推动审计案例开发工作不断取得新成绩。

中国注册会计师协会
二〇一二年十月